COLLECTION D'AUTEURS ÉTRANGERS

LAFCADIO HEARN

DÉPÔT LÉGAL
Mayenne

599
911

La Lumière
vient de l'Orient

ESSAIS DE PSYCHOLOGIE JAPONAISE

TRADUIT DE L'ANGLAIS PAR

MARC LOGÉ

« As far as the East is from the West »

I0127286

PARIS

MERCVRE DE FRANCE

XXVI, RVE DE CONDÉ, XXVI

LA LUMIÈRE
VIENT DE L'ORIENT

DU MÊME AUTEUR

KWAIDAN, ou *Histoires et Études de choses étranges*, traduit et précédé d'une étude sur Lafcadio Hearn par Marc Logé, avec un portrait. . . . . 1 vol.

FEUILLES ÉPARSES DE LITTÉRATURES ÉTRANGES, traduites et précédées d'une préface par Marc Logé . . . . 1 vol.

CHITA, *Un Souvenir de l'Ile Dernière*, traduit et précédé d'une préface par Marc Logé . 1 vol.

—

En préparation :

FANTÔMES CHINOIS, traduit et précédé d'une Préface par Marc Logé.

LAFCADIO HEARN

—

La Lumière vient de l'Orient

ESSAIS DE PSYCHOLOGIE JAPONAISE

TRADUIT DE L'ANGLAIS PAR

MARC LOGÉ

« As far as the East is from the West »

PARIS

MERCVRE DE FRANCE

XXVI, RVE DE CONDÉ, XXVI

—

MCMXI

JUSTIFICATION DU TIRAGE :

Droits de traduction et de reproduction réservés pour tous pays

PRÉFACE

En 1890, Lafcadio Hearn obtint, grâce à l'influence du Professeur Basil Hall Chamberlain, une situation au Jinjo-chu gakko, ou Ecole Moyenne Ordinaire, à Matsue, dans la Province d'Izumo, au Japon. Il s'y rendit au mois d'août. Ce fut là qu'il rencontra et épousa, un an plus tard, Setsu Koizumi, une jeune fille samuraï. Lafcadio Hearn fut très heureux à Matsue. La sympathie dont il se sentait l'objet de la part du Gouverneur de la ville, des étudiants, ou des autres professeurs, agissait comme un baume apaisant sur sa sensibilité si vive. On peut affirmer que les années passées à Matsue furent parmi les plus heureuses de sa vie.

Hélas ! le bonheur n'est qu'un « oiseau de passage ». Il se plaît à nous fuir au moment précis où nous croyons l'avoir capturé ! Hearn, dès sa petite enfance, avait cruellement souffert du froid. Des vents glacials, pendant les mois

1.

d'hiver, balayent impitoyablement la province d'Izumo. Sa santé s'en ressentit, et son médecin lui conseilla d'émigrer vers un climat plus tempéré. Et, bien que cela lui causât un profond chagrin de quitter ses amis de Matsue, il sollicita et obtint la chaire de littérature anglaise au Dai-Go-Koto Gakko, le grand Collège du Gouvernement, à Kumamoto, dans l'Ile de Kyûshu, tout au Sud de l'Empire.

Ce nouveau milieu ne lui plut guère. A Matsue vivaient encore bien des souvenirs du Japon d'autrefois ; Kumamoto, au contraire, représentait le Japon en pleine crise de transformation. Hearn y demeura cependant les trois années de son engagement, mais il se refusa, au bout de ce laps de temps, à le renouveler.

Son séjour à Kumamoto nous a toutefois valu un de ses livres, sur le Japon, les plus beaux et les plus curieux. Ce fut peut-être même de tous ses ouvrages, celui que goûta le plus l'Angleterre : *Out of the East*, parut en 1895.

A propos de ce titre que certains jugèrent trop imprécis et incompréhensible, Hearn écrit :

— Ce titre, *Out of the East*, me fut suggéré par la devise de l'Oriental Society : *Ex-Oriente lux*. Plus le titre est vague, mieux cela vaut : cela excite la curiosité.

Voilà pourquoi, me laissant guider par la pensée du maître, j'ai intitulé ma traduction française : *La Lumière vient de l'Orient*. Du reste dans la plupart des « esquisses philosophiques », (pour employer sa propre expression), qui composent cet ouvrage, Hearn a cherché à exprimer et à expliquer la supériorité qu'il croyait reconnaître à la religion, la philosophie, la psychologie, et les mœurs du « plus extrême Orient », sur la religion, la philosophie, la psychologie et les mœurs de l'Occident. Et, parfois, la sincérité de ses accents réussit presque à nous convaincre.

Hearn put étudier à Kumamoto certains côtés du caractère japonais qui l'émerveillèrent. Il sut deviner toute la puissance que pourrait prendre dans l'avenir le patriotisme farouche de ces jeunes gens, dont le désir suprême était : « Donner sa vie pour Sa Majesté l'Empereur. » Il comprit pleinement la force morale de cette race dont les femmes et les jeunes filles elles-mêmes n'hésitent point à sacrifier leur vie afin que « le Fils du Ciel cesse de se lamenter ». Il assista, à Kumamoto, au superbe élan patriotique qui surgit lors de la guerre avec la Chine ; il entendit, à l'ombre de la forteresse du grand guerrier, Kato Kyomasa, le Chant du Siège, le

Rojo-Shonjo, scandé par dix mille voix ; il fut
le témoin de l'incomparable manifestation de
solidarité qui unit les Japonais de toutes les
classes pendant le moment critique. Et, bien
que le côté artiste de sa nature le ramenât plutôt
vers Matsue, où les ombres du passé semblaient
encore glisser doucement parmi les vivants,
Lafcadio Hearn ne put cependant s'empêcher
d'admirer les nobles qualités qu'il découvrait
chez les jeunes gens qu'il enseignait. Et il ex-
prima très sincèrement son admiration. Dans
certaines des études qu'on va lire, comme, par
exemple dans celles intitulées « Jiujutsu », « Les
Étudiants de Kyûshu », il s'est même montré
d'une perspicacité remarquable ; il y a annoncé
un avenir (qui n'est déjà plus pour nous que
le passé), avec une clairvoyance qui pourrait
surprendre, si l'on ne se souvenait des qualités
de pénétrante observation que possédait à un
très haut degré Lafcadio Hearn. Car s'il savait
décrire, avec une maîtrise parfaite des subtiles
nuances de mots, les variations du ciel d'Extrême-Orient, il suivait aussi aisément tous
les méandres de la pensée de cette « race
énigmatique », si radicalement différente de la
nôtre.

Kumamoto présentait en 1893-1895 le double

intérêt d'être à la fois un des centres du mouvement moderniste, et l'un des milieux où persistait le sentiment conservateur. Hearn eut donc de nombreuses occasions de faire de curieuses études sur la diversité des éléments qui formaient le caractère des habitants de Kumamoto, et principalement des étudiants ; quelques-unes de ces observations nous sont présentées au cours de *La Lumière vient de l'Orient*.

Fait intéressant à noter : Lafcadio Hearn, tout en ressentant une profonde admiration pour les qualités des Japonais, ne pouvait s'empêcher de relever les dissemblances qui séparent ceux-ci des Occidentaux. Dans une lettre écrite en 1893 à propos de *Out of the East*, il dit :

— « Je viens de travailler à un nouveau livre « qui est à moitié terminé, et qui se compose sur- « tout d'esquisses philosophiques. Ce sera une « œuvre très différente de *Glimpses of Unfami- « liar Japan*. Elle montrera comme le monde « japonais a changé pour moi. Je m'imagine qu'il « est presque impossible pour un étranger d'ob- « tenir l'amitié et la sympathie des Japonais, à « cause de la dissemblance psychologique des « deux races. Nous ne pouvons que nous devi- « ner, sans jamais nous comprendre entière- « ment. »

Et il ajoute autre part :

« — La divergence des manières de penser,
« et les difficultés du langage, font qu'il est
« presque impossible pour un Japonais *cultivé*
« de trouver du plaisir dans la société d'un
« Européen. Voici un fait surprenant. L'enfant
« japonais est aussi près de vous qu'un enfant
« européen, — peut-être plus encore, parce qu'il
« est infiniment plus naturel, et plus naturel-
« lement raffiné. Cultivez son esprit : plus vous
« le ferez, plus vous l'éloignerez de vous. Pour-
« quoi ? Parce que l'opposition directe de la
« race se révèle ainsi. Comme l'Oriental pense
« instinctivement blanc quand nous pensons
« noir, plus vous le cultiverez, plus il pensera
« dans la direction opposée à la vôtre. »

Hearn semble donc confesser que même lui,
qui possédait à un degré remarquable la faculté
d'entrer dans l'esprit des races, il a dû demeurer relativement étranger à ce peuple auquel il
a tenté de s'assimiler. C'est néanmoins à Lafcadio Hearn que nous devons l'aperçu le plus
complet qui nous ait été donné, jusqu'à ce jour,
par aucun écrivain occidental, des mœurs, des
pensées, et du caractère japonais. Et l'on est
même porté à se demander si les passages cités
plus haut ne sont pas les effets de la tristesse

et du regret qu'éprouvait Hearn, de ne pas
retrouver dans la ville officielle et froide de
Kumamoto, la sympathie sincère dont il s'était
vu entouré à Matsue ? En effet, ni les professeurs ni les étudiants de Kumamoto ne s'atta-
chèrent à lui ; il n'y eut qu'un seul ami : Akizuki
d'Aidzu, le vieux maître de chinois, dont le nom
signifiait Lune d'Automne, et qui, par sa douceur et son exquise courtoisie, conquit le cœur
de Lafcadio Hearn toujours amoureux des traditions du passé.

Bien que dans certains chapitres de *La Lumière vient de l'Orient*, Hearn affirme ne plus
éprouver le sentiment qui l'avait étreint lorsqu'il
débarqua au Japon, il semble subir encore le
charme tout-puissant qu'exerça sur lui la beauté
presque surnaturelle du paysage japonais, et des
merveilleuses légendes d'autrefois. Et, quoiqu'il
nous soit facile de deviner, dans quelques articles
de ce livre, la mélancolie qu'il éprouvait de se
sentir si éloigné par les différences essentielles
des races de ces êtres qu'il aimait, qu'il admi-
rait, et parmi lesquels il vivait, nous ne pouvons
nous empêcher de remarquer qu'il est toujours,
— et peut-être plus que jamais, — un humble et
révérend enthousiaste de la personnalité et de
l'enseignement du Bouddha. Certaines des plus

remarquables études de ce volume sont même consacrées aux doctrines du Bouddha Omniscient.

Ce qui fait le très grand intérêt de *La Lumière vient de l'Orient*, c'est que Lafcadio Hearn a su exprimer en un style sobre, et cependant très riche d'expressions belles et poétiques, l'état d'âme des jeunes Japonais de 1895. Il nous montre comment, tout à fait modernes par l'éducation, les manières et le costume, ceux-ci demeuraient, dans leur for intérieur, les dignes fils des Samuraïs d'autrefois. Ils avaient beau s'habiller à l'européenne, apprendre les langues vivantes, les sciences, les arts de la guerre et de l'industrie occidentale, ils n'en demeuraient pas moins des Orientaux « du plus extrême-orient ».

Certains trouveront peut-être que Lafcadio Hearn vante trop les facultés des Japonais, au détriment de celles des Occidentaux. Il ne faut pas oublier que si le fonctionnarisme officiel des Nippons lui déplaisait, il avait une admiration illimitée pour les qualités qui, suivant lui, se rencontrent dans la plupart des âmes japonaises : bravoure, abnégation de soi, et un sentiment de l'honneur poussés à un très haut degré. N'oublions pas ce qu'a dit Guyau :

— Le sentiment de l'admiration nous élève. Qu'elle soit suscitée par la légende ou par l'histoire, par une vision réelle ou imaginaire, il n'importe : elle correspond toujours à un jugement moral, chose sérieuse par excellence... L'âme se porte à la hauteur de ce qu'elle admire. »

Voilà peut-être le secret de la sympathie qu'éprouvent pour Lafcadio Hearn les natures élevées et vivement sensibles à toute manifestation de beauté : ce clair et juste esprit savait admirer pleinement, avec passion, — et c'est cet enthousiasme pour « le beau, le vrai et le juste », qui pénètre les œuvres de ce grand écrivain, qui leur donne à toutes cette saveur si originale, ce charme si vraiment exotique, qui nous retient et nous enchante.

Pour expliquer le texte de *La Lumière vient de l'Orient*, Lafcadio Hearn n'a laissé que quelques courtes notes. Il m'a donc paru intéressant de les compléter et j'ai eu recours au Professeur A. Fouché, le célèbre indianiste, directeur-adjoint de l'École des Hautes Études. Et, comme il avait bien voulu le faire déjà pour *Feuilles Éparses de Littératures Étranges*, M. Fouché a eu la grande bonté de me mettre à même de rédiger les quelques éclaircissements que j'ai fait suivre de la mention : « Note du Traducteur ».

MARC LOGÉ.

Août 1911.

LE SONGE D'UN JOUR D'ÉTÉ

I

L'auberge me parut un paradis, et les servantes, des créatures célestes ; car je venais de fuir loin d'un des ports ouverts, où je m'étais aventuré, en quête de confort, dans un hôtel européen pourvu des derniers perfectionnements modernes. Ce fut donc pour moi comme la rédemption de tous les maux du XIXᵉ siècle, que de me retrouver à mon aise dans un *yukata*, assis sur des nattes fraîches et moelleuses, servi par des jeunes filles aux voix douces, entouré de choses belles. Pour déjeuner on me donna des pousses de bambou et des bulbes de lotus. Un éventail qui semblait venir du ciel me fut présenté comme souvenir. Sa décoration représentait seulement une grande vague se brisant en écume sur une grève, et des oiseaux de mer s'essorant en délire vers le bleu infini. Mais en le contemplant, j'étais récompensé d'avoir fait le voyage. C'était à la fois une gloire de lumière,

un tonnerre de mouvement, un triomphe du
vent de mer. Et tandis que je l'admirais, cela
me donnait envie de crier.

Entre les piliers en bois de cèdre de l'auberge,
je pouvais apercevoir toute l'étendue de la jolie
ville grise qui suivait la ligne de la côte, — les
jonques jaunes paresseusement endormies à
l'ancre, — la baie s'élargissant entre d'énormes
falaises vertes, — et au delà, jusqu'à l'horizon,
le flamboiement de l'été. Et, à cet horizon, il y
avait des contours de montagnes, effacés comme
d'anciens souvenirs... Et toutes choses, sauf
la ville grise, les jonques jaunes, et les falaises
vertes, étaient bleues.

Alors une voix, douce comme le son d'une
cloche mue par le vent, se mit à tinter des mots
de courtoisie, dans ma rêverie, et elle la rom-
pit ; je perçus que la maîtresse de céans était
venue pour me remercier du *chadai*[1], et je me
prosternai devant elle. Elle était très jeune, et
plus que charmante, pareille aux vierges-pha-
lènes et aux femmes-libellules de Kunisada.
Et je songeai tout de suite à la mort, car la
beauté n'est parfois qu'un deuil par anticipation.

Elle me demanda où j'avais honorablement[2]

---

1. Petite somme d'argent toujours remise comme cadeau à
une auberge, par l'hôte peu après son arrivée.
2. Honorablement, augustement, etc., formules de politesse
japonaise.

l'intention de me rendre, afin qu'elle pût me
commander un *kuruma*[1]. Et je lui répondis :

— A Kumamoto. Mais je désire vivement savoir comment votre maison s'appelle, afin que
je puisse toujours m'en souvenir.

— Mes chambres d'hôtes, fit-elle, sont augustement insignifiantes, et mes servantes sont honorablement grossières ; mais on appelle cette
auberge la demeure d'Urashima. Et maintenant
je vais vous commander un kuruma.

La musique de sa voix se tut, mais je sentis
l'enchantement tomber tout autour de moi,
comme les mailles d'un filet fantôme. Car le
nom de Urashima est celui d'une chanson qui
ensorcelle les hommes

II

Quand vous aurez entendu cette histoire vous
ne pourrez jamais plus l'oublier. Chaque été,
lorsque je me trouve sur la côte, — surtout par
des journées très douces et très calmes, — elle
me hante avec persistance. Il existe bien des
versions indigènes de cette légende qui ont inspiré d'innombrables œuvres d'art. Mais la plus
émouvante et la plus belle se trouve dans le

1. Voiturette légère, à deux roues, traînée par un indigène.

Manyefushifu, recueil de poèmes datant du
v° au ix° siècle. C'est d'après cette version que
l'éminent lettré Aston la traduisit en prose,
et que le grand savant, Chamberlain, la recons-
titua en prose et en vers. Mais je crois que,
pour les lecteurs anglais, la forme la plus
charmante est celle que Chamberlain écrivit
pour les enfants, dans la série des « Contes de
Fées Japonais », — illustrée de délicieuses gravures en couleurs, exécutées par des artistes
indigènes... Et c'est avec ce petit livre ouvert
devant moi que je vais essayer de redire encore
une fois cette vieille tradition, suivant ma propre
fantaisie.

Il y a quatorze cents ans, le jeune pêcheur
Urashima Taro s'éloigna dans sa barque, loin de
la côte de Suminoyé.

Les jours d'été étaient alors comme aujour-
d'hui, — tout ensommeillés et d'un bleu tendre,
avec seulement quelques légers nuages blancs
suspendus au-dessus du miroir de la mer. Alors
les collines étaient comme aujourd'hui, — de
lointaines et douces formes bleuâtres, se fondant
dans le ciel bleu. Et les vents étaient paresseux.

Et l'adolescent, se sentant comme eux paresseux, laissa sa barque aller à la dérive tandis
qu'il pêchait. C'était une barque bizarre, sans
peinture et sans gouvernail, d'une forme que,

sans doute, vous n'avez jamais vue. Et cependant bien que quatorze cents ans se soient écoulés, on peut encore apercevoir des barques semblables, en face d'anciens hameaux de pêche sur la côte de la Mer du Japon.

Après une longue attente, Urashima sentit une secousse, et il tira sa ligne à lui. Mais il n'amena qu'une tortue.

Or la tortue est consacrée au Dieu-Dragon de la Mer, et la durée de sa vie naturelle est de mille années, — d'aucuns disent même de dix mille années. Il est donc très mal de la tuer. Le jeune homme dégagea doucement la tortue de l'hameçon, et lui rendit la liberté en adressant une prière aux dieux.

Mais il ne prit rien d'autre. La journée était très chaude, et l'air, la mer, et toutes choses étaient très calmes et très silencieux. Une torpeur profonde tomba sur Urashima, et il s'endormit dans sa barque qui flottait à la dérive.

Alors, hors du rêve de la mer s'éleva une vierge exquise, — comme vous pouvez le voir dans la gravure qui sert d'illustration à la version du professeur Chamberlain. Elle était vêtue de cramoisi et d'azur, et ses longs cheveux noirs pendaient sur ses épaules à la mode des princesses d'il y a quatorze cents ans.

Elle approcha, glissant par-dessus les eaux, aussi doucement que la brise; et elle vint se placer au-dessus de l'adolescent assoupi dans la barque, et elle l'éveilla d'un toucher léger, en lui disant :

— Ne soyez point surpris. Mon père, le Roi-Dragon de la Mer, m'envoie vous trouver, à cause de votre bon cœur ; car vous avez rendu, aujourd'hui, la liberté à une tortue. Et maintenant nous pourrons aller au palais de mon père, dans l'île où l'été ne meurt point. Et si vous le désirez, je serai votre épouse-fleur, et nous vivrons heureux pour toute l'éternité.

Urashima s'émerveillait de plus en plus en la regardant ; car elle était plus belle qu'aucun être humain, et il ne pouvait faire autrement que de l'aimer. Alors elle s'empara d'une rame, il prit l'autre, et ils s'éloignèrent en ramant tous les deux, — ainsi que l'on peut encore voir, de nos jours, près de la côte occidentale du Japon, la femme et le mari ramer ensemble, lorsque les barques de pêche flottent dans l'or du couchant.

Ils ramèrent vite et silencieusement, se dirigeant vers le Sud, par-dessus l'eau calme et bleue, — jusqu'à cette île où l'été ne meurt point, — jusqu'au palais du Roi-Dragon de la Mer.

Ici le texte du petit livre s'efface soudain à nos yeux, et de faibles ondoiements bleus emplissent la page. Au delà, dans un horizon féerique, on aperçoit la côte longue, basse et indé-

finie de l'Ile, et des toits pointus qui surgissent
hors du feuillage toujours vert, — les toits du
palais du Dieu de la Mer, pareil au palais du
Mikado Yuriaku, il y a quatorze cents ans passés.

. Alors des serviteurs étranges vinrent au-de-
vant d'eux. Ils étaient vêtus de costumes de
cérémonie, — et les êtres de la mer accueillirent Urashima comme beau-fils du Roi-Dragon.

Et la fille du Dieu de la Mer devint l'épouse
d'Urashima. Ce fut un mariage d'une splendeur
merveilleuse, et, dans le Palais du Dragon il y
eut de grandes réjouissances.

Chaque jour apporta à Urashima des joies
nouvelles, et de nouveaux sujets d'émerveillement : trésors du plus profond des abîmes rapportés par les serviteurs du Dieu de l'Océan,
plaisirs de ce pays enchanté où l'été ne meurt
point... Trois années s'écoulèrent ainsi.

Mais, malgré toutes ces choses, le jeune pêcheur ressentait toujours une douleur lorsqu'il
songeait à ses parents qui l'attendaient, solitai-
res. Un jour il supplia sa femme de le laisser
retourner à son foyer, seulement pour peu de
temps, afin de dire quelques mots à son père et
à sa mère ; après quoi il se hâterait de la rejoindre.

A ces mots elle se mit à sangloter, et elle
pleura longtemps en silence. Puis elle lui dit :

2.

— Puisque vous désirez partir vous le pouvez. Cependant je redoute beaucoup votre départ, car je crains que nous ne nous revoyions plus. Mais je vais vous donner une petite boîte que vous emporterez. Elle vous aidera à revenir à moi si vous faites ce que je vous dis : ne l'ouvrez pas, surtout ne l'ouvrez pas, quoi qu'il advienne. Car, si vous l'ouvrez, jamais plus vous ne pourrez revenir, jamais plus vous ne me reverrez !

Elle lui remit une petite boîte en laque, attachée par une cordelette en soie.

On peut la voir encore aujourd'hui, dans le temple de Kanagawa, près de la côte ; et les prêtres y conservent aussi la canne à pêche d'Urashima Taro, et quelques étranges bijoux rapportés par lui du royaume du Roi-Dragon.

Mais Urashima consola sa femme, et lui promit de ne jamais, jamais ouvrir la petite boîte, et même de ne jamais défaire la corde de soie qui la fermait. Puis il s'en alla dans la clarté estivale, par-dessus le songe de la mer toujours endormie, et le contour de l'île où l'été ne meurt point s'évanouit derrière lui comme un rêve. Et il vit de nouveau les montagnes bleues du Japon se dessinant sur le flamboiement blanc de l'horizon du nord.

Il pénétra dans sa baie natale ; il revint sur la plage accoutumée. Mais, tandis même qu'il regardait, il fut pris d'un grand trouble, d'un doute bizarre.

Car le site lui semblait pareil et pourtant différent. Il y avait bien un village, mais les formes des maisons étaient tout étranges ; étranges aussi étaient les arbres, les champs, et même les visages des passants. Presque toutes les bornes familières avaient été enlevées ; le temple Shinto semblait avoir été reconstruit sur un nouvel emplacement ; les bois avaient disparu des collines avoisinantes. Seules, la voix du petit ruisseau coulant à travers le hameau, et les formes des montagnes étaient les mêmes. Tout le reste paraissait nouveau et inconnu. Il essaya en vain de trouver la demeure de ses parents. Les pêcheurs le considéraient avec étonnement, et il ne pouvait se rappeler d'avoir jamais vu un seul de ces visages.

Un très vieil homme vint à passer, s'appuyant sur un bâton, et Urashima lui demanda le chemin qui conduisait à la demeure de la famille de Tarô. Mais le vieillard parut très surpris, et ui fit répéter plusieurs fois sa question. Enfin il s'écria :

— Urashima Tarô ! D'où venez-vous donc pour ne pas connaître cette histoire ? Urashima Tarô ?.. Mais il y a plus de quatre cents ans qu'il s'est noyé, et, dans le cimetière un monument vient d'être érigé en souvenir de lui. Et les tombes

de tous les siens se trouvent aussi, dans cet ancien champ de repos dont on ne se sert plus !..
Urashima Tarô ! Comment pouvez-vous être
assez insensé pour me demander où se trouve
sa demeure ?

Et le vieillard s'en fut, clopin-clopant, riant de
la simplicité de son interlocuteur.

Urashima se rendit alors au cimetière — au
vieux cimetière dont on ne se servait plus, —
et il y vit sa propre tombe, ainsi que celles de
son père et de sa mère, de ses autres parents, et
de bien des personnes qu'il avait connues. Et les
pierres tombales étaient si anciennes, et si ron-
gées par les mousses, qu'il était fort difficile de
déchiffrer les noms qui y étaient gravés.

Alors il comprit qu'il était le jouet d'une illusion, et il s'en retourna vers la plage, tenant
toujours à la main la petite boîte, présent de la
fille du Dieu de la Mer. Mais, que signifiait cette
illusion? Et que pouvait-il bien y avoir dans cette
boîte? Peut-être était-ce précisément le contenu
de cette cassette qui était la cause de son illusion ?... Le doute vainquit la foi. Dédaignant la
promesse qu'il avait faite à sa bien-aimée, il
dénoua la cordelette de soie, il ouvrit la boîte.
Aussitôt, sans bruit, une vapeur s'en échappa,
blanche, froide, spectrale. Elle s'éleva dans
l'air, tel un nuage d'été. Elle se mit à flotter
rapidement vers le midi par-dessus la mer si-

lencieuse... La boîte ne contenait rien d'autre.

Urashima comprit alors qu'il avait anéanti son propre bonheur, et que plus jamais il ne pourrait retourner auprès de sa bien-aimée, auprès de la fille du Roi de l'Océan. Et, dans son désespoir, il se lamenta et pleura amèrement !

Mais ce ne fut que pour un court moment. L'instant d'après il était lui-même changé. Un frisson glacé parcourut son sang ; ses dents tombèrent hors de sa bouche ; ses cheveux devinrent blancs comme la neige ; ses membres se desséchèrent ; sa force s'évanouit, et il s'effondra sur le sable, inanimé, écrasé par le poids de quatre cents hivers.

Or, dans les annales officielles des Empereurs, il est écrit que « *pendant la vingt et unième année du règne du Mikado Yuriaku, le jeune Urashima, de Midzunoyé, de la région de Yosa, dans la province de Tango, un des descendants de la divinité Shimanemi, se rendit à Horai*[1], *dans une barque de pêche*». On n'entend, ensuite, plus parler d'Urashima pendant les règnes de trente et un empereurs et impératrices : c'est-à-dire, du vᵉ au ixᵉ siècle. Et puis les annales annoncent que « *dans la seconde année de Tenchiyô, pendant le règne du Mikado Go-*

1. Les Champs-Élysées de la mythologie japonaise.

Junwa, le jeune Urashima revint, et s'en alla aussitôt¹ nul ne sut où. »

III

L'hôtelière-fée revint m'avertir que tout était prêt, et elle essaya de soulever ma valise dans ses mains délicates ; je l'en empêchai, car mon bagage était lourd. Alors elle se mit à rire, et, ne voulant point permettre que je porte moi-même ce fardeau, elle appela un être de la mer, qui avait des caractères chinois inscrits sur son dos. Alors je me prosternai, et elle me pria de bien vouloir me souvenir de sa maison indigne, en dépit de la grossièreté des servantes.

— Et, me recommanda-t-elle, vous ne payerez le kurumaya que soixante-quinze sen.

Je me glissai dans le véhicule, et, en quelques instants, la petite ville grise avait disparu derrière un tournant. Je roulais le long d'une route blanche, surplombant la plage. A ma droite s'élevaient des falaises d'un brun pâle ;

1. Voir *Classical Poetry of the Japanese*, par le professeur Chamberlain, dans les *Oriental Series* éditées par Trübner. Suivant la chronologie de l'Occident, Urashima partit pour la pêche en l'an 477 de notre ère, et revint en l'année 825.

à ma gauche il n'y avait rien que l'espace et la mer.

Mille après mille, je roulais le long de cette côte, regardant la lumière infinie. Tout baignait dans le bleu, dans un bleu merveilleux, pareil à celui qui va et vient au cœur d'un grand coquillage. Le bleu ardent de la mer rejoignait le creuset bleu du ciel, dans un éclat de fusion électrique, et de vastes apparitions bleues, les montagnes de Higo se dressaient hors de cet éclat comme des masses d'améthystes. Quelle transparence azurée! Le bleu universel n'était rompu que par la blancheur éblouissante de quelques hauts nuages d'été, enroulés immobiles dans le lointain, au-dessus d'un pic fantôme. Ils se réflétaient dans l'eau, en de vacillantes lueurs neigeuses. Des barques minuscules, très éloignées, semblaient traîner dans leurs sillons de longs fils, seules lignes définies dans toute cette gloire embrumée. Quels nuages divins ! Blancs esprits purifiés de nuages s'arrêtant sur leur chemin vers la béatitude du Nirvâna? Ou peut-être les brumes échappées de la cassette d'Urashima, il y a mille ans passés?

L'âme infinitésimale qui est en moi s'en fut voler dans ce rêve d'azur, entre la mer et le soleil, et s'en retourna à la côte de Suminoyé, à travers les fantômes de quatorze cents étés.

Vaguement je sentais sous moi le balancement d'une barque. C'était sous le règne du Mikado Yuriaku. Et la fille du Roi-Dragon me disait de sa voix argentine : « Maintenant nous allons nous rendre au palais de mon père, où il fait toujours bleu. » « Pourquoi, toujours bleu ? » demandais-je. « Parce que, répondait-elle, j'ai mis tous les nuages dans une boîte. » « Mais je dois retourner chez moi », protestais-je résolument. « Alors, déclarait-elle, vous ne payerez le kuru-maya que soixante-quinze sen ! »

Sur quoi je m'éveillai dans le Dayô, ou Période de la Plus Grande Chaleur, à la vingt-sixième année du Meiji, et j'aperçus le signe évident de cette ère dans l'alignement des poteaux télégraphiques qui s'étendaient à perte de vue, du côté intérieur de la route. Le kuruma fuyait toujours le long du rivage, devant la même vision bleue du ciel, des cimes, et de la mer ; mais les nuages blancs avaient disparu, et, côtoyant le chemin, il n'y avait plus de falaises, mais des champs de riz et de froment, qui se prolongeaient jusqu'aux lointaines collines. Les poteaux télégraphiques attirèrent un instant mon attention, car, sur le fil supérieur, et seulement sur celui-là, étaient perchées des légions de petits oiseaux, ayant tous leurs têtes tournées vers la route, et nullement effrayés par notre passage. Ils demeuraient immobiles, nous regardant du haut de leur altitude comme si nous n'étions que quelque phénomène passager. Il y en avait des milliers, tous perchés en rangées, pendant des lieues. Et je ne pouvais en discerner un seul qui eût la queue tournée vers la route. Pourquoi se tenaient-ils ainsi, et qu'attendaient-ils ? Je ne pus le deviner. Par instants je criais très haut, et j'agitais mon chapeau pour leur faire peur ; alors quelques-uns s'élevaient en voletant et en piaillant, puis retombaient sur le fil dans la même position qu'auparavant. Le plus grand nombre refusait de me prendre au sérieux !

Le fracas des roues se perdit dans un profond roulement de tambour, et comme nous passâmes en tourbillon à travers un village, j'aperçus, sous un hangar, un immense tambour, battu par des hommes nus.

— *O kurumaya!* criai-je. *Cela, qu'est-ce donc?*

Et lui, sans s'arrêter me répondit :

— *Partout, maintenant la même chose existe. Longtemps pluie il n'y a pas eu ; donc prières sont faites aux dieux, et des tambours sont battus.*

Nous passâmes par d'autres villages, et je vis et j'entendis d'autres tambours de différentes grandeurs, et d'autres encore leur répondaient,

venant de hameaux invisibles, par delà les rizières desséchées.

IV

Je me mis à songer de nouveau à Urashima.
Je pensai aux tableaux, aux poèmes et aux proverbes qui témoignent l'influence qu'a exercée
sa légende sur l'imagination d'un peuple Je pensai à une petite danseuse d'Izumo que je vis à
un festin, et qui mima le rôle d'Urashima, tenant une petite boîte en laque d'or. d'où surgis-
sait à l'instant tragique une bouffée d'encens
de Kyôto. Je pensai aussi à l'antiquité de cette
danse si belle, — et aux générations de danseuses
disparues, — ce qui m'amena à songer ensuite
à la poussière dans le sens abstrait, et puis à la
poussière dans le sens concret, telle qu'elle était
soulevée par les sandales du kurumaya, auquel
je ne devais donner que soixante-quinze sen. Et
je me demandai combien de poussière humaine
était contenue dans cette poussière de la route,
et si, dans l'ordre éternel des choses, le mouvement des cœurs était de plus de conséquence
que le soulèvement de la poussière ? Alors ma
moralité ancestrale s'alarma, et j'essayai de me
persuader qu'une histoire qui avait vécu mille
ans, en acquérant un nouveau charme à chaque

siècle, n'avait pu survivre que par la vertu
de quelque vérité qui s'y trouvait renfermée.
Mais quelle était cette vérité? Pour l'instant,
je ne trouvais aucune solution à cette question.

La chaleur était devenue intense, et je criai :

— *O kurumaya! La gorge de l'Égoïsme est
sèche! De l'eau serait très désirable!*

Lui, courant toujours, me répondit :

— *Dans le village de la Longue Plage, pas
très lointain, il y a une grande fontaine. Là
sera donné de l'eau auguste et pure!*

Je criai de nouveau :

— *O kurumaya! Les petits oiseaux pourquoi
de ce côté font-ils toujours face?*

Lui, courant plus vite encore, dit :

— *Tous les oiseaux font face au vent.*

Je ris d'abord de ma naïveté, puis de mon
manque de mémoire, me souvenant qu'on m'a-
vait jadis dit cela, quand j'étais un enfant...
Peut-être le mystère d'Urashima avait-il pu
être pareillement créé par l'oubli ?

Je songeai à Urashima. Je vis la fille du Roi-
Dragon attendant en vain dans le palais tout
embelli pour le retour de son mari, et l'arrivée
du nuage impitoyable annonçant ce qui s'était
passé, et les êtres de la mer, affectueux et

gauches, dans leurs costumes de cérémonie, essayant de la consoler. Mais dans la vraie légende on ne parlait pas de tout cela, la pitié du peuple semblait réservée pour Urashima. Et je me mis à discourir avec moi-même de la sorte :

Est-il juste de compatir aux malheurs d'Urashima ? Bien entendu, il avait été mystifié par les dieux. Mais qui n'est point trompé par les dieux ? Qu'est-ce que la vie, sinon une mystification ? Et Urashima, dans son trouble, douta du dessein des deités : il ouvrit la boîte. Il mourut ensuite sans souffrir, et on lui érigea un temple sous le nom d'Urashima Mio-jin. Pourquoi donc tant de pitié ?

En Occident les choses s'arrangent tout différemment : quand nous avons désobéi à nos dieux, il nous reste encore la possibilité de vivre et de connaître la profondeur, la hauteur et l'étendue de la suprême douleur. On ne nous permet point de mourir bien confortablement, au meilleur moment possible ; on nous permet encore moins de devenir après la mort de petits dieux. Comment pouvons-nous nous apitoyer sur la folie d'Urashima, qui a vécu si longtemps seul avec les dieux visibles ?

Peut-être le fait de ressentir cette pitié résout-il l'énigme ? Cette pitié doit être la pitié de soi-même ; c'est pour cela que cette légende est sans doute la légende d'une myriade d'âmes. Et je me la rappelle toujours à certaines heures de lumière bleue et de douces brises, et toujours comme un ancien reproche. Elle est en rapports trop étroits avec une certaine saison, et avec la sensation de cette saison, pour ne pas se rapporter aussi à quelque chose de réel dans ma vie ou dans celle de mes ancêtres. Ce quelque chose de réel, qu'était-ce ?... Qui était la fille du Roi-Dragon ? Où se trouvait l'île de l'été éternel ? Le nuage enfermé dans la boîte, qu'était-ce ?

Je ne pus répondre à toutes ces questions. Je sais seulement ceci, qui n'est point nouveau :

J'ai le souvenir d'un lieu et d'un temps magiques, où le soleil et la lune étaient plus grands et plus brillants qu'ils ne le sont aujourd'hui. Je ne puis dire si c'était dans cette vie, ou dans une existence précédente. Mais je sais que le ciel était beaucoup plus bleu et plus près de la terre, à peu près comme il apparaît au-dessus des mâts d'un steamer naviguant sous l'été équatorial. La mer vivait et parlait ; et, lorsqu'il me caressait, le Vent me faisait pleurer de joie. Une ou deux fois, depuis lors, pendant des journées divines passées sur les cimes, j'ai rêvé pour un instant qu'un vent pareil soufflait ! Mais ce n'était qu'un souvenir !...

Et, dans ce lieu magique les nuages étaient

merveilleux. Ils avaient des couleurs innommées, des couleurs qui me donnaient faim et soif. Je me rappelle aussi que les jours étaient beaucoup plus longs que les jours présents, et que chacun m'apportait de nouveaux plaisirs. Et toute cette contrée et cette époque étaient doucement dominées par une personne qui ne songeait qu'à me rendre heureux. Parfois je refusais le bonheur qu'elle m'offrait, et cela lui causait toujours de la peine, bien qu'Elle fût divine ; et je me rappelle aussi que j'essayais très fort d'être contrit. Lorsque le jour s'éteignait, pendant ce moment de grand calme lumineux qui précède le lever de la lune, Elle me racontait des histoires qui me donnaient un frisson de plaisir. Je n'ai jamais entendu d'aussi belles histoires. Et, lorsque ma joie devenait trop intense, Elle me chantait une petite et étrange complainte qui toujours amenait le sommeil.

Enfin, vint le jour de la séparation ; elle pleura, et elle me dit que je ne devais jamais, jamais perdre certain talisman qu'elle m'avait donné ; car il me conserverait jeune, et me fournirait le pouvoir de revenir à elle. Mais je ne revins jamais. Les années s'écoulèrent, et un jour je m'aperçus que j'avais perdu le talisman, et que j'étais devenu ridiculement vieux !

V

Le village de la Longue Plage, situé au pied d'une falaise verte, près de la route, se compose d'une douzaine de chaumines pelotonnées autour d'une mare rocailleuse, ombragée par des pins. La mare déborde d'une eau froide, provenant d'une source qui jaillit directement du cœur du rocher ; ainsi le poème devrait jaillir directement du cœur du poète. C'était évidemment une halte fréquentée, à en juger par le nombre de kurumas, et des gens qui s'y reposaient. Sous les arbres se trouvaient des bancs : après avoir étanché ma soif, je m'assis pour fumer. Je regardais les femmes qui lavaient le linge, et les voyageurs qui se rafraîchissaient. Mon kurumaya, lui, se dévêtait, et se lançait des seaux d'eau froide sur le corps. Un adolescent portant un bébé sur le dos, me servit le thé, et je me mis à jouer avec l'enfant qui me répondit : « Ah, Bah ! »

Ce sont les premiers sons articulés par un bébé japonais ; mais ils sont purement orientaux, et, en Romaji devraient être écrits : « Aba ». Et *Aba*, en tant que parole instinctive, est intéressante. C'est, dans le parler des petits Japonais, le mot qui signifie « adieu », — précisément le dernier qu'on s'attendrait à entendre pro-

noncer par un enfant qui fait son entrée dans
ce monde d'illusion. A qui, ou à quoi, cette petite âme dit-elle adieu? A des amis de quelque
existence antérieure encore présente à sa mémoire? Ou bien aux compagnons de son voyage
spectral de l'on-ne-sait-où? On peut ainsi sans
crainte faire toutes ces pieuses hypothèses,
l'enfant ne pourra jamais décider pour nous. Il
aura oublié ce qu'étaient ses pensées à l'instant
mystérieux de ses premières paroles, bien avant
qu'il lui soit possible de répondre à nos questions.

Inopinément un souvenir bizarre me vint,
évoqué sans doute par la vue du jeune homme
portant le bébé, peut-être par la chanson de
l'eau dans la falaise : le souvenir d'une fable.

Il y a très, très longtemps, un pauvre bûcheron et sa femme vivaient parmi les montagnes.
Ils étaient fort vieux et n'avaient point d'enfants. Chaque jour le vieillard se rendait seul
à la forêt abattre du bois, tandis que sa femme
restait à filer à la maison.

Un jour le vieil homme s'aventura plus loin
que de coutume dans la forêt pour y chercher
une certaine espèce de bois; et il se trouva
tout à coup au bord d'un petit ruisseau, qu'il
n'avait encore jamais vu. L'eau y était étrangement pure et froide : il avait soif, car il venait

de travailler rudement, et il faisait très chaud.
Il enleva donc son grand chapeau de paille,
s'agenouilla, et but une pleine gorgée. Cette eau
sembla le rafraîchir de la façon la plus extraordinaire. Puis il aperçut son visage réflété dans
la source, et il tressaillit. C'était bien sa propre
figure, mais pas ainsi qu'il avait l'habitude de
la voir, dans le vieux miroir accroché chez lui !
C'était le visage d'un tout jeune homme ! Il ne
pouvait en croire ses yeux. Il porta ses mains à
sa tête ; l'instant d'avant complètement chauve,
elle était maintenant couverte d'une épaisse chevelure noire ; son visage était devenu poli comme
celui d'un adolescent ; toutes les rides avaient
disparu. Au même instant il se découvrit une
force nouvelle ; il contempla étonné ses membres qui avaient été si longtemps ratatinés par
la vieillesse : ils étaient beaux à présent, et dur-
cis par des muscles jeunes et vigoureux. Sans le
savoir il avait bu à la Fontaine de Jouvence. Il
était transformé !

Il se mit à bondir et à crier de joie ; puis il
retourna chez lui en courant plus vite qu'il n'avait
jamais couru de sa vie. Quand il entra dans sa
maison, sa femme fut effrayée, car elle le prit
pour un étranger ; et, lorsqu'il lui conta la merveilleuse aventure elle ne le crut pas tout d'abord.
Mais après un moment il réussit à la persuader
que le jeune homme qu'elle voyait devant elle,

était bel et bien son mari. Il lui apprit où se trouvait la source, et l'invita à s'y rendre avec lui :

Alors elle dit :

— Vous voilà devenu si beau et si jeune que vous ne pouvez continuer à aimer une vieille femme. Je vais aller tout de suite à cette source. Mais il ne faut pas nous éloigner tous deux de la maison en même temps. Attendez-moi ici pendant que j'irai seule.

Elle courut jusqu'à la forêt ; elle découvrit la source, et se mit à boire. Oh ! comme l'eau était fraîche et bonne ! La vieille bûcheronne but, et but, et but, ne s'arrêtant que pour reprendre haleine, se remettant ensuite à boire.

Son mari l'attendait avec impatience. Il espérait la voir revenir transformée en une jeune fille, mince et jolie. Mais elle ne revint pas. Il s'inquiéta, et, fermant la demeure, il s'en fut à sa recherche.

Lorsqu'il parvint à la source il ne la vit pas, Il allait s'en retourner, quand il perçut un petit gémissement qui venait de l'herbe haute, au bord de la source. Il chercha et trouva les vêtements de sa femme, et... un bébé, un tout petit bébé, âgé tout au plus de six mois.

La vieille femme avait bu trop goulument de l'eau magique : elle en avait bu plus qu'il ne fallait pour revenir à la jeunesse; elle en avait bu jusqu'à retrouver la première enfance.

Le bûcheron prit le poupon dans ses bras. L'enfant le contemplait avec un regard triste et étonné. Et il le rapporta chez lui, en le berçant, et en ruminant d'étranges et mélancoliques pensées.

A ce moment, suivant ma rêverie sur Urashima, la morale de cette histoire me parut moins satisfaisante qu'auparavant. Car en buvant trop avidement de la Vie, nous ne redevenons point jeunes.

Mon kurumaya revint, nu et rafraîchi : il me dit qu'il ne pouvait, à cause de la chaleur, achever le trajet promis. Il m'avait procuré un autre coureur qui me transporterait le reste du chemin. Pour ce qu'il avait parcouru, il demandait cinquante-cinq sen.

Il faisait vraiment excessivement chaud, et, dans le lointain palpitait toujours, pareil à la pulsation de la chaleur même, le son des grands tambours, qu'on battait pour appeler la pluie. Et je songeais à la fille du Dragon de la Mer :

— Elle m'avait annoncé, dis-je au kurumaya, que ce serait soixante-quinze sen. Et ce qu'on m'avait promis de faire n'a pas été accompli. Néanmoins vous recevrez cette somme, car je crains les dieux !

Et, peu après, emporté par un coureur frais, je m'enfuis vers le vaste flamboiement, vers la région des grands tambours.

CHEZ LES ÉTUDIANTS DE KYUSHU

I

Les étudiants du Collège du gouvernement, ou École Moyenne Supérieure, sont à peine de jeunes garçons : leur âge varie de la moyenne de dix-huit ans pour les cours primaires, à celle de vingt-cinq ans pour les classes supérieures. Peut-être la durée des études est-elle trop longue ? Le meilleur élève ne peut guère espérer parvenir à l'Université Impériale avant sa vingt-troisième année, et pour y être admis, il devra connaître à fond le chinois écrit, et posséder assez bien soit l'anglais et l'allemand, soit l'anglais et le français. Ainsi, il est obligé d'apprendre trois langues, en plus de tout ce qui se rapporte à la littérature raffinée de son pays ; et on ne saurait évaluer l'énormité de sa tâche, si l'on ignore que l'étude du chinois à elle seule équivaut à celle de six langues européennes.

L'impression produite sur moi par les étudiants de Kumamoto différa beaucoup de celle que j'éprouvai lors de ma première présentation à mes élèves d'Izumo. Et cela, non seulement parce que les premiers avaient bien dépassé la période délicieusement aimable de l'enfance japonaise, et s'étaient développés en des hommes ardents et taciturnes, mais aussi parce qu'ils représentaient, à un degré très marqué, ce qu'on appelle le caractère de Kyûshû.

La province de Kyûshû demeure encore, comme autrefois, la partie la plus conservatrice du Japon, et Kumamoto, sa ville principale, est le centre de l'esprit conservateur. Ce conservatisme est, cependant, à la fois rationnel et pratique. Kyûshû ne fut pas long à adopter les voies ferrées, les méthodes perfectionnées de l'agriculture, l'application de la science à certaines industries ; mais, de toutes les régions de l'Empire, elle demeure la moins encline à imiter les us et coutumes de l'Occident. L'ancien esprit Samuraï y vit toujours, et cet esprit exigea, pendant des siècles, au Kyûshû, une simplicité sévère de mœurs. Des lois somptuaires contre l'extravagance de la toilette, et les autres formes du luxe, étaient jadis rigoureusement observées. Elles sont tombées en désuétude depuis une génération, mais leur influence continue à se montrer dans les habits très simples et les manières directes et sincères des habitants. Les citoyens de Kumamoto se caractéri-

sent, paraît-il, par leur fidélité à des traditions
qui ont été presque oubliées partout ailleurs,
et par une certaine franchise indépendante
dans leur parler et leurs actions. Un étranger
perçoit difficilement cette persistance d'un caractère ancien; elle est immédiatement apparente
pour un Japonais de bonne éducation. Et ici, également, sous l'ombre de la puissante forteresse de
Kyomasa [1], maintenant occupée par une importante garnison, le sentiment national, — le loyalisme et l'amour de la patrie, — sont plus forts
même que dans la capitale. Kumamoto est fière
de ces choses et s'enorgueillit de ses traditions.
En vérité elle n'a rien d'autre dont elle pourrait se glorifier. C'est une ville vaste, décousue
et laide; il n'y a pas de rues pittoresques, point
de grands temples, ni de jardins merveilleux.
Brûlée au ras du sol pendant la guerre civile du
dixième Méiji, elle vous donne encore l'impression d'une étendue désolée où de légers abris
furent érigés en hâte, presque avant que la terre
eût cessé de fumer. Il n'y a point de lieux remarquables à visiter, du moins dans les limites
de la cité; pas de monuments, et peu de plaisirs.
Pour cette raison même, elle est considérée
comme favorable pour le collège; il n'y a ni

1. Kato Kyomasa, célèbre guerrier qui vécut il y a trois siècles, conquérant de la Corée, ennemi des Jésuites, et protecteur des Bouddhistes. (N. du Tr.)

tentations, ni distractions pour ses pension-
naires. Mais il y a aussi une autre raison pour
laquelle les citoyens riches de la capitale essayent
d'envoyer leurs fils à Kumamoto. Ils désirent
que ceux-ci soient imbus de ce qu'on appelle :
« l'esprit de Kyûshû », et qu'ils acquièrent ce
qu'on pourrait nommer le « ton de Kyûshû ». Je
n'ai jamais pu me renseigner suffisamment sur
ce « ton » pour pouvoir bien le définir : mais
c'est évidemment un quelque chose qui participe du maintien des anciens Samuraïs de
Kyûshû. Certes, les étudiants de Tokyô, ou de
Kyôto, doivent s'adapter à Kyûshû, à un *milieu*
bien nouveau pour eux. Les jeunes gens de Kumamoto, et aussi ceux de Kagoshima, lorsqu'ils
ne sont pas obligés à revêtir l'uniforme militaire pendant les heures de parade, où dans
quelques occasions spéciales, demeurent fidèles
à un costume ressemblant quelque peu à celui
des anciens *bushi*, et par conséquent célébré
dans les *chants guerriers :* ils portent des sandales, la robe courte et le *hakama* s'arrêtant
un peu au-dessus des genoux. L'étoffe de la robe
est bon marché, rêche, et de couleur sobre; les
bas fendus (*tabi*) se portent seulement par le
grand froid, ou pendant de longues marches,
pour empêcher que les courroies des sandales
ne pénètrent dans la chair. Sans être rudes, les
manières de ces jeunes gens ne sont point dou-

ces : ils semblent cultiver une certaine dureté extérieure de caractère. Ils sont capables de garder un dehors imperturbable dans des circonstances tout à fait extraordinaires; mais sous ce *self-control* ils ont vivement conscience d'une force qui, parfois, se manifeste sous une forme menaçante. Ils méritent d'être qualifiés d'hommes austères, mais à la manière orientale qui leur est propre. J'en connais qui, quoique appelés à posséder une certaine fortune, ne trouvent pas de plaisir plus vif que celui d'éprouver leur endurance à la fatigue physique. La plupart d'entre eux renonceraient sans hésiter à la vie, plutôt qu'à leurs principes très élevés ; et la rumeur d'un danger national transformerait instantanément les quatre cents étudiants de l'Université Impériale en un corps de soldats de fer. Mais leur apparence extérieure est, en général, impassible à un degré qu'il est difficile même de comprendre.

Pendant longtemps je me demandais en vain quels sentiments, quelles sensations, et quelles idées pouvaient se cacher sous cette placidité non souriante. Les maîtres indigènes, fonctionnaires du gouvernement, ne semblaient être intimes avec aucun de leurs élèves; il n'y avait pas trace de cette affectueuse familiarité que j'avais observée à Izumo. Les relations entre professeurs et étudiants paraissaient commen-

cer et cesser avec les sonneries de clairon qui
annonçaient le commencement et la fin des
cours. Je m'aperçus plus tard que je m'étais par-
tiellement trompé sur ce point; cependant les
relations qui existaient de maître à élève étaient
plus officielles que spontanées, et tout à fait
différentes des sympathies affectueuses, et peut-
être démodées, dont le souvenir m'est toujours
demeuré depuis mon départ de la Province des
Dieux.

Mais ensuite, à de fréquents intervalles, il
me vint des soupçons qu'il existait une vie inté-
rieure bien plus attrayante que l'attitude extérieure, qu'il existait des personnalités sensibles.
J'obtins quelques traits de cette sorte au cours
de conversations. Mais les plus remarquables
me furent fournis dans des compositions écrites.
Certains sujets provoquaient parfois une floraison inattendue de pensées et de sentiments.
Un fait très agréable était l'absence totale de
fausse timidité, ou même de timidité d'aucune
sorte ; les jeunes gens n'avaient point honte à
noter exactement ce qu'ils espéraient et pensaient. Ils écrivaient à propos de leur « home »,
de l'amour révérenciel qu'ils portaient à leurs
parents, des années heureuses de leur enfance,
de leurs amitiés, de leurs aventures de vacances,
et souvent d'une manière que je trouvai belle,
à cause de sa sincérité absolue et naïve. Après

plusieurs de ces surprises, je me pris à regretter
vivement de n'avoir pas, dès le début, gardé
des notes sur les plus remarquables compositions. Une fois par semaine, je lisais à haute
voix et corrigeais à mon cours un choix tiré des
meilleurs devoirs qui m'avaient été remis. Je
revoyais le reste chez moi. Je ne pouvais pas
toujours lire tout haut les meilleurs et les critiquer pour le bien général, parce qu'ils traitaient
de sujets trop intimes pour être commentés mé-
thodiquement, ainsi que le montreront quelques
exemples.

J'avais donné la question suivante comme sujet
de composition anglaise :

*De quoi les hommes se souviennent-ils le plus
longtemps ?*

Un étudiant déclara que nous nous rappelons
le plus longtemps nos moments de bonheur,
parce qu'il est propre à la nature de tout être
raisonnable de s'efforcer d'oublier aussi vite que
possible tout ce qui est désagréable ou pénible.
Je reçus bien d'autres réponses encore plus in-
génieuses, dont certaines même donnaient la
preuve d'une profonde étude psychologique de
la question. Mais je préférai la réponse, toute
simple, d'un étudiant qui croyait que l'on se souvenait plus longuement des événements douloureux. Il écrivit exactement ce qui suit : je n'eus
pas à changer un mot.

« De quoi les hommes se souviennent-ils le plus longtemps? Je crois que ce doit être de ce qu'ils entendent ou voient en des circonstances douloureuses.

« Quand je n'avais que quatre ans, ma chère, chère mère mourut. C'était un jour d'hiver. Le vent soufflait très fort dans les arbres et autour du toit de notre demeure. Il n'y avait pas de feuilles sur les branches des arbres. Des cailles sifflaient dans le lointain, faisant des sons mélancoliques. Je me souviens d'une chose que je fis. Tandis que ma mère reposait dans son lit, un peu avant sa mort, je lui donnai une orange sucrée. Elle sourit, la prit, et la goûta. Ce fut la dernière fois qu'elle sourit... Depuis le moment où elle cessa de respirer jusqu'à cette heure, près de seize ans se sont écoulés. Mais pour moi ce temps ne paraît qu'un moment. Maintenant aussi c'est l'hiver. Les vents qui soufflèrent quand ma mère mourut soufflent comme alors; les cailles poussent les mêmes cris; toutes choses sont pareilles. Mais ma mère s'en est allée, et ne reviendra jamais. »

Ce qui suit fut écrit en réponse à la même question:

« Le plus grand chagrin de ma vie fut la mort de mon père. J'avais sept ans. Je puis me souvenir qu'il avait été souffrant toute la journée, que mes jouets avaient été rangés, et que j'avais essayé de demeurer très tranquille. Je ne l'avais point vu le matin, et la journée me parut bien longue. A la fin je me glissai dans la chambre de mon père, je mis mes lèvres tout près de sa joue, et je murmurai : « *Père!... Père!...* » Et sa joue était très froide. Il ne me parla pas. Mon oncle vint et m'emporta hors de la chambre de mon père, mais il ne dit rien. Alors je craignis que mon père allât mourir car sa joue était froide, comme l'avait été celle de ma petite sœur quand elle était morte. Le soir, bien des voisins et d'autres gens vinrent à la maison, et me caressèrent, de façon que je fus heureux pendant un temps. Mais ils emmenèrent mon père pendant la nuit, et je ne le revis plus jamais. »

II

D'après les extraits précédents, on pourrait croire qu'un style simple caractérise les compositions anglaises dans les écoles japonaises supérieures. C'est cependant le contraire qui est la vérité. Il y a une tendance générale à préférer les mots longs aux mots courts, et des phrases diffuses et compliquées aux périodes simples et brèves. Il y a à cela des raisons qui

nécessiteraient une étude philologique écrite
par le Professeur Chamberlain. Mais la tendance
en elle-même, constamment renforcée par les
ridicules « text-books »[1] en usage, peut être
comprise en partie grâce au fait suivant : ce sont
les formes d'expressions anglaises les plus simples qui sont les plus obscures pour les Japonais, parce qu'elles sont pleines d'idiotismes.
L'étudiant les considère comme des énigmes,
parce que les racines qui se cachent derrière
elles sont si différentes de celles de sa propre
langue, que, pour les lui expliquer, il est d'abord
indispensable de connaître la psychologie japonaise ; et, en évitant les formes simples il suit
instinctivement la loi du moindre effort.

J'essayai d'encourager une tendance contraire
par divers moyens. Parfois j'écrivais pour mon
cours des histoires familières, toutes exprimées
en des phrases simples, et en des mots d'une
syllabe. Ou bien je donnais des sujets de devoir
qui devaient nécessairement être développés de
façon très simple. Bien entendu, je n'eus pas
beaucoup de succès dans ma tentative, mais
un thème que je choisis, *Mon premier jour à
l'École*, suscita un grand nombre de compositions qui m'intéressèrent à un autre point de
vue. C'étaient des révélations sincères de sen-

1. Livres d'école.

timents et de caractères. En voici certains extraits, légèrement abrégés et corrigés. Leur naïveté n'est point leur moindre charme, surtout
si l'on se rappelle que ce ne sont pas des souvenirs d'enfants. Le suivant me parut un des
meilleurs.

« Je ne pus aller à l'école avant huit ans.
J'avais souvent supplié mon père de m'y laisser
aller, car tous mes compagnons de jeu s'y ren-
daient déjà ; mais il ne voulait pas, croyant que
je n'étais pas assez fort. Je demeurai donc à la
maison et je jouai avec mon frère.

« Mon frère m'accompagna à l'école le premier
jour. Il parla au maître, puis il me quitta. Le
maître me conduisit dans une chambre et m'ordonna de m'asseoir sur un banc ; puis il s'en
alla aussi. Je me sentais triste, tandis que j'étais
assis là, silencieux : il n'y avait plus de frère avec
lequel jouer, seulement beaucoup de petits garçons inconnus. Une cloche tinta deux fois et un
professeur entra dans la salle de classe, et nous
commanda de sortir nos ardoises. Puis il écrivit
un caractère japonais sur le tableau noir, et
nous dit de le copier. Ce jour-là, il nous apprit
à écrire deux mots japonais, et nous raconta
une histoire à propos d'un sage petit garçon.
Lorsque je retournai à mon « home » je courus
à ma mère, et je m'agenouillai à ses côtés pour

lui raconter ce que le professeur m'avait enseigné. Oh! combien grand était alors mon plaisir! Je ne puis dire ce que je ressentais et encore moins l'écrire! Je puis seulement déclarer que je pensais que le maître était plus instruit que mon père, ou que personne, — l'homme le plus effrayant et cependant le plus bienveillant du monde. »

L'extrait suivant nous montre aussi le professeur sous un aspect très sympathique.

« Mon frère et ma sœur me menèrent à l'école le premier jour. Je pensais pouvoir m'y asseoir auprès d'eux, ainsi que je le faisais à la maison. Mais le professeur m'ordonna d'aller dans une salle de classe très éloignée de celle de mon frère et de ma sœur. J'insistai pour demeurer avec eux, et, lorsque le maître me dit que c'était impossible je me mis à pleurer, et à mener grand bruit. Alors ils permirent à mon frère de quitter sa propre classe, et de m'accompagner à la mienne. Mais, après un temps, je trouvai des compagnons de jeu, et je ne craignis point de rester sans mon frère. »

Ceci est aussi tout à fait joli et vrai :

« Un professeur — je crois le professeur en chef — m'appela à lui et me dit que je devais devenir un grand savant. Puis il pria un homme de me mener à une salle de classe où il y avait quarante ou cinquante écoliers. J'avais peur, mais j'étais néanmoins heureux à la pensée d'avoir autant de compagnons. Ils me regardèrent timidement, et moi de même. Je craignais de leur parler, au début. Les petits garçons sont innocents (naïfs) comme cela. Mais, après quelque temps, d'une façon ou d'une autre, nous nous mîmes à jouer ensemble, et ils semblaient fort heureux de m'avoir pour jouer avec eux. »

Les trois compositions qui précèdent furent écrites par des jeunes gens qui avaient reçu leur première éducation sous le système d'instruction actuel, qui prohibe toute dureté de la part des professeurs. Mais il semblerait que les maîtres de l'ère antérieure furent moins tendres. Voici trois devoirs rédigés par des étudiants plus âgés, qui paraissent avoir fait des expériences tout à fait différentes.

1° « Avant Meiji[1] il n'y avait pas d'écoles communales au Japon, ainsi qu'elles existent aujourd'hui. Mais dans chaque province il y avait une espèce d'association d'étudiants, composée des fils de Samuraï. A moins qu'un homme fût un Samuraï, son fils ne pouvait faire partie d'une telle association. Cette société était sous le con-

1. L'ère actuelle, qui date de 1868. (N. d. Tr.)

trôle du Seigneur de la Province, qui nommait un directeur pour gouverner les étudiants. L'étude principale du Samuraï était la langue et la littérature chinoises. La plupart des hommes d'État du Gouvernement actuel furent autrefois étudiants dans ces collèges. Les citoyens ordinaires et les paysans devaient envoyer leurs fils et leurs filles à des écoles primaires appelées *Terakoya*, où toute l'instruction était, en général, faite par un seul maître. Cela se bornait à enseigner à lire, à écrire, à calculer, et un peu d'instruction morale. Nous pouvions y apprendre à rédiger une lettre ordinaire, ou une composition très facile. A huit ans je fus envoyé à une *terakoya*, comme je n'étais point fils de Samuraï. Au début je ne voulus point y aller ; et chaque matin mon grand-père devait me battre avec sa canne pour me forcer à m'y rendre. La discipline y était très sévère. Si un garçon n'obéissait pas, il était battu avec un bambou, étant maintenu à terre pour recevoir sa punition. Après un an, de nombreuses écoles communales furent ouvertes, et j'entrai dans une d'elles. »

2° « Une grande grille, un édifice pompeux, et une immense et triste salle, avec des rangées de bancs, — de cela je me souviens. Les professeurs semblaient très sévères : je n'aimais pas

leurs visages. Je m'assis sur une banquette et
me sentis plein de haine. Les professeurs paraissaient méchants ; aucun des garçons ne me
connaissait, ni ne me parlait. Un maître s'approcha du tableau noir, et se mit à appeler les
noms. Il tenait un fouet à la main. Il appela
mon nom. Je ne pus répondre et éclatai en larmes. Alors je fus renvoyé chez moi. Tel fut
mon premier jour à l'école. »

3° « Quand j'eus sept ans je fus obligé à aller à
une école dans mon village natal. Mon père me
donna deux ou trois pinceaux à écrire et du papier : j'étais très heureux de les recevoir et je
promis d'étudier aussi sérieusement que je le
pourrais. Mais combien désagréable fut ce premier jour à l'école ! Quand j'y allai tout d'abord,
aucun des élèves ne me connaissait, et je
me trouvai sans un ami. Je pénétrai dans la
salle de classe. Le maître, un fouet à la main,
appela mon nom d'une *grande* voix. J'en fus
très surpris, et si effrayé que je ne pus m'empêcher de pleurer. Les garçons se mirent alors
à rire très fort de moi ; mais le professeur les
gronda, en fouetta un, et me dit : « N'ayez pas
peur de ma voix. Quel est votre nom? » Je le lui
dis en pleurnichant. Je pensais alors que l'école
était un endroit bien désagréable, où on ne
pouvait ni pleurer ni rire. Je désirai seulement

rentrer tout de suite chez moi, et, bien que je sentisse que c'était hors de mon pouvoir de le faire, je pouvais à peine attendre que les leçons fussent finies. Lorsque enfin je retournai à la maison, je racontai à mon père ce que j'avais éprouvé à l'école et je déclarai: « Je n'aime pas du tout aller à l'école ! »

Le souvenir suivant, inutile de le dire, date du Meiji. Comme composition, cela témoigne de ce que nous appellerions en Occident du « caractère ». Le sentiment de confiance en soi, à l'âge de six ans, est délicieux, ainsi que le détail de la petite sœur qui enlève ses *tabi* blancs pour en parer son jeune frère, lors de son premier jour à l'école.

« J'avais six ans. Ma mère m'éveilla de bonne heure. Ma sœur me donna ses propres bas (*tabi*) à porter, et je me sentais très heureux. Mon père ordonna à un serviteur de me conduire à l'école, mais je refusai d'être accompagné. Je voulais sentir que je pouvais y aller seul. Je m'y rendis donc seul et, comme l'école n'était pas éloignée de la maison, je me trouvai bientôt devant la grille. Là, je m'arrêtais quelques instants, parce que je ne connaissais aucun des enfants que je voyais entrer. Des garçons et des filles pénétraient dans la cour accompagnés de parents ou de serviteurs, et, à l'intérieur j'en apercevais d'autres qui jouaient des jeux qui me remplissaient d'envie. Mais tout à coup, un des petits garçons parmi ceux qui s'amusaient me vit, et courut vers moi en riant. Alors je fus très heureux. Je me promenai de long en large avec lui, le tenant par la main. Enfin le professeur nous appela tous dans une salle, et nous fit un discours que je ne compris pas. Après quoi nous fûmes libres pour le reste de la journée, parce que c'était le premier jour de classe. Je retournai chez moi avec mon ami. Mes parents m'attendaient avec des fruits et des gâteaux, et mon ami et moi les mangeâmes ensemble ! »

Un autre écrit :

« Quand j'allai pour la première fois à l'école, j'avais six ans. Je me souviens seulement que mon grand-père porta mes livres et mon ardoise pour moi ; et que le maître et les élèves étaient très, très, très bons et bienveillants, de façon que je trouvai que l'école était un Paradis, et que je ne voulus point retourner à mon « home ».

Je trouve que cette petite description d'un remords naturel mérite également d'être notée.

« J'avais huit ans quand j'allai pour la pre-

mière fois à l'école. J'étais un méchant garçon.
Je me rappelle que pendant le chemin de retour
vers la maison, j'eus une querelle avec un de
mes camarades de jeu plus jeune que moi. Il
me lança une très petite pierre qui m'atteignit.
Je pris une branche d'arbre qui gisait sur la
route, et l'en frappai au visage de toutes mes
forces. Puis je m'enfuis, le laissant pleurant au
milieu du sentier. Mon cœur me fit comprendre
ce que j'avais fait. Après être rentré chez
moi, je croyais entendre encore pleurer mon
petit compagnon de jeu. Il n'est plus aujourd'hui
de ce monde. Qui saurait comprendre mes sentiments ?... »

Toute cette faculté, de la part de jeunes gens,
de se rapporter d'une façon parfaitement naturelle aux scènes de leur enfance, me semble essentiellement orientale. Dans l'Occident les hommes ne commencent rarement à se rappeler
vivement leur enfance avant l'approche de la
saison automnale de la vie. Mais au Japon, l'enfance est certainement plus heureuse que dans
tous les autres pays, et, elle est par conséquent
peut-être regrettée plus tôt dans la vie adulte.
L'extrait suivant tiré du journal d'un étudiant et
narrant une expérience de vacance, exprime
ce regret d'une façon touchante.

« Pendant les vacances du printemps, je retournai à mon « *home* » visiter mes parents. Juste avant la fin du congé, alors qu'il était presque temps pour moi de rentrer au collège, j'appris que les étudiants de l'école moyenne de ma propre ville allaient aussi à Kumamoto en excursion, et je résolus de les accompagner.

« Ils marchaient en alignement militaire, avec leurs fusils. Je n'avais point de fusil, et je pris donc place à l'arrière de la colonne. Nous marchâmes toute la journée, au rythme de chants patriotiques que nous scandions tous ensemble.

« Vers le soir nous parvînmes à Soyeda. Les maîtres et les élèves de l'école de Soyeda, ainsi que les principaux dignitaires de la ville, nous accueillirent. Puis nous fûmes séparés en détachements, qui furent chacun logés dans un différent hôtel. Je pénétrai dans un hôtel avec le dernier détachement, pour me reposer pendant la nuit.

« Mais, pour très longtemps, je ne pus m'endormir. Cinq ans auparavant, pendant une excursion militaire similaire, je m'étais reposé dans ce même hôtel, étant un élève de la même école moyenne. Je me souvenais de ma lassitude et de mon plaisir, et je comparais mes sentiments actuels avec le souvenir de mes sentiments passés, comme jeune garçon. Je ne pus m'empêcher de ressentir le faible désir d'être de nouveau jeune

comme mes compagnons. Ils dormaient profondément, fatigués par leur longue marche ; je
m'assis et je contemplai leurs visages. Comme
leurs figures paraissaient jolies dans ce sommeil juvénile ! »

III

Les sélections précédentes ne fournissent pas
plus d'indications du caractère général des
compositions des étudiants, que ne le ferait aucun choix fait dans le but d'illustrer un sentiment particulier. Des exemples d'idées et de
sentiments extraits de thèmes d'un genre plus
sérieux, montreraient de la diversité de pensée,
de l'originalité dans la méthode de les traiter, et
exigeraient d'être étudiés plus scrupuleusement.
Quelques notes, cependant, copiées dans mon
régistre de cours, pourront être considérées
suggestives, si pas précisément curieuses.

Pendant les examens de l'été de 1893, je
soumis la question suivante comme thème de
composition au concours des élèves qui gra-
duaient :

Qu'est-ce que l'éternel dans la littérature?

Je m'attendais à des réponses originales, ce
sujet n'ayant jamais été discuté entre nous, et
étant certainement nouveau pour mes élèves, en

ce qui concernait leur connaissance de la littérature occidentale. Presque tous les devoirs furent intéressants. Je choisis vingt réponses comme exemples ; la plupart précédaient immédiatement un long débat, mais quelques-unes étaient incorporées dans le texte même de l'essai.

Demande: Qu'est-ce que l'éternel dans la littérature ?

Réponses: 1° La Vérité et l'Éternité sont identiques ; celles-ci forment le Cercle Complet, en Chinois : Yen-Man.

2° Tout ce qui dans la vie, et la conduite humaine, est selon les lois de l'Univers.

3° Les vies des patriotes, et l'enseignement de ceux qui ont donné au monde des maximes pures.

4° La Piété Filiale, et la doctrine de ceux qui l'enseignent. En vain les livres de Confucius furent-ils brûlés pendant la dynastie de Shin ; ils sont aujourd'hui traduits dans toutes les langues du monde civilisé.

5° Les Éthiques, et la Vérité Scientifique.

6° Le Mal et le Bien sont tous deux éternels, a dit un Sage chinois. Nous devrions lire seulement ce qui est bien.

7° Les grandes pensées et idées de nos ancêtres.

8° Pour mille millions de siècles, la Vérité est la Vérité.

9° Des idées du bien et du mal à propos des-

quelles toutes les Écoles de Morale sont d'accord.

10° Des livres qui expliquent justement les
phénomènes de l'Univers.

11° La conscience seule est immuable. C'est
pourquoi les livres de Morale fondée sur la
conscience, sont éternels.

12° Des raisons qui dictent les nobles actions.

13° Des livres écrits sur les meilleurs moyens
moraux pour donner le plus grand bonheur
possible au plus grand nombre de gens possible :
c'est-à-dire à l'humanité.

14° Les *Gokyo*. (Les cinqs Grands Classiques
Chinois.) [1].

15° Les livres saints de la Chine et des Bouddhistes.

16° Tout ce qui enseigne le Pur et le Bon
Chemin de la Morale Humaine.

17° L'Histoire de Kusunoki Masashigé, qui fit
le vœu de renaître sept fois afin de combattre
les ennemis de son Souverain.

18° Le sentiment moral, sans lequel le monde
ne serait qu'une immense motte de terre, et les
livres des chiffons de papier inutiles !

19° Le Tao-te-King [2].

20° Le Tao-te-King : L'âme de celui qui lit

1. Les livres de Yi-King ; Che-King ; Chou-King ; Li-Ki ;
Tch'eun Ts'ing.
2. L'œuvre de Lao-Tze. (N. du Trad.).

ce qui est éternel planera éternellement au-dessus de l'Univers.

IV

Des sentiments particulièrement orientaux apparaissaient quelquefois dans les discussions des histoires que je racontais de vive voix à mon cours, et sur lesquelles je sollicitais des commentaires écrits ou oraux. Les résultats d'un de ces débats sont exposés plus loin. Au moment où il eut lieu, j'avais déjà narré aux étudiants des cours supérieurs un nombre considérable de contes. Je leur avais relaté les mythes grecs : celui d'Œdipe et du Sphinx avait semblé leur plaire particulièrement, à cause de la morale qui y est cachée, mais ni celui d'Orphée, ni toutes nos légendes relatives à la musique n'avaient paru les intéresser. Je leur avais aussi conté plusieurs de nos plus célèbres histoires modernes. Le conte merveilleux de *La Fille de Rappacini* leur plut infiniment, et l'esprit de Hawthorne aurait même pu trouver un plaisir spirituel à l'interprétation qu'ils y donnèrent. *Monos et Daimonos* fut également accueilli avec faveur, et *Silence,* le beau fragment de Poé, fut apprécié d'une façon qui me surprit. Au contraire

Frankenstein produisit sur eux fort peu d'impression. Aucun ne la prit au sérieux. Cette histoire provoquera toujours une vive horreur chez les esprits occidentaux, à cause du choc qu'elle imprime aux sentiments, développés sous l'influence des idées hébraïques, relatifs à l'origine de la vie, le caractère redoutable des prohibitions divines, et les terribles punitions réservées à ceux qui veulent arracher le Voile des secrets de la nature, ou railler, même inconsciemment, l'œuvre d'un Créateur jaloux. Mais elle ne touche pas l'esprit oriental, qu'une foi aussi austère ne trouble pas, qui ne sent aucune distance entre les dieux et les hommes, qui conçoit la vie comme un tout multiforme, gouverné par une loi uniforme qui donne comme conséquence à chaque action une récompense ou une punition. La plupart des critiques écrites me démontrèrent que *Frankenstein* était en général considéré comme une parabole comique ou semi-comique. Je fus donc un peu étonné, un matin, de m'entendre demander « une histoire d'une morale très caractérisée dans le genre occidental ».

Je résolus soudain, bien que sachant que je m'aventurais sur un terrain dangereux, à essayer l'effet de certaine légende du Cycle d'Arthur, qui, j'en étais persuadé, serait critiquée énergiquement par quelques-uns de mes étudiants. La morale en est plus que « très caractérisée », et, pour cette raison même, j'étais curieux de juger de leurs impressions.

Je leur racontai donc la légende de Sir Bors, tirée du seizième livre de *La Morte d'Arthur*, de Sir Thomas Mallory, — « comment Sir Bors rencontra son frère Sir Lionel captif et battu avec des épines ; l'épisode de la vierge qui allait être déshonorée, et comment Sir Bors abandonna son frère pour secourir la damoiselle, et comment ils apprirent que Sir Lionel était mort ». Mais je n'essayai pas d'expliquer à mes élèves l'idéalisme chevaleresque de cette belle et vieille légende, je désirais la leur entendre commenter, à leur manière orientale.

Ils le firent ainsi :

— L'action du chevalier de Mallory, s'écria Iwai, est contraire aux principes mêmes du Christianisme, — s'il est vrai que cette religion enseigne que tous les hommes sont frères. Une pareille conduite pourrait être bonne s'il n'y avait pas de société dans le monde. Mais, tant qu'il existera une société formée de familles, l'amour familial doit être la force de cette société : l'action du chevalier est contraire à l'amour familial, et donc contraire à la société. Le principe qu'il suivit était non seulement opposé à toute société, mais aussi à toute religion, et à la morale de tous les pays.

— Cette histoire est certainement immorale,

dit Orito, ce qu'elle rapporte étant opposé à toutes nos idées concernant l'amour et la loyauté, et elle nous semble même contraire à la nature. La loyauté n'est pas un simple devoir : elle doit venir du cœur ; elle doit être un sentiment inné. Et elle existe ainsi dans la nature de tout Japonais.

— C'est une horrible histoire, déclara Andô. La philanthropie elle-même n'est qu'une expansion de l'amour fraternel. L'homme capable d'abandonner son frère, simplement pour se porter au secours d'une femme inconnue, est un mauvais homme. Mais peut-être était-il dominé par l'influence de la passion ?

— Non, dis-je. Vous oubliez ce que je vous ai dit : son action ne renfermait point d'égoïsme ; elle doit être interprétée comme un acte d'héroïsme.

— Je crois que l'histoire s'explique du point de vue religieux, remarqua Yasukochi. Elle nous paraît étrange, mais peut-être est-ce parce que nous ne comprenons pas très bien les idées occidentales ? Bien entendu, le fait d'abandonner son propre frère afin de sauver une femme inconnue est contraire à toute notre conception du bien. Mais, si le chevalier était un homme au cœur pur, il a dû s'imaginer qu'il était obligé d'agir ainsi, à cause de quelque promesse ou de quelque devoir. Même alors, ce dut lui sembler

très pénible et honteux, et il n'a pu accomplir
son acte sans comprendre qu'il agissait contre
l'enseignement de son cœur.

— Là vous avez raison, dis-je, mais vous devriez aussi savoir que le sentiment auquel obéit
Sir Bors, influence encore aujourd'hui la conduite d'hommes nobles et braves de la société
de l'Occident, et que cependant on ne pourrait
appeler religieux dans l'acception ordinaire du
mot.

— Cela n'empêche pas que nous trouvions cela
un très mauvais sentiment, fit Iwai. Et nous
préférions entendre une autre histoire, se pas-
sant dans une autre forme de société.

Alors je pensai à leur conter l'immortelle
légende d'Alceste. Je crus un instant que le
caractère d'Hercule dans ce drame divin présenterait un charme particulier pour eux. Mais
leurs commentaires me prouvèrent que je m'étais
trompé. Aucun ne fit allusion à Hercule. En
vérité, j'aurais dû me souvenir que nos idéals
d'héroïsme, de force de volonté, et de mépris
de la mort, ne sont pas facilement accessibles
aux jeunes Japonais. Et cela pour la raison que
nul « gentleman » japonais ne considère ces
qualités comme exceptionnelles : il tient l'héroïsme pour tout naturel, il le considère comme
faisant partie de la virilité dont il est insépara-
ble. Il dirait qu'une femme peut avoir peur sans

aucune honte, mais jamais un homme. Puis, comme simple idéalisation de la force physique, Hercule ne peut intéresser les Orientaux que très vaguement : leur propre mythologie contient de nombreuses personnifications de la force ; enfin, la dextérité, la rapidité, et l'adresse sont beaucoup plus admirées que la vigueur par un vrai Japonais. Aucun jeune Nippon ne souhaiterait sincèrement ressembler au géant Benkei. Mais Yoshitsune, le mince et souple vainqueur et maître de Benkei, demeure l'idéal du parfait chevalier, cher au cœur de toute la jeunesse japonaise.

Kamegawa dit :

— L'histoire d'Alceste, ou plutôt celle d'Admète, est une histoire de lâcheté, d'immoralité, et de déloyauté ! La conduite d'Admète fut abominable. Son épouse était en vérité noble et vertueuse. C'était une femme bien trop bonne pour un homme aussi éhonté ! Je ne crois pas que le père d'Admète aurait refusé de mourir à la place de son fils, si celui-ci en avait été digne. Je crois même qu'il serait mort pour son fils avec joie, s'il n'avait pas été écœuré par la lâcheté d'Admète. Et comme les sujets d'Admète furent déloyaux ! Au moment où ils apprirent le danger qui menaçait leur roi, ils auraient dû accourir au palais et supplier humblement qu'on leur permît de mourir à sa place. C'était leur devoir,

même s'il s'était montré lâche et cruel. Ils
étaient ses sujets. Ils vivaient par sa faveur. Et
cependant, comme ils se montrèrent déloyaux !
Un pays habité par des gens aussi éhontés
irait vite à la ruine ! Bien entendu, comme dit
l'histoire, « il est doux de vivre ». Qui n'aime
point la vie ? Qui ne déteste mourir ? Mais
nul homme brave, ni même loyal, ne devrait
songer à sa vie quand le devoir réclame qu'il la
donne.

—Mais, dit Midzuguchi qui nous avait rejoints
un peu trop tard pour entendre le début de la
narration, peut-être Admète était-il inspiré par
la piété filiale ? Si j'avais été Admète, et si je
n'avais trouvé personne parmi mes sujets consentant à mourir à ma place, j'aurais dit à ma
femme : « Chère épouse, je ne puis laisser mon
père seul maintenant, parce qu'il n'a pas d'autre enfant, et que ses petits-fils sont encore trop
jeunes pour lui être utiles. Donc, si vous m'aimez, mourez, s'il vous plaît, à ma place ».

— Vous ne comprenez point l'histoire, déclara
Yasukochi. La piété filiale n'existait point chez
Admète. Il désirait que son père mourût pour
lui !

— Oh ! s'écria l'apologiste avec une surprise
véritable. Cela n'est pas une jolie histoire,
Maître !

— Admète, remarqua Kawabuchi, était tout

ce qu'il y a de mauvais. C'était un détestable lâche, parce qu'il craignait la mort ; c'était un tyran, parce qu'il voulait que ses sujets se sacrifiassent pour lui. C'était un fils indigne, parce qu'il souhaitait que son père mourût à sa place ; c'était un mauvais mari parce qu'il demanda à son épouse, — une faible femme, avec de tout jeunes enfants, — d'accomplir ce que lui, un homme, craignait de faire. Qu'est-ce qui pourrait être plus vil qu'Admète ?

— Mais, s'écria Iwai, Alceste était tout ce qu'il y a de bon. Car elle renonça à ses enfants, à tout, ainsi que le Bouddha (*Shaka*) lui-même. Cependant elle était très jeune. Comme elle fut brave et loyale ! La beauté de son visage pourrait se flétrir comme une floraison printanière, mais on devrait se souvenir de la beauté de son acte pour mille fois mille années. Eternellement son âme planera sur l'Univers. Elle est maintenant immatérielle ; mais ce sont les immatériels, les âmes de ceux qui ont accompli des actions pures, braves et sages, qui nous instruisent avec plus de douceur que nos maîtres vivants les plus bienveillants.

— La femme d'Admète, observa Kumamoto, qui était enclin à une certaine austérité dans ses jugements, fut simplement obéissante. Elle ne fut point irréprochable. Avant la mort, son devoir le plus sublime eût été de reprocher sévèrement à son mari sa sottise. Elle ne le fit pas, du moins suivant la narration que notre maître nous a faite de l'histoire.

— Il nous est difficile de comprendre pourquoi les Occidentaux trouvent cette légende belle, fit Zaitzu. Elle contient beaucoup de faits qui nous remplissent de colère. Il y en a, parmi nous, qui ne peuvent s'empêcher de songer à leurs propres parents, tout en écoutant cette histoire. Après la Révolution du Méiji, il y eut longtemps, parmi nous, beaucoup de souffrances. Souvent, peut-être nos parents eurent faim : et cependant nous eûmes toujours à manger. Ils eurent parfois à peine assez d'argent pour vivre : et cependant nous reçûmes de l'instruction. Quand nous songeons à tout ce que cela leur a coûté pour nous instruire, au mal qu'ils ont eu pour nous élever, à tout l'amour dont ils nous ont entourés, et à toute la douleur que nous leur avons causée dans notre sotte enfance, alors il nous semble que nous ne pourrons jamais, jamais faire assez pour eux ! Donc nous n'aimons point cette histoire d'Admète !

Le clairon sonna, annonçant la récréation. J'allai sur le terrain d'exercice pour fumer. Bientôt quelques étudiants me rejoignirent, avec leurs fusils et leurs baïonnettes; c'était l'heure des exercices militaires. L'un d'eux me dit :

— Maître, nous aimerions un autre sujet de composition, pas trop facile.

Je suggérai :

— Celui-ci vous plairait-il ? « Qu'est-ce qui est le plus difficile à comprendre ? »

— Ce n'est guère ardu de répondre à cela, fit Kawabuchi : l'emploi correct des prépositions anglaises.

— Oui, dans l'étude de l'anglais par des étudiants japonais, répliquai-je. Mais je ne parlais d'aucune difficulté spéciale. J'aurais voulu que vous écrivissiez vos impressions de ce qui est le plus difficile à comprendre pour tous les hommes.

— L'Univers ? interrogea Yasukochi. C'est un sujet trop vaste !

— Quand j'avais seulement six ans, fit Orito, j'errais parfois au bord de la mer, par de beaux jours, et je m'émerveillai de l'immensité du monde. Notre « home » était près de la mer... Plus tard, on m'apprit que le problème de l'Univers se dissipera un jour comme de la fumée...

— Je pense, observa Miyakawa, que ce qu'il y a de plus difficile à comprendre, c'est pourquoi les hommes vivent sur la terre ! Dès l'instant où l'enfant naît, que fait-il ? Il mange et il boit ; il se sent joyeux ou triste ; il dort la nuit, il s'éveille le matin. Il s'instruit, il grandit ; il se

marie ; il a des enfants ; il vieillit ; ses cheveux
deviennent d'abord gris, puis blancs ; il s'affaiblit
de plus en plus, et puis, il meurt !

« Que fait-il toute sa vie ? Son vrai travail
sur la terre est boire, manger, se lever, se coucher, puisque quelle que soit son occupation
comme citoyen, il ne peine qu'afin de pouvoir
continuer à faire ces choses. Mais dans quel but
l'homme vient-il vraiment au monde ? Est-ce
pour manger ? Est-ce pour boire ? Est-ce pour
dormir ? Chaque jour il fait exactement les mêmes choses, et cependant il ne s'en lasse point !
C'est étrange !

« Récompensé il est joyeux ; puni il est triste.
S'il devient riche il se croit heureux ; s'il devient
pauvre il est très malheureux. Pourquoi est-il
ainsi heureux ou malheureux suivant sa condition ? Le bonheur et le malheur ne sont que
momentanés ! Pourquoi étudie-t-il autant ? Quelque grand savant qu'il puisse devenir, que
reste-t-il de lui quand il est mort ? Rien que
des os !

Miyakawa était le plus vivant et le plus spirituel de sa classe, et le contraste entre son caractère si gai, et ses paroles, me parut presque
effrayant. Ainsi, et assez souvent, surtout depuis
le Méiji, la pensée s'assombrit brusquement
chez les jeunes esprits orientaux. Ce sont là des
troubles aussi fugitifs que les ombres de nuages

d'été ; ils ont une moindre signification que chez les adolescents de l'Occident ; et puis le Japonais ne vit point par la pensée, ni par l'émotion, mais par le devoir. Néanmoins, ce ne sont pas là des fantômes dont on doive entretenir la hantise.

— Je crois, remarquai-je, qu'un bien meilleur sujet de devoir pour vous tous, serait le *Ciel*. Les émotions que le Ciel fait naître en nous quand nous le contemplons par un jour comme celui-ci. Voyez comme c'est merveilleux !

Tout était bleu, jusqu'aux confins du monde, sans même le plus léger duvet de nuage. A l'horizon, point de vapeurs, et les cimes très lointaines, en général invisibles, se massaient dans la lumière glorieuse, et paraissaient diaphanes.

Alors Kumashiro contemplant la voûte puissante murmura avec respect les vieilles paroles chinoises :

— *Quelle pensée est aussi haute que le Ciel ? Quel esprit est aussi étendu ?*

— Aujourd'hui, fis-je, il fait aussi beau qu'un jour d'été, sauf que les feuilles tombent, et que les *semi* ont disparu.

— Vous aimez les *semi*, Maître ? me demanda Mori.

— J'éprouve un grand plaisir à les entendre, répondis-je. Nous n'avons point de cigales pareilles en Occident.

— La vie humaine est comparée à celle d'un *semi*, dit Orito, — *utsuzemi no yo*. Brèves comme le chant d'un semi sont la jeunesse et toute la joie humaine. Les hommes vivent pour une saison, et puis disparaissent comme les *semi*.

— Il n'y a point de *semi* en ce moment, dit Yasukochi. Peut-être le Maître en ressent-il de la tristesse ?

— Je ne trouve pas qu'il fasse triste, déclara Noguchi. Les *semi* nous empêchent de travailler. Je déteste le bruit qu'ils font. L'été, lorsque nous les entendons chanter, et que nous sommes las, la fatigue s'ajoute à la fatigue de façon que nous nous endormons. Si nous essayons de lire, d'écrire, ou de penser, et que nous percevions ce bruit, nous n'avons plus le courage de rien faire. Alors nous souhaitons que tous ces insectes soient morts.

— Peut-être préférez-vous les libellules ? suggérai-je. Elles scintillent tout autour de nous, mais ne font point de bruit.

— Tous les Japonais aiment les libellules, fit Kumashiro. Vous savez que le Japon est appelé Akitsusu, ce qui veut dire le Pays de la Libellule.

Nous nous entretînmes de différentes espèces de « demoiselles » ; ils me parlèrent d'une que je n'avais point vue, la *Shorô-tombo*, ou libellule-fantôme, qu'on dit avoir quelque étrange relation avec les morts. Ils parlèrent aussi des

Yamma, libellules très grandes, et ils m'apprirent que dans certaines anciennes chansons, les Samuraïs étaient appelés des Yamma, parce que la longue chevelure d'un jeune guerrier était nouée en un nœud qui rappelait la forme d'un de ces insectes.

Un clairon retentit, et la voix de l'officier militaire résonna :

— *Atzumar E!* (Formez les rangs.)

Mais les jeunes gens s'attardèrent encore un instant pour me demander :

— Eh bien, maître, quel sera notre sujet ? Ce qui est le plus difficile à comprendre ?

— Non, dis-je, le Ciel !

Et pendant tout le jour la beauté de l'axiome chinois me hanta, et me remplit comme une exaltation :

— Quelle pensée est aussi haute que le Ciel ? Quel esprit est aussi étendu ?

V

Il y a à Kyushu un exemple de relations de maître à étudiant dépourvues de tout formalisme, — il y existe une précieuse survivance de l'affection mutuelle dont on s'aimait, aux temps passés dans les anciennes écoles samuraï. Le vieux Professeur de Chinois est révéré par tous, et son influence sur les jeunes gens est très grande. Par un mot il pourrait calmer tout éclat de colère ; par un sourire il pourrait fortifier tout mouvement généreux. Car pour ces jeunes gens il représente l'idéal de tout ce qui était brave, vrai et noble dans la vie d'autrefois, — l'Ame du Vieux Japon.

Son nom, qui signifie Lune d'Automne, est célèbre dans son propre pays. Un petit livre a été publié à propos de lui, contenant son portrait. C'était jadis un Samuraï de haut rang, appartenant au grand clan de Aidzu. Il s'éleva vite à des situations de confiance et d'influence. Il a été chef d'armée, médiateur entre des princes, homme d'État, gouverneur de province, tout ce qu'un chevalier pouvait être dans l'ère ancienne. Mais dans les intervalles de ses devoirs militaires ou politiques il semble avoir toujours été un professeur. Il y a peu de maîtres, de savants tels que lui. Et cependant, à le voir maintenant, vous ne sauriez imaginer combien il a été redouté jadis, — quoique aimé, — par les hommes de guerre placés sous ses ordres. Peut-être n'y a-t-il point de douceur si pleine de charme, que celle d'un guerrier qui fut renommé dans sa jeunesse pour sa sévérité?

Quand la féodalité fit un dernier effort pour vivre, il se rendit à l'appel de son seigneur, et s'engagea dans cette lutte terrible à laquelle

prirent part même les femmes et les enfants
d'Aidzu. Mais le courage et l'épée seuls ne pouvaient prévaloir contre les nouvelles méthodes
de guerre : le pouvoir de Aidzu fut brisé, et
Akizuki fut longtemps prisonnier politique, en
sa qualité de chef de parti.

Mais ses vainqueurs l'estimaient, et le gouvernement contre lequel il avait combattu en
tout honneur, le prit à son service pour instruire les nouvelles générations. Celles-ci appre-
naient avec de jeunes professeurs les sciences
et les langues occidentales. Mais Akizuki enseignait toujours cette philosophie des sages de
la Chine, qui est éternelle, et aussi la loyauté,
l'honneur, et tout ce qui fait un homme.

Quelques-uns de ses enfants s'éloignèrent de
lui ; mais il ne pouvait se sentir seul, car tous
ceux qu'il avait instruits étaient, pour lui, pareils
à ses fils, et le révéraient comme tels. Et il devint vieux, très vieux, et il commença à ressembler à un Kami-Sama [1].

Les Kami-Sama n'ont dans l'art aucune ressemblance avec les Bouddhas. Divinités plus
antiques, ils n'ont point les yeux baissés, ni
l'impassibilité méditative des Bouddhas. Ce sont
les amoureux de la Nature ; ils hantent ses so-
litudes les plus belles, entrent dans la vie de ses

1. Dieu Shinto ; cela veut dire « Seigneur suprême ». (N. du
Trad.)

arbres, parlent en ses eaux, et volètent dans
ses brises. Une fois sur terre ils vécurent comme
les hommes ; et les habitants du pays sont leur
descendance. Ils demeurent très humains, même
comme fantômes divins. Ils sont infiniment
changeants. Ce sont les émotions, ce sont les
sensations des vivants. Mais, tels qu'ils figurent
dans la légende, et dans l'Art né de la légende,
ils sont pour la plupart agréables à connaître.
Je ne parle point de l'Art vulgaire qui, en ces
jours de scepticisme, les traite d'une façon irré-
vérencieuse, mais de l'Art plus ancien qui com-
mentait les textes sacrés les concernant. Bien
entendu, de telles représentations varient beaucoup ; mais, si vous me demandiez quel est l'aspect traditionnel d'un Kami, je vous répon-
drais : « C'est un homme fort vieux, au visage
merveilleusement doux, ayant une longue barbe
blanche, et tout de blanc vêtu, avec une ceinture blanche. »

Et, si la ceinture du vieux Professeur n'avait
été de soie noire, il aurait ressemblé à une
apparition du Shintoïsme, lorsqu'il me rendit
visite pour la dernière fois.

Il m'avait rencontré au Collège et m'avait dit :

— Je sais « qu'il y a une félicitation » dans
votre maison, et je n'y suis pas allé, non
parce que je suis âgé, ni parce que votre demeure est fort éloignée, mais seulement parce

que j'ai été longtemps malade. Mais vous me
verrez bientôt.

Il vint par une après-midi lumineuse, appor-
tant des cadeaux de félicitation, présents de
l'ancienne haute courtoisie, simples en eux-
mêmes et cependant dignes d'un prince : un
petit prunier dont chaque branche, chaque ra-
meau était un éblouissement de fleurs neigeuses ; un vase de bambou, joli et curieux, rempli
de vin ; deux rouleaux sur lesquels étaient inscrits de béaux poèmes, des poèmes qui eussent
été inestimables en eux-mêmes étant les œuvres
d'un rare poète et calligraphe, mais qui m'étaient
encore infiniment plus précieux parce qu'ils
étaient écrits de sa propre main. Je ne me rappelle plus exactement tout ce qu'il me dit. Je
me souviens de paroles d'affectueux encoura-
gement pour mes devoirs, de quelques conseils
sages et fins, d'une étrange histoire de sa jeunesse. Mais ce fut comme un rêve agréable, car
sa seule présence était une caresse, et le parfum
de son cadeau fleuri semblait une bouffée éma-
nant de Takama-no-hara [1]. Et, ainsi qu'un Kami
doit venir et repartir, ainsi sourit-il et s'en
alla-t-il, laissant toutes choses comme sancti-
fiées.

Le petit prunier a perdu ses fleurs ; un autre

1. Takama-no-hara : lieu habité par les *Kami*, les dieux
shintoïstes. (Note du Traducteur.)

hiver s'écoulera avant qu'il ne refleurisse. Mais
quelque chose de très doux semble encore
hanter la chambre d'ami, aujourd'hui vide. Peut-
être n'est-ce que le souvenir de ce divin vieillard ; peut-être est-ce un esprit ancestral, quelque
Dame du Passé, qui, ce jour-là, suivit invi-
siblement ses pas jusqu'à notre seuil, et demeure encore un peu auprès de moi, parce qu'il
m'aimait ?...

A HAKATA

I

Quand on voyage en kuruma, on ne peut
que regarder et rêver. Les secousses rendent la
lecture trop pénible ; le fracas des roues et la
violence du vent font que la conversation est
impossible, même si la route permet au véhicule d'un autre voyageur de rouler à côté du
vôtre. Après s'être accoutumé aux aspects ca-
ractéristiques du paysage japonais, on ne remar-
quera plus guère, sauf à de rares intervalles,
quoi que ce soit d'assez imprévu ou d'assez nouveau pour produire une forte impression. Le
plus souvent le chemin serpente à travers une
monotonie continue de rizières, de jardins ma-
raîchers, de minuscules hameaux de chaumines,
et entre d'interminables rangées de collines
vertes ou bleues. Parfois, certes, il y a des éten-
dues de couleur surprenante : ainsi l'on traverse
tantôt une plaine que la floraison du *natané* a

rendue d'un jaune ardent, tantôt une vallée toute mauve de *gengebana* épanoui ; mais ce ne sont là que des splendeurs éphémères. En général, la vaste monotonie verte laisse au repos toutes nos facultés. On rêve, on s'assoupit même, le vent dans la figure, pour se réveiller seulement à quelque heurt d'une violence particulière.

C'est ainsi que pendant mon voyage automnal vers Hakata, je regarde, je rêve, et je m'assoupis tour à tour. Je suis des yeux le scintillement des libellules, les sentiers des rizières aux lacets infinis, s'étendant à perte de vue de tous les côtés, les rangées des cimes familières qui se transforment lentement dans le flamboiement de l'horizon, et les formes blanches et sans cesse changeantes qui flottent au-dessus de tout dans le bleu éclatant, me demandant combien de fois encore je devrai contempler ce même paysage de Kyûshû, et déplorant l'absence de tout merveilleux.

Soudain et très doucement, se glisse dans mon esprit la pensée que la plus merveilleuse des visions imaginables est, en vérité, celle qui m'environne de tous les côtés, dans la simple verdure de la terre, dans l'incessante manifestation de la Vie.

Partout et éternellement depuis d'invisibles origines, des choses vertes croissent — hors de

la douce terre, — hors du rude rocher, — formes multiples, races muettes, silencieuses, in-
calculablement plus anciennes que l'homme. De
leur histoire visible nous savons beaucoup : nous
leur avons donné des noms, et aussi une classi-
fication. Nous connaissons également la cause
des formes de leurs feuilles, des qualités de
leurs fruits, des couleurs de leurs fleurs, car
nous avons appris beaucoup de choses sur le
cours des lois éternelles qui forment toutes
choses terrestres. Mais la raison de leur existence, nous ne la connaissons pas. Quelle est
la spiritualité qui cherche à s'exprimer dans ce
vert universel, — le mystère de ce qui se multiplie surgissant toujours hors de ce qui ne se
multiplie point ? Ou bien ce qui semble inanimé
serait-ce précisément la vie, mais une vie encore
plus silencieuse, plus cachée ?

Mais une vie plus étrange et vivante se meut
sur la surface du monde, et peuple le vent
et l'eau. Celle-ci a le pouvoir surnaturel de se
séparer de la terre, bien qu'elle y soit toujours
rappelée à la longue, et condamnée à nourrir
ce qui, jadis, l'a nourrie. Cette vie-ci sait : elle
sent, rampe, nage, vole, court et pense. Ses
formes sont innombrables. La vie verte et plus
lente, ne cherche qu'à exister ; l'autre lutte toujours contre le non-être. Nous connaissons le
mécanisme de son mouvement, les lois de sa

naissance ; les plus intimes dédales de sa structure ont été explorés, les territoires de sa sensibilité ont été décrits et désignés par des noms.
Mais sa raison d'être, — qui nous la dira ?
Quel est son principe ? Ou plus simplement :
qu'est-elle ? Pourquoi doit-elle connaître la douleur ? Pourquoi doit-elle se développer par la
souffrance ?

Cette vie de douleur est la nôtre ; relativement elle sait, elle voit ; absolument elle est
aveugle et tâtonne, comme la vie lente, froide
et verte qui la soutient. Mais serait-elle à son
tour le soutien d'une existence plus élevée, —
nourrirait-elle quelque vie invisible, infiniment
plus active et plus complexe ? La spiritualité
s'encercle-t-elle de spiritualité — y aurait-il une
vie dans chaque vie, et cela sans fin ? Y aurait-il
des univers entre-pénétrant des univers ?

Pour notre temps, au moins, les bornes de la
connaissance humaine ont été irrévocablement
fixées, et les solutions de pareilles questions
n'existent que bien au delà de ces limites. Cependant qu'est-ce qui constitue ces limites du
possible ? Rien de plus que la nature humaine
elle-même. Cette nature devra-t-elle demeurer
également bornée dans ceux qui viendront
après nous ? Ne développeront-ils jamais de
sens plus élevés, de facultés plus vastes, de per-

ceptions plus subtiles ? Que nous dit la science
à ce sujet ?

Peut-être la réponse est-elle dans la profonde
parole de Clifford : nous ne fûmes *jamais créés*,
mais nous nous sommes créés. Voilà, en vérité,
le plus profond de tous les enseignements de
la science. Et pourquoi l'homme s'est-il fait lui-
même ? Pour échapper à la souffrance et à la
mort. Notre être fut formé seulement sous la
pression de la douleur ; et tant que durera la
douleur, ce labeur incessant de *self-change*
devra continuer. Jadis, les nécessités de la vie
étaient physiques ; aujourd'hui elles ne sont pas
moins morales que physiques. Et, de toutes les
nécessités de l'avenir, aucune ne semble devoir
se montrer aussi impitoyable, aussi redoutable
et aussi puissante, que celle de tenter de déchiffrer l'Universelle Enigme.

Le plus grand penseur du monde, celui-là
même qui nous a dit pourquoi cette énigme ne
pouvait être déchiffrée, nous a dit aussi comment le désir de la résoudre doit continuer
à s'accroître avec l'accroissement même de
l'homme [1].

Et sûrement la simple reconnaissance de cette
nécessité contient en elle-même le germe d'un
espoir. Le désir de savoir ne peut-il pas, —

1. Herbert Spencer. *First Principles* : the Reconciliation.

commme étant peut-être la forme la plus élevée
de la douleur future, — contraindre, dans l'humanité, l'évolution naturelle des forces à accomplir ce qui est aujourd'hui impossible, — à acquérir des facultés de percevoir ce qui est
actuellement invisible? Nous autres, hommes
d'à présent, sommes ce que nous sommes, par
notre désir de l'être. Les héritiers de notre travail, ne pourront-ils pas un jour « se créer » tels
que dès à présent nous souhaiterions être?

II

Je suis à Hakata, — la cité des tisserands de
ceintures, — ville très élevée aux voies étroites
et fantastiques, toutes pleines d'une couleur
étrange, — et je fais halte dans la rue des Priè-
res-aux-Dieux, parce que j'aperçois une énorme
tête en bronze, la tête d'un Bouddha, qui me
sourit à travers une grille. La grille appartient
à un temple de la secte de Jodo[1], et la tête du
Bouddha est fort belle.

Mais on ne voit que la tête; ce qui la sou-

1. Jodo : Terre pure. C'est l'école dont la doctrine est la
plus simple : il suffit de répéter le nom d'Amitâbha Bouddha,
pour renaître dans le Paradis de la Terre Pure. (N. du Tr.)

tient au-dessus des dalles de la cour est caché par des milliers de miroirs en métal, entassés jusqu'au menton de ce grand visage rêveur. Une affiche, près de la grille, explique cette étrangeté. Ces miroirs sont les dons apportés là par des femmes pour une statue colossale d'un Bouddha assis, qui doit avoir trente-cinq pieds de haut, y compris l'immense fleur de lotus sur laquelle il siégera. Et le tout sera fait de miroirs de bronze. Des centaines ont déjà été employées pour former la tête, et des myriades seront nécessaires pour parachever l'œuvre. Qui osera donc affirmer, devant un pareil spectacle, que le bouddhisme disparaît peu à peu ?

Cependant je ne puis me sentir joyeux à la vue de cet étalage, qui, tout en satisfaisant le sentiment artistique par la promesse d'une noble statue, le choque encore davantage par l'évidence de l'immense destruction que ce projet entraîne. Car les miroirs japonais en métal, — remplacés peu à peu par d'horribles glaces à bon marché de fabrication occidentale, — sont de bien beaux objets. Celui qui n'est point familier avec leurs formes gracieuses, ne peut comprendre le charme de la comparaison orientale établie entre un miroir et la lune. Un seul de leurs côtés est poli; l'autre est orné de dessins en relief, d'arbres ou de fleurs, d'oiseaux ou d'animaux, d'insectes, de paysages, de légendes, de symboles de bonne fortune, ou d'images des dieux. Même les miroirs les plus ordinaires sont ainsi ; mais il y en a de tous les genres, et il s'en trouve parmi eux de merveilleux, que l'on appelle des miroirs magiques : car, lorsque leur réflection est projetée sur un écran ou sur un mur, on peut voir dans le disque de lumière l'image lumineuse des dessins qui décorent [1] leur envers.

Je ne sais si, parmi cet amas d'ex-voto, il se trouve des miroirs magiques, mais il y en a certainement de fort beaux. Et la vue de tout ce travail artistique et bizarre jeté ainsi de côté et condamné à disparaître complètement est infiniment pathétique. Il est probable que dans une décade, la fabrication des miroirs en argent et en bronze aura cessé pour toujours ; et ceux qui les chercheront alors, apprendront avec un sentiment qui sera plus que du regret, la destinée de ceux-ci.

Et ce n'est point là l'unique émotion qui se dégage du spectacle de tous ces sacrifices domestiques exposés à la pluie, au soleil, et à la poussière des rues. Les sourires de la nouvelle mariée, de l'enfant, et de la mère ont dû souvent se refléter dans plusieurs d'entre eux, et,

[1]. Voir l'article sur les Miroirs Magiques du Japon.

dans presque tous, un peu de la douce vie du foyer a dû se réfléchir. Mais une valeur encore plus spirituelle que celle donnée par le souvenir, s'attache aussi aux miroirs japonais. Un ancien proverbe déclare que « le Miroir est l'Ame de la Femme », et pas seulement au sens figuré, comme on pourrait le supposer. D'innombrables légendes relatent qu'un miroir ressent toutes les joies ou toutes les peines de sa maîtresse, et qu'il manifeste par son éclat plus ou moins grand, une étrange sympathie avec chacune de ses émotions. C'est pour cela que les miroirs étaient employés jadis, — et d'aucuns disent qu'ils le sont encore, — dans ces rites magiques par lesquels on croyait influencer la vie et la mort, et qu'ils étaient enterrés avec ceux ou celles auxquels ils appartenaient.

Le spectacle de tous ces bronzes périssant ainsi, déchaîne dans l'esprit la pensée d'une ruine d'âmes, ou du moins de choses appartenant à des âmes. Il est même difficile de se persuader que, de tous les visages et tous les mouvements que ces miroirs reflétèrent jadis, absolument rien ne les hante plus maintenant. On ne peut s'empêcher de s'imaginer que tout ce qui a été doit continuer à être en un lieu quelconque ; et qu'en s'approchant à pas furtifs de ces miroirs, et en en retournant soudain quelques-uns, face à la lumière, on surprendrait le

Passé à la minute même où il frissonne, diminue et disparait.

D'ailleurs, je dois aussi observer que l'émotion produite par cette exhibition avait été particulièrement aiguisée en moi par un souvenir qui me rappelle toujours la vue d'un miroir japonais, — le souvenir de l'ancienne légende japonaise, *Matzuyama no Kagami*[1]. Quoique contée de la manière la plus simple et en le moins de mots possible, on pourrait presque la comparer à ces merveilleux petits contes de Gœthe, dont les significations s'amplifient suivant la culture et l'imagination du lecteur. Le petit livre de Mrs. James conte le *Matzuyama* délicieusement; et, celui qui peut le lire sans émotion doit être chassé de la société des hommes. Et pour deviner l'idée japonaise contenue dans cette histoire, on devrait être à même de *sentir* le sens intime des délicieuses gravures coloriées qui accompagnent son texte. Elles sont du dernier grand artiste de l'école de Kano. (Les étrangers, peu au courant de la vie familiale au Japon, ne peuvent goûter le charme des dessins exécutés pour la série des Contes de Fées Japonais ;

1. Voir pour le texte japonais et la traduction : « *A Romanized Japonese Reader* », par le professeur B. H. Chamberlain. La belle version pour enfants, écrite par Mrs. F. H. James appartient à la célèbre série des Contes de Fées Japonais, publiée à Tokyo.

mais les teinturiers en soie de Kyôto et de Osaka les apprécient infiniment, et les reproduisent constamment sur les tissus les plus luxueux.) Il y a bien des versions de cette légende, mais avec l'esquisse suivante, mes lecteurs pourront facilement reconstituer pour leur usage les versions applicables au XIXᵉ siècle.

III

Il y a très longtemps, en un lieu appelé Matsuyama, dans la province d'Echigo, vivaient un jeune samuraï et sa femme, dont les noms sont oubliés. Et ils avaient une petite fille.

Le samuraï se rendit un jour à Yedo, — sans doute faisant partie de la suite du Seigneur d'Echigo. A son retour, il rapporta de la capitale des cadeaux, — des sucreries, et une poupée pour sa petite fille (du moins c'est ce que nous apprend l'artiste), — et, pour sa femme un miroir en bronze argenté. Ce miroir parut, à la jeune mère, un objet merveilleux ; car c'était le premier qui eut jamais été apporté à Matsuyama. Elle n'en comprit pas l'usage, et demanda innocemment à qui appartenait le joli visage souriant qu'elle y voyait reflété. Quand son mari lui répondit en riant : « Mais c'est votre propre visage ! Comme vous êtes naïve ! » elle n'osa

pas faire d'autres questions. Elle se hâta de
mettre son cadeau de côté, pensant toujours que
c'était un objet bien mystérieux. Et elle le garda
caché ainsi pendant de longues années, — l'histoire originale ne nous dit pas pourquoi. Peut-
être pour la simple raison que, dans tous les
pays, l'amour rend même le don le plus insigni-
fiant trop sacré pour être montré ?

Mais, pendant sa dernière maladie, elle remit le miroir à son enfant, disant : « Lorsque je
serai morte, il te faudra regarder dans ce miroir, matin et soir, et tu m'y verras. Ne pleure
point. » Puis elle mourut.

Et, à partir de ce jour, la fillette regarda dans
le miroir, matin et soir, et elle ne sut pas que
le visage qu'elle y voyait reflété était sa propre
ombre ; elle crut que c'était celle de sa mère
disparue, à qui elle ressemblait beaucoup. Elle
parlait donc à cette ombre chaque jour, ayant
la sensation, ou plutôt comme le dit si tendrement la version japonaise originale, *ayant le
cœur de rencontrer sa mère* ; et elle chérissait
le miroir par-dessus toutes choses.

Son père remarqua enfin sa conduite, et la
trouva étrange ; il lui en demanda la raison, et
elle lui raconta tout. « *Alors,* dit le vieux con-
teur japonais, *pensant que c'était là une chose
bien pitoyable, les yeux du père s'obscurcirent
de larmes.* »

IV

Telle est l'ancienne légende. Mais la naïve erreur de la jeune fille était-elle aussi « pitoyable » qu'elle le parut au père? Ou l'émotion de ce dernier fut-elle aussi vaine que le regret que j'éprouve pour la destinée de tous ces miroirs, et de tous leurs souvenirs?

Je ne puis m'empêcher de songer que la naïveté innocente de l'enfant se rapprochait plus de la vérité éternelle que le sentiment du père. Car dans l'ordre cosmique des choses le présent est l'ombre du passé, et l'avenir doit être la réflection du présent. Nous sommes tous un, ainsi que l'est la Lumière, quelque innombrables que soient les millions de vibrations par lesquelles elle est produite. Nous sommes tous un, et cependant plusieurs, parce que chacun de nous est un monde de fantômes. Sûrement cette jeune fille vit l'âme même de sa mère et lui parla, tandis qu'elle apercevait l'ombre gracieuse de ses propres yeux innocents et de ses jeunes lèvres exprimant son amour!

Et l'étrange étalage dans l'ancienne cour du temple, prend avec cette pensée une nouvelle signification, et devient le symbole d'un espoir sublime. Chacun de nous est, en vérité un mi-

roir réfléchissant quelque chose de l'univers,
reflétant aussi la réflection de nous-mêmes dans
cet univers; et c'est peut-être notre destinée
commune d'être fondus par cette puissante Fai-
seuse d'Images, — la Mort, — en quelque unité
grande, douce et sans passion. Seuls ceux qui
viendront après nous sauront peut-être comment
sera œuvré ce vaste travail. Nous autres de l'Occident d'aujourd'hui, nous ne le savons pas : nous
ne faisons que rêver. Mais l'ancien Orient croit.
Voici la simple formule de sa croyance : Toutes
les formes doivent finalement disparaître pour
se confondre en cet Être dont le sourire est le
Repos Immuable, — et dont le savoir est la
Vision Infinie.

A PROPOS DE L'ÉTERNEL FÉMININ

> *For Metaphors of man we search the skies,*
> *And find our allegory in all the air;*
> *We gaze on Nature with Narcissus-eyes,*
> *Enamoured of our shadow everywhere.*
>
> WATSON.

I

Tout étranger intelligent habitant au Japon ne peut manquer de s'apercevoir tôt ou tard, que, à mesure que les Japonais acquièrent une plus grande connaissance de notre esthétique et de notre sensibilité, ils nous jugent moins favorablement.

L'Européen ou l'Américain qui voudra leur parler de l'art, de la littérature, ou des métaphysiques de l'Occident, essayera en vain de gagner leur sympathie. On l'écoutera poliment, mais son éloquence ne suscitera que quelques remarques imprévues, tout à fait différentes de celles qu'il espérait provoquer. De nombreuses déceptions successives de ce genre l'obligeront à juger ses auditeurs orientaux comme il jugerait des auditeurs occidentaux agissant de la même manière. Nous sommes menés par nos propres expériences occidentales à prendre comme preuve d'incapacité mentale une apparente indifférence pour ce que nous imaginons être l'expression la plus élevée de la pensée et de l'art. Nous trouvons donc toute une catégorie d'observateurs étrangers, qui qualifient les Japonais de « race d'enfants » ; tandis qu'une autre catégorie, dont la majorité se compose de personnes ayant passé plusieurs années dans le pays, estiment que la nation est essentiellement matérialiste, malgré le témoignage de ses religions, de sa littérature, et de son art incomparable. Je ne puis croire qu'aucun de ces jugements soit moins sot que l'observation faite par Goldsmith à Johnson à propos du *Literary Club*.

« Il ne peut plus y avoir maintenant quoi que ce soit de nouveau entre nous : nous avons fait le tour de nos cerveaux respectifs. »

Un Japonais cultivé, pourrait bien répondre par la fameuse réplique de Johnson :

« Monsieur, je vous garantis que vous n'avez pas fait le tour de *mon* cerveau. »

Et toutes ces critiques faites sans discernement, me semblent dues à une très incomplète compréhension que la pensée et le sentiment japonais résultent de coutumes, d'habitudes, d'éthiques, et de croyances ancestrales souvent diamétralement opposées aux nôtres, et, en tous les cas, étrangement différentes. Agissant sur un tel fonds psychologique, l'éducation scientifique moderne ne peut qu'accentuer et développer les différences de races. Une demi-éducation ne peut qu'induire les Japonais à imiter servilement les coutumes de l'Occident. Mais la vraie force morale et intellectuelle de la nation, son esprit le plus élevé, résistent fortement à l'influence occidentale, et des personnes qui sont plus compétentes que moi pour se prononcer sur ces matières, m'assurent que l'on observe cette résistance surtout chez des hommes supérieurs qui ont voyagé, ou qui ont été instruits en Europe. Les résultats de la nouvelle culture ont, en vérité, servi plus que tout autre chose à démontrer la puissance du sain conservatisme qui persiste dans cette race superficiellement qualifiée par Rein de « race d'enfants ». Même très imparfaitement comprises, les causes de cette attitude japonaise envers une catégorie particulière d'idées occidentales, pourraient bien nous inciter à considérer de nouveau notre appréciation de ces idées, plutôt qu'à taxer l'esprit oriental d'incapacité. Or, parmi les causes en question, — qui sont multiples, — certaines ne peuvent être que vaguement comprises. Mais

il y en a une au moins, — et une très importante, — que nous pouvons étudier sans crainte,
car quiconque séjournera quelques années en
Extrême-Orient, ne peut manquer de la distinguer.

II

— Maître, dites-nous, s'il vous plait, pourquoi
on parle tant d'amour et de mariage dans les
romans anglais ; cela nous semble très, *très*
étrange.

Cette question me fut posée tandis que j'essayais d'expliquer à mon cours de littérature [1],
— composé de jeunes gens dont l'âge variait de
dix-neuf à vingt-trois ans, — pourquoi ils ne
pouvaient comprendre certains chapitres d'un
roman-type, quoiqu'ils fussent capables de suivre la logique de Jevons et la psychologie de
W. James. Il n'était guère facile de répondre
à leur question, et, je n'aurais pu le faire de
façon satisfaisante si je n'avais pas, depuis plusieurs années, connu le Japon. Malgré cela, et
bien que je fisse effort pour être en même temps
concis et lucide, mon explication dura plus de
deux heures.

1. Hearn était alors professeur de littérature anglaise à Kumamoto.

Il y a peu de nos romans de mœurs qui soient véritablement compréhensibles pour l'étudiant japonais ; en voici la raison : il est incapable de se former une idée exacte de la société anglaise. Et, non seulement la société anglaise en particulier, mais la vie occidentale en général, sont pour lui mystérieuses. Tout système social dont la piété filiale n'est point le ciment moral ; — tout système social où les enfants quittent leurs parents pour se créer un foyer nouveau ; — tout système social où il est considéré non seulement comme naturel, mais comme louable, que l'homme aime l'épouse et l'enfant plus que les auteurs de son existence, — tout système social qui permet que le mariage puisse être conclu indépendamment de la volonté des parents, par l'inclination mutuelle des jeunes gens ; — tout système social où la belle-mère n'a pas droit aux services obéissants de sa bru, semble, à l'étudiant japonais, un état de vie à peine supérieur à celui des oiseaux de l'air et des bêtes des champs, — un véritable chaos moral. — Donc toute l'existence décrite dans notre littérature courante présente pour lui d'irritantes énigmes.

A un jeune Japonais, le mariage paraît un devoir, simple et naturel, pour l'accomplissement duquel ses parents feront tous les arrangements nécessaires le moment venu. Cela l'intrigue beaucoup que les étrangers aient tant de peine à se marier, mais cela l'étonne bien davantage, que des auteurs célèbres écrivent des romans et des poèmes sur de tels sujets, et que ces romans et poèmes soient si admirés... Cela lui paraît très, *très* étrange.

Mon jeune interlocuteur s'était servi du mot « étrange » par politesse. Sa véritable pensée eut été mieux rendue par l'adjectif « indécent ». Mais, quand je dis que nos romans types paraissent aux Japonais « *très* indécents », l'idée que je suggère à mes lecteurs anglais n'est pas tout à fait juste. Les Japonais ne sont point d'une pruderie morbide; nos romans ne leur semblent pas indécents parce que le sujet en est généralement une aventure d'amour. Les Japonais possèdent une importante littérature amoureuse. Non ; nos romans leur font l'effet d'être « indécents » comme le texte de l'Ecriture qui dit : « Pour cette cause un homme quittera son père et sa mère et s'attachera à sa femme », leur semble une des sentences les plus immorales qui aient jamais été écrites. En d'autres termes, leur critique nécessite une explication sociologique. Afin d'expliquer clairement pourquoi nos romans sont, à leur point de vue, indécents, il me faudrait décrire entièrement l'organisation, les coutumes et la morale d'une famille japonaise, qui sont absolument contraires à ce qui existe dans la vie occidentale ; et pour faire cela, même superficiellement, il faudrait un volume. Il m'est donc impossible de tenter une explication complète ; je ne puis que citer ici quelques faits assez significatifs.

Je déclare, pour commencer, que notre littérature contient beaucoup de choses, en plus de la fiction, qui révoltent le sens moral japonais, non parce qu'il y est traité de la passion de l'amour *per se*, mais parce que cette passion y est traitée par rapport à des jeunes filles vertueuses, et, en conséquence, par rapport au cercle familial. Or, en règle générale, quand l'amour passionné forme le thème de la meilleure littérature japonaise, ce n'est guère le genre d'amour qui mène à l'établissement des relations de famille. C'est un tout autre amour, — un amour, en somme, à propos duquel l'Orient n'a pas de pruderie ; c'est le *mayoi*, ou l'infatuation de la passion inspirée par la simple attraction physique, et ses héroïnes ne sont pas des jeunes filles appartenant à des familles raffinées, mais, en général des *hetæræ*, des danseuses professionnelles. Cette variété de la littérature orientale n'a rien d'analogue à la littérature sensuelle de l'Occident, — de la littérature française par exemple. Elle décrit un autre ordre d'émotion ; elle n'envisage l'amour que du point de vue esthétique.

6.

Une littérature nationale est nécessairement représentative ; ce qu'elle omet de décrire n'a qu'un bien faible retentissement extérieur, *si même il en a*, dans la vie nationale. Or, la réserve de la littérature japonaise vis-à-vis du sentiment de l'amour qui est le thème préféré de nos romanciers et de nos poètes, est exactement parallèle à la réserve que garde la société japonaise à ce même point de vue. Dans le roman japonais la femme idéale figure souvent sous les traits d'une héroïne : mère dévouée, fille pieuse prête à tout sacrifier au devoir, épouse loyale qui suit son mari à la guerre, combat à ses côtés, et le sauve au risque de sa vie ; mais jamais sous l'aspect d'une vierge sentimentale, qui meurt, ou cause la mort des autres par amour ! Nous ne la trouvons pas non plus représentée comme une beauté dangereuse, une ensorceleuse d'hommes ; et, dans la véritable vie du Japon, elle n'a jamais tenu ce rôle. La société, en tant que commerce des hommes et des femmes, en tant que mode de vie où le charme suprêmement raffiné est le charme de la femme, n'a jamais existé en Orient. Au Japon, la société, dans le sens spécial du mot, demeure masculine. Et il est peu probable que l'adoption, dans quelques cercles restreints de la capitale, de modes et de coutumes européennes, indique le commencement d'une évolution sociale, qui

pourrait modeler à nouveau la vie nationale
suivant les idées occidentales. Car une pareille
transformation entraînerait la dissolution de la
famille, la désintégration de tout le tissu social,
le bouleversement de tout le système moral,
— en somme la fin de la vie nationale.

En prenant le mot « *femme* » dans sa signification la plus raffinée, et en supposant une société où la femme n'apparaît que rarement, où
elle n'est jamais mise « en vedette », où il n'est
pas question de faire la cour, où le moindre
compliment adressé à une épouse ou à une jeune
fille est considéré comme une impertinence
outrageante, mon lecteur pourra de lui-même
s'imaginer l'impression effarante que notre littérature produit sur les membres d'une telle
société. Mais ses suppositions, quoiqu'en partie
exactes, seront au-dessous de la vérité sur certains points, à moins qu'il ne possède quelque
connaissance des contraintes de cette société, et
des notions morales sur lesquelles se fondent
ces restrictions.

Par exemple, un Japonais raffiné ne vous
entretiendra jamais de sa femme — je cite la
règle générale — et fort rarement de ses enfants, quelque fier qu'il en puisse être. On ne
l'entend parler qu'exceptionnellement d'un
membre de sa famille, de sa vie domestique et
de ses affaires privées ; mais, s'il lui arrive de

mentionner quelques personnes de son cercle familial ce sera presque certainement ses parents. Il parlera d'eux avec un respect approchant du sentiment religieux, mais cependant d'une façon tout à fait différente de celle qui serait naturelle à un Occidental, et jamais de manière à suggérer une comparaison entre les mérites de ses parents et ceux des parents d'autrui. Mais il ne parlera même pas de sa femme aux amis qui assistèrent à son mariage. Et il me semble que je puis dire sans crainte que le Japonais le plus pauvre et le plus ignorant, quelque misérable qu'il soit, ne songera jamais à essayer d'obtenir une aide, ou de provoquer la pitié en faisant allusion à sa femme ou à ses enfants. Mais il n'hésitera pas à demander du secours pour ses parents, ou pour ses aïeuls. L'amour de la Femme et de l'Enfant, qui chez l'Occidental est le plus puissant des sentiments, est considéré par l'Oriental comme une affection égoïste. Celui-ci se dirige selon un sentiment plus élevé: le Devoir, — le devoir d'abord envers son Empereur, et ensuite envers ses parents.' puisque l'Amour n'est qu'un sentiment égo-altruiste, le penseur japonais n'a pas tort lorsqu'il refuse de le considérer comme le plus sublime des motifs, — quelque idéalisé et spiritualisé qu'il puisse être...

Il n'y a point de secrets dans l'existence des

classes pauvres du Japon ; mais, dans les classes élevées, la famille est bien moins ouverte à l'observation que dans aucun pays occidental, sans excepter l'Espagne. C'est une vie dont les étrangers ne voient et ne connaissent presque rien, malgré tout ce qui a été écrit sur les femmes japonaises [1]. Invité dans le *home* d'un ami japonais vous ne rencontrerez pas toujours les membres de sa famille. Cela dépendra des circonstances. Si vous en voyez quelqu'un, ce ne sera que pour un court instant, et, dans ce cas, ce sera probablement la femme. A l'entrée vous remettez votre carte au serviteur qui se retire ensuite pour la présenter ; puis il revient, et vous introduit dans le zashiki, ou salle de réception, qui est toujours la pièce la plus grande et la plus belle d'une maison nipponne, et où sont préparés le coussin où l'on s'agenouillera selon l'usage, et la boîte à fumer. Le serviteur vous apporte du thé et des gâteaux. Quelques minutes se passent, puis votre hôte entre à son tour, et, après les salutations indispensables, la conversation s'engage. Si l'on vous prie de rester à dîner et que vous acceptiez l'invitation, il est

---

1. Je ne fais pas allusion à ces gens extraordinaires qui passent leur court séjour dans les maisons de thé, ou autres établissements encore bien moins respectables, et qui retournent chez eux écrire des livres sur les femmes du Japon.

probable que la maîtresse de maison vous fera
l'honneur, en votre qualité d'ami de son mari,
de vous servir elle-même pendant un instant.
Généralement vous ne lui aurez même pas été
présenté, mais un coup d'œil à sa robe, à sa
coiffure suffira pour vous renseigner immédiatement sur sa qualité, et vous devez vous adres-
ser à elle avec le plus profond respect. Elle
vous semblera sans doute, surtout si vous visi-
tez une maison samuraï, une personne très
sérieuse, d'une exquise délicatesse, et n'appartenant point à la catégorie de femmes qui se confondent en sourires et en salutations. Elle vous
parlera peu, mais elle vous saluera et vous servira un instant avec une grâce naturelle dont
la seule vue est une révélation ; puis elle rede-
viendra invisible jusqu'au moment de votre départ, quand, reparaissant à l'entrée de la maison,
elle vous souhaitera l'adieu. Si vous renouvelez
votre visite vous aurez la chance de retrouver
cette charmante vision, et il se peut même que
vous aperceviez les vieux parents ; si vous êtes
un hôte privilégié, les enfants viendront peut-
être vous accueillir avec une politesse et une
douceur merveilleuses.

Mais la vie intime de cette famille ne vous
sera jamais révélée. Tout ce que vous verrez
sera raffiné, courtois, exquis, mais vous ne sau-
rez rien des relations qui unissent ces âmes.

Derrière les beaux paravents qui masquent le
fond de l'intérieur, tout est un doux et silencieux mystère. Il n'y a nulle raison dans l'esprit japonais pour qu'il en soit autrement. La
vie de famille est sacrée ; le *home* est un sanctuaire dont il serait impie d'arracher le voile.
Et je ne puis croire que cette idée de la sain-
teté des relations familiales soit en aucune
manière inférieure à notre conception occidentale la plus élevée du foyer et de la famille.

Si cependant, il y a des jeunes filles dans la
maison, le visiteur est moins certain de voir la
mère. Plus timides, mais également silencieuses, ce sont elles qui souhaiteront la bienvenue
à l'hôte ; puis il se peut que docilement elles
le gratifient d'un morceau de musique, qu'elles
lui montrent quelques spécimens de leurs travaux d'aiguille ou de peinture, ou encore
qu'elles lui fassent admirer des objets curieux
et précieux conservés dans les trésors de famille.
Une douceur et une courtoisie déférentes sont
toujours inséparables de la réserve raffinée
appartenant à la haute culture indigène. Et
l'hôte ne se permettra pas d'être moins réservé.
S'il ne possède le privilège d'un grand âge, ce
qui l'autoriserait à une liberté paternelle de
langage, il n'osera jamais faire un compliment
personnel ou dire quoi que ce soit ressemblant
à la plus légère flatterie. Ce qui dans l'Occident

est considéré comme une simple galanterie peut
être une insulte grossière en Orient. Il n'est
jamais permis à l'hôte de complimenter une
jeune fille sur sa beauté, sa grâce, ses toilettes,
— et il doit se garder encore davantage de complimenter la maîtresse de la maison. Mais, ob-
jectera mon lecteur, il y a sûrement des occasions où on ne peut se dispenser d'un compliment ? Cela est vrai, et alors la politesse exige
que l'on s'excuse d'abord, et le plus humblement possible, de son audace. Le compliment
sera alors accepté par une phrase équivalant à
notre « Je vous en prie, n'en parlez pas », mais
beaucoup plus gracieuse.

Mais ici nous touchons au vaste sujet de l'étiquette japonaise, dont je dois confesser que je
suis encore extrêmement ignorant. Je ne me
suis aventuré autant, que pour indiquer combien
nos romans de mœurs occidentales doivent, à
l'esprit oriental, paraître pauvres de raffine-
ment.

Il est absolument incompatible avec les idées
japonaises sur le bon ton, de parler de l'affection qu'on a pour sa femme et pour ses enfants,
ou de mêler à la conversation quoi que ce soit
se rapportant à la vie privée. Aussi notre franc
aveu, ou plutôt notre étalage, des relations domestiques, paraît, au Japonais cultivé, sinon
absolument barbare, du moins d'une complai-

sance exagérée pour l'épouse. Et ce sentiment peut expliquer nombre des faits qui, dans la vie japonaise, ont donné aux étrangers une idée totalement erronée de la situation des femmes nipponnes. Ce n'est pas la coutume au Japon pour un mari de se promener dans la rue aux côtés de sa femme, ni de lui donner le bras, ni de l'aider à monter ou à descendre les escaliers, mais ce n'est pas là une preuve de son manque d'affection. Ce n'est que le résultat d'un sentiment social totalement différent du nôtre, l'obéissance à une étiquette fondée sur ce principe que les démonstrations publiques des relations maritales sont inconvenantes.

Pourquoi inconvenantes? Parce qu'elles paraissent, dans l'opinion orientale, la manifestation d'un sentiment personnel, et, par conséquent, égoïste. Car, pour l'Oriental, la loi de la vie est le devoir. L'affection doit, en tout temps et en tout lieu, être subordonnée au devoir. Toute démonstration publique d'une affection personnelle, équivaut à une confession publique de faiblesse morale. Ceci implique-t-il que ce soit une faiblesse morale d'aimer sa femme? Non; le devoir de l'homme est de la chérir. Mais c'est une faiblesse morale que de l'aimer plus que ses parents, ou de lui témoigner en public plus d'attention qu'on n'en montre à ses parents. Ce serait même une preuve de fai-

7

blesse que de lui montrer le *même* degré d'attention. Pendant la vie des parents, la situation de la femme dans un ménage japonais, est simplement celle d'une fille adoptive, et le plus affectueux des maris ne doit pas se permettre d'oublier, même pour un instant, l'étiquette familiale.

J'en viens maintenant à un autre aspect de la littérature occidentale inconciliable avec les idées et coutumes japonaises. Réfléchissez un peu à l'importance que les baisers et les caresses occupent dans nos romans et notre poésie; considérez ensuite le fait que ce sujet n'existe pas dans la littérature japonaise. Les baisers et les caresses sont inconnus au Japon comme marques d'affection, si nous exceptons les mères japonaises qui, pareilles aux mamans de tous les pays, dorlotent et embrassent parfois leurs bébés. Cependant, après la première enfance, il n'est plus question de baisers ni de caresses. De pareils actes sont considérés comme extrêmement immodestes. Les jeunes filles ne s'embrassent jamais entre elles; les parents n'embrassent ni ne caressent leurs enfants, dès qu'ils ont commencé à marcher. Cette règle est la même dans toutes les classes de la société, de la plus haute noblesse aux paysans les plus humbles. Et dans toute la littérature japonaise, nous ne trouvons pas d'indication qu'il y eût

aucun moment dans l'histoire de la race où
l'affection fût plus démonstrative qu'elle ne
l'est aujourd'hui. Mon lecteur occidental pensera peut-être qu'il est difficile de concevoir
une littérature ne contenant aucune allusion au
fait d'embrasser ou même de presser une main
chérie, car l'action d'étreindre les mains est
également étrangère à la mentalité japonaise.
Et même les naïves chansons des paysans et les
anciennes ballades populaires sont aussi muettes
sur ce sujet que les vers exquis des poètes de
la cour. Prenons par exemple la vieille ballade
de Shuntokumaru,qui a donné naissance à divers
proverbes et dictons domestiques répandus dans
tout l'ouest du Japon.

Nous y lisons l'histoire de deux fiancés, deux
amoureux, qui, longtemps séparés par une destinée cruelle, parcoururent tout l'Empire à la
recherche l'un de l'autre. Ils se retrouvent soudainement, grâce à la faveur des dieux, devant
le temple de Kiomidzu. Un poète aryen n'aurait-
il pas décrit ainsi cette rencontre : les deux
amants se précipitant dans les bras l'un de
l'autre, et s'embrassant en proférant des cris
d'amour ?... Mais comment l'ancienne ballade
japonaise la dépeint-elle ?... Voici : les amoureux s'asseyent tous deux et se « caressent doucement de la main ». Or, il est extrèmement
rare que même cette forme réservée de tendresse

soit admise. Vous verrez souvent des pères et des fils, des mères et des filles, des maris et des femmes, se retrouver après des années de séparation et d'absence, mais vous ne surprendrez jamais la moindre caresse échangée entre eux. Ils s'agenouilleront, se salueront, se prosterneront, et peut-être pleureront-ils un peu de joie. Mais ils ne se jetteront point dans les bras l'un de l'autre en prononçant des paroles passionnées. Et, en vérité les termes d'affection « ma chérie », « mon amour », « ma vie », « ma douce », n'existent pas en japonais, ni du reste aucuns termes analogues à nos paroles exprimant l'émotion. L'affection japonaise ne s'exprime pas en paroles ; elle paraît surtout en des actes de bonté et d'exquise courtoisie. Je pourrais ajouter que le sentiment opposé est contenu avec un contrôle de soi-même aussi parfait ; mais, pour illustrer ce fait remarquable, il me faudrait écrire une étude spéciale.

III

Celui qui désire étudier avec impartialité la vie et la pensée de l'Orient, devrait aussi étudier celle de l'Occident du point de vue oriental. Il constatera que les résultats de cette étude comparative sont, à un certain degré, rétroactifs.

Suivant son caractère et sa faculté de perception, il sera plus ou moins affecté par ces influences orientales auxquelles il se soumet. Les
conditions de la vie occidentale prendront,
peu à peu, des significations nouvelles, insoup-
çonnées, et perdront certains de leurs aspects
familiers. Il découvrira, peut-être, que beaucoup
de choses qu'il considérait jadis justes et vraies,
sont anormales et fausses. Il se pourra même
qu'il commence à douter que les idéals moraux
de l'Occident soient véritablement les plus élevés. Peut-être se sentira-t-il plus que porté à
contester l'estime où nous autres occidentaux
tenons, habituellement, notre civilisation occidentale. Ses doutes seront-ils irréfutables ? cela
est une autre question. Ils seront du moins
assez rationnels et assez puissants pour modifier,
d'une façon permanente, la valeur de quelques-
unes de ses convictions et, entre autres, la valeur morale de l'adoration que l'Occident pro-
fesse pour la femme, en tant que l'Incompréhensible, l'Insaisissable, la Divine ; la valeur de
l'idéal de « *la femme que tu ne connaîtras
point* »[1], de l'Idéal de l'Eternel Féminin. Car,
dans l'ancien Orient, l'Eternel Féminin n'existe
point. Et, après s'être accoutumé à vivre sans
lui, on peut naturellement en conclure qu'il n'est

1. Phrase de Baudelaire, citée par Hearn.

point absolument indispensable à la santé intellectuelle, et on en arrive même à douter de la
nécessité de sa perpétuelle existence sur l'autre
face de la terre.

IV

En déclarant que l'Eternel Féminin n'existe
pas en Extrême-Orient on ne dit qu'une partie
de la vérité. Il est impossible d'imaginer qu'il
puisse s'y introduire même dans l'avenir le
plus lointain. Bien peu, pour ne pas dire aucune
de nos idées concernant l'Eternel Féminin sont
exprimables dans la langue du pays, — langue
où les substantifs n'ont point de genre, où les
adjectifs n'ont pas de comparatifs, et où les
verbes n'ont pas de personnes ; une langue, dit
le professeur Chamberlain, dans laquelle « l'absence de la personnification est une caractéristique si profonde et si dominante, qu'elle inter-
vient même dans l'usage des substantifs neutres
en combinaison avec les verbes transitifs [1].
En fait, ajoute-t-il, la plupart des métaphores
et des allégories ne peuvent même pas être ex-
pliquées à des esprits de l'Extrême-Orient »,

1. Voir *Things Japanese*, seconde édition, pages 255, 256,
article « Language ».

et, pour confirmer son affirmation il fait une frappante citation. Cependant même des poètes bien plus clairs que Worsdsworth sont également obscurs pour les Japonais. Je me souviens de la difficulté que j'eus à expliquer à mon cours supérieur ce simple vers tiré d'une des ballades bien connues de Tennyson :

She is more beautiful than day [1].

Mes étudiants pouvaient comprendre l'adjectif « belle », pour qualifier la « clarté du jour » ; et l'emploi du même adjectif, séparément, pour désigner la jeune fille. Mais cela dépassait leur compréhension qu'il pût exister dans un esprit, une analogie quelconque entre la beauté du jour et celle d'une jeune fille. Et, afin de leur faire saisir la pensée du poète, je dus analyser le vers psychologiquement, pour prouver la possibilité d'une analogie entre deux genres de sensations agréables, causées par deux impressions différentes.

Donc, la nature même de la langue nous enseigne combien sont anciennes, et profondément enracinées dans le caractère de la race, ces tendances grâce auxquelles il nous faut essayer de nous rendre compte, de l'absence

1. Elle est plus belle que le jour.

dans cet Extrême-Orient d'un idéal correspon-
dant au nôtre. Ce sont des causes incomparablement plus anciennes que l'édifice social actuel, plus anciennes que l'idée de la famille,
plus anciennes même que le culte des ancêtres,
— beaucoup plus anciennes que ce Code de
Confucius qui est la réflexion, plutôt que l'explication, de bien des faits singuliers dans la
vie orientale. Mais, puisque les croyances et
les pratiques réagissent sur le caractère, et que
le caractère doit de nouveau réagir sur les
croyances et les pratiques, il n'a pas été irra-
tionnel de chercher dans le Confucianisme les
causes, en même temps que les explications.
Bien plus irrationnelles ont été les accusations
hâtives portées par les critiques contre le Shintoïsme et le Bouddhisme, auxquels ils repro-
chaient d'exercer des influences religieuses
opposées aux droits naturels de la femme. L'ancienne religion de Shinto a été certainement
aussi clémente envers la femme que l'ancienne
religion des Hébreux. Ses divinités féminines ne
sont pas moins nombreuses que ses divinités
masculines, et elles ne sont pas, non plus, présentées à l'imagination des fidèles sous une forme
moins attrayante que celles des rêves de la mythologie grecque. Il est dit de certaines, comme
de So-Tohori-no-Iratsumé, que la clarté de leurs
corps merveilleux irradie à travers leurs voiles;

et la source de toute vie, de toute lumière, —
le Soleil Éternel, — est une déesse, la belle
Ama-terasu-oho-mi-kami. Des vierges servent
les anciens dieux et figurent dans toutes les
pompes de la foi, — et, sur mille autels, à travers le pays tout entier, l'idéalisation de la
femme comme épouse et comme mère, est adorée
autant que celle de l'homme comme héros et
comme père. La religion étrangère et plus récente du Bouddhisme ne peut être, non plus,
justement rendue responsable d'avoir relégué
la femme dans le monde spirituel à une place
inférieure à celle que la Chrétienté monastique
lui attribuait en Occident. Le Bouddha, —
comme le Christ — naquit d'une vierge [1]; les
plus aimables divinités du Bouddhisme, — sauf
Jizo, — sont toutes féminines, à la fois dans l'art
japonais et dans la conception populaire japonaise ; dans l'hagiographie bouddhiste comme
dans celle des catholiques romains, les vies
des saintes femmes tiennent une place importante. Il est vrai que le Bouddhisme, ainsi que le
premier Christianisme, usa de son éloquence
la plus convaincante pour prêcher contre la
tentation qu'exerce la beauté féminine, et il est

1. La source de ce renseignement de Lafcadio Hearn paraît
sujette à caution. Il est question, dans les textes indiens, de la
« conception immaculée » du futur Bouddha, mais non de la vir-
ginité de sa mère, Nâyâ. (Note du Traducteur.)

7.

vrai encore que dans l'enseignement de son
fondateur, comme dans celui de Saint Paul, la
suprématie sociale et spirituelle est donnée à
l'homme. Néanmoins dans nos recherches de
textes sur ce sujet, nous ne devons pas omettre
les innombrables actes de bienveillance du
Bouddha envers des femmes de toutes les conditions, ni cette remarquable légende, contenue
dans un texte plus récent, et où un dogme qui
renie à la femme les plus hautes facultés intellectuelles est sublimement réprimandé.

Il est écrit, dans le onzième chapitre du *Sûtra
du Lotus de la Bonne Loi* [1], que l'on parla devant le seigneur Bouddha d'une jeune fille qui,
en un instant, était arrivée au savoir suprême et
qui, en un moment, avait acquis tous les fruits
qu'eussent pu donner mille méditations, et les
preuves de la nature de toutes les lois. Et la
jeune fille vint et se tint en la présence du Seigneur.

Mais le Bodhisattva Prajnakûta [2] douta, disant :

— J'ai vu le Seigneur Çakyamouni au temps où
il essayait de parvenir à l'illumination suprême,

---

1. Texte bouddhique traduit en français par Eug. Burnouf,
et en anglais par Kern. Le titre sanscrit est *Saddharma-pun-
darika Sûtra.*

2. Prajnakûta : la cime de la sagesse. (N. du Trad.).

et je sais qu'il accomplit d'innombrab.   ·n-
nes œuvres pendant des œons incal....oles.
Dans le monde entier, il n'y a pas un endroit
grand comme une graine de moutarde, où il n'ait
pas livré son corps pour le bien de créatures
vivantes. Et il ne parvint à l'entendement
qu'après avoir fait tout cela. Qui donc, alors
croira que cette jeune fille peut être parvenue,
en un instant, au savoir suprême ?

Alors le vénérable prêtre Çaripûtra [1] douta à
son tour, disant :

— Il peut arriver en effet, ô ma Sœur, qu'une
femme accomplisse les Six Vertus Parfaites
mais, jusqu'à présent, il n'y a nul exemple
qu'elle ait atteint à l'état d'un Bouddha, parce
qu'une femme ne peut parvenir à la dignité de
Bodhisattva.

Mais la vierge implora le Seigneur Bouddha
d'être son témoin. Et, instantanément son sexe
disparut à la vue de toute l'assemblée : elle se
manifesta comme étant un Bodhisattva, et elle
remplit toutes les directions de l'espace de l'éclat
des trente-deux signes. Et la terre trembla de
six différentes manières, et le prêtre Çaripûtra
demeura silencieux.

1. Çaripûtra. l'un des deux grands disciples du Bouddha : il
mourut avant son maître· (N. du Trad.)

V

Pour sentir la véritable nature de ce qui est sûrement un des grands obstacles à la sympathie intellectuelle entre l'Occident et l'Extrême-Orient, il nous faut apprécier exactement l'énorme influence qu'exerce sur la vie occidentale cet idéal féminin qui n'existe pas en Orient. Nous devons nous rappeler tout ce que cet idéal a été pour la civilisation occidentale, pour ses plaisirs, ses raffinements et ses luxes; pour sa sculpture, sa peinture, sa décoration, son architecture, sa littérature, son drame et sa musique, et pour le développement d'innombrables industries. Nous devons songer à son effet sur les us et coutumes, sur le langage raffiné, sur les mœurs et la morale, sur le travail, la philosophie et la religion, sur presque chaque phase de la vie publique et privée : en somme sur le caractère national. Nous ne devons pas oublier, non plus, que les nombreuses influences qui ont contribué à le créer — influences teutoniques, celtiques, scandinaves, classiques, moyenageuses, l'apothéose grecque de la beauté humaine, l'adoration chrétienne de la Mère de Dieu, les exaltations de la chevalerie, l'esprit de la Renaissance qui pénétra et colora l'idéalisme préexistant d'une passion nouvelle, — ont dû tirer leur substance, sinon leur vie, d'un sentiment inhérent à la race, aussi ancien que la langue aryenne, et tout aussi étranger qu'elle à l'Orient le plus extrême.

De toutes ces diverses influences combinées pour former notre idéal, l'élément classique demeure sensiblement dominant. Il est vrai que la conception hellénique de la beauté humaine, telle qu'elle survit, a été merveilleusement animée par la conception d'une beauté de l'âme qui n'appartint jamais au monde antique, ni à celui de la Renaissance. Il est vrai, aussi, que la nouvelle philosophie de l'évolution, qui a obligé à reconnaître la dette terrifiante et incalculable du Présent envers le Passé, qui a créé une compréhension absolument nouvelle du devoir envers l'Avenir, et a augmenté notre conception de la valeur du caractère, a aidé plus que toutes les influences combinées à nous conduire à la spiritualisation la plus élevée de l'idéal de la femme. Cependant, quelque spiritualisé que cet idéal puisse encore devenir, grâce à l'expansion intellectuelle future, il doit demeurer, dans sa véritable nature, foncièrement artistique et sensuel.

Nous ne voyons pas la nature de la même façon que l'Oriental, comme son art nous prouve qu'il la voit. Nous la voyons d'une façon

moins réaliste, nous la connaissons moins inti-
mement, parce que nous la considérons d'un
point de vue anthropomorphe. Notre sentiment
esthétique a en vérité été cultivé à un degré
incomparablement plus subtil que celui de
l'Oriental, mais il a été utilisé dans un sens
sentimental. Nous avons appris quelque chose
de la beauté de la nature grâce à notre ancien
culte pour la beauté de la Femme. Même dès
l'origine il est probable que le sentiment de
la beauté humaine a été la source principale
de toute notre sensibilité artistique. Nous lui
devons aussi, peut-être, notre conception de la
proportion, notre estime exagérée de la régu-
larité, notre goût pour les parallèles, pour les
courbes et autres symétries géométriques [1]. Et
pendant le long processus de notre évolution
esthétique, l'idéal de la femme est devenu pour
nous une abstraction esthétique. Et nous n'a-
percevons le charme du monde qu'à travers
l'illusion de cette abstraction, comme des formes
qui nous apparaîtraient à travers quelque atmosphère tropicale, aux vapeurs irisées.

Et cela n'est pas tout. Tout ce qui, par l'art ou
par la pensée, a été comparé une fois à la femme,
s'est trouvé étrangement déformé et transformé

1. Pour l'origine de l'idée de la symétrie bilatérale voir
l'étude de Herbert Spencer : *The Sources of Architectural
Types.*

par ce symbolisme momentané : donc, pendant
des siècles, la conception occidentale a rendu
la nature de plus en plus féminine. Quoi que ce
soit qui nous enchante, l'imagination l'a fémi-
nisé : la tendresse infinie du ciel, la mobilité
des eaux, le rose de l'aurore, l'immense caresse
du Jour, la Nuit et les lumières du firmament,
même les ondulations des collines éternelles.
Et les fleurs, l'éclat des fruits, toutes les choses
parfumées, belles et gracieuses ; les saisons heureuses avec leurs voix, le rire des ruisseaux, le
bruissement des feuilles, et les arpèges des
chansons parmi les ombres ; tous les spectacles,
toutes les harmonies, toutes les sensations qui
peuvent éveiller notre amour du beau, de la délicatesse, de la douceur, de la bonté, évoquent
en nous de vagues rêves de femmes. Là où
notre imagination prête à la nature de la virilité, c'est seulement dans la force et dans l'ef-
froi, comme pour rehausser, par des contrastes
puissants et âpres, l'enchantement de l'Eternel Féminin. Qui plus est, même le terrible, s'il
est doué d'une beauté terrible, même la destruction si elle est formée de la beauté des des-
tructeurs, deviennent, pour nous, féminins. Et
non seulement les beautés de la vue ou de
l'ouïe, mais à peu près tout ce qui est mystique,
sublime et saint, parvient à nous désormais à
travers un faisceau de sentiments merveilleuse-

ment compliqué et entrelacé. Même les forces
les plus subtiles de l'univers nous parlent de
la femme ; des sciences nouvelles nous ont
appris de nouveaux noms pour désigner le frisson que sa présence éveille dans notre sang,
pour le choc surnaturel du premier amour, pour
l'énigme éternelle de sa séduction. Ainsi, hors
de la simple passion humaine, à travers d'innombrables influences et transformations, nous
avons développé une émotion cosmique, un
panthéisme féminin.

VI

Et maintenant ne peut-on pas se demander
si tous les résultats de cette action sentimentale dans l'évolution esthétique de notre Occident ont été dans l'ensemble bienfaisants? Ne
se cache-t-il pas sous tous ces résultats visibles
dont nous nous vantons comme de triomphes
artistiques, des conséquences invisibles dont la
révélation à venir ébranlera notre estime de
nous-mêmes ? N'est-il pas possible que nos facultés esthétiques aient été développées même
anormalement dans un certain sens, par la puissance d'une seule idée sentimentale qui nous a
laissés presque — sinon tout à fait — aveugles
devant les aspects multiples et merveilleux de

la Nature ? Ou plutôt ceci n'est-il pas l'inévitable effet de la prédominance absolue d'une éducation particulière dans l'évolution de notre sensibilité artistique ? Et finalement, il est sûrement permis de se demander, si l'influence prédominante elle-même a été la plus élevée qui soit possible, ou s'il n'en existe pas une autre plus sublime, connue, peut-être, de l'âme orientale ?

Je ne puis que poser ces questions sans espérer y répondre d'une manière satisfaisante. Mais plus je vis en Orient, plus je sens grandir en moi la croyance qu'il y a chez l'Oriental des facultés et des perceptions artistiques exquises et très développées, dont nous ne pouvons pas plus nous rendre compte que nous ne percevons ces couleurs invraisemblables, invisibles pour l'œil humain, que le spectroscope révèle pourtant. Je crois que la probabilité de cette remarque est confirmée par certaines phases de l'art japonais.

Ici, il devient aussi difficile que dangereux de spécifier. Je n'ose hasarder que quelques observations générales. Je crois que cet art merveilleux montre que parmi les aspects infiniment variés de la Nature, ceux qui sont le plus profondément aimés et compris par le Japonais, sont ceux qui n'auraient pour nous aucun caractère sexuel, qui ne pourraient être contemplés du point de vue anthropomorphe, et qui ne sont ni masculins ni féminins, mais neutres, ou sans nom. Qui plus est, le Japonais voit dans la Nature ce qui est demeuré invisible pour nous depuis des milliers d'années, et il nous révèle des aspects de la vie et de la beauté de la forme pour lesquels nous étions absolument aveugles auparavant. Nous avons enfin fait la saisissante découverte que son art, — malgré toutes les objections dogmatiques énoncées par la prévention occidentale, et malgré l'impression d'irréalité étrange qu'il nous produisit au début, — n'est jamais une simple création de l'imagination, mais une véritable réflexion de ce qui a été et de ce qui est. Voilà pourquoi il est évident qu'on se donnera l'éducation artistique la plus élevée en contemplant les études japonaises sur la vie des oiseaux, des insectes, des plantes et des arbres. Comparez, par exemple, nos plus beaux dessins d'insectes avec des esquisses japonaises sur des sujets similaires. Comparez les illustrations que Giacomelli fit pour *L'Insecte*, de Michelet, avec les plus ordinaires sujets japonais décorant le cuir repoussé d'une blague à tabac ou le métal ouvré d'une pipe à bon marché. Toute l'exquise minutie de la gravure européenne n'a réussi qu'à rendre un réalisme passable, tandis que l'artiste japonais a saisi et reproduit en quelques coups de pinceau, — avec

une puissance d'interprétation surprenante, —
non seulement chaque particularité de la forme
de l'insecte, mais chaque caractéristique de son
mouvement. Toute image que trace le pinceau
d'un peintre oriental est une leçon, une révélation, pour les esprits non obscurcis par le pré-
jugé ; que ce soit simplement une araignée au
milieu de sa toile flottant à la brise, une libellule planant dans un rayon de soleil, un couple
de crabes se hâtant à travers les glaïeuls, le frisson scintillant des nageoires d'un poisson dans
un clair courant, la danse d'une guêpe qui tour-
noie, l'élan d'un canard qui prend son essor,
une mante en attitude de combat, ou une cigale
grimpant à une branche de cèdre, pour y chanter
sa complainte.

A côté de cet art qui vit tout entier d'une vie
intense, notre propre art paraît absolument
mort.

Prenez encore les sujets de fleurs : un tableau
de fleurs, anglais ou allemand, le résultat de
plusieurs mois d'un labeur exercé, et évalué à
plusieurs centaines de livres, ne pourra se comparer, comme étude de la nature, dans le sens
le plus élevé, à une peinture de fleurs japonaise,
exécutée en vingt coups de pinceau, et valant
peut-être cinq sen. Le premier ne représentera
au mieux que l'effort vain et pénible d'imiter un
groupement de couleurs. La deuxième sera un

souvenir parfait de certaines formes de fleurs
jetées instantanément sur le papier, sans l'aide
d'aucun modèle, et montrant non le souvenir
d'une fleur particulière, mais la réalisation
exacte d'une loi générale d'expression de forme,
parfaitement comprise, avec tous ses temps,
modes et inflexions. Les Français seuls, parmi
les critiques d'Art de l'Occident, semblent comprendre pleinement ces traits de l'Art japonais,
et, parmi tous les artistes occidentaux c'est le
Parisien seul qui, par ses méthodes, se rap-
proche de l'Oriental. Sans lever son crayon du
papier, l'artiste français créera parfois, d'une
seule ligne ondulante, la silhouette vivante d'un
type particulier d'homme ou de femme. Mais
ce haut développement du talent se borne, généralement, à des esquisses humoristiques :
c'est encore ou masculin, ou féminin. Pour
comprendre ce que je veux dire en parlant de
l'habileté d'un artiste japonais, mon lecteur doit
s'imaginer une force de création presque instan-
tanée, pareille à celle qui caractérise certain travail français, mais appliquée à presque tous les
sujets sauf à l'individu, à presque tous les types
généraux reconnus, à tous les aspects de la nature japonaise, à toutes les formes des paysages
du Japon ; aux nuages, à l'eau courante, et
aux brumes, à la vie des bois et des champs,
à tous les caprices des saisons, aux teintes de

l'horizon et aux couleurs de l'aube et du crépuscule. Assurément le génie le plus profond
de cet art magique ne se révèle d'abord que
difficilement à la vue d'yeux inaccoutumés, bien
peu préparés par l'expérience esthétique de
l'Occident. Mais peu à peu cela pénétrera de
telle façon dans un esprit sympathique et dénué
de préjugés, que cela modifiera sensiblement
presque tous ses sentiments esthétiques anté-
rieurs. Cet art ne sera complètement senti qu'au
bout de longues années, mais sa valeur de nou-
veauté nous touche vite. On peut dire qu'on y
est sensible le jour où la vue d'un magazine
américain ou d'une revue européenne illustrée
vous est devenue à peu près intolérable.

Des différences psychologiques d'une portée
beaucoup plus profonde se dégagent d'autres
traits. Ces traits peuvent se raconter avec des
mots, mais ils ne correspondent à rien ni dans
les systèmes occidentaux d'esthétique, ni dans
les sentiments occidentaux d'aucun genre. Par
exemple, j'ai observé deux vieillards qui plan-
taient de jeunes arbres dans le jardin d'un temple
voisin. Ils passent parfois près d'une heure à
planter un seul arbrisseau. Après l'avoir fixé en
terre, ils se retirent à distance pour en étudier
la position sous tous ses aspects, puis ils se
consultent. Il en résulte que l'arbre est déraciné
et planté dans une position légèrement diffé-

rente. Cette manœuvre est répétée au moins
huit fois avant que le petit arbre ne s'accorde
parfaitement au plan du jardin. Ces deux vieillards composent une pensée mystérieuse, à l'aide
de leurs arbres minuscules, les déplaçant, les
replaçant, les bougeant, les échangeant, ainsi
qu'un poète échange et transpose ses mots
pour donner à ses vers l'expression la plus délicate ou la plus forte possible.

Dans tout grand cottage japonais, il y a plusieurs alcôves ou *tokohama* [1], une dans chacune
des principales chambres. Les trésors artistiques de la famille y sont exposés. Un kakemono
est suspendu dans chacune, et, sur le plancher
un peu surélevé, généralement en bois ciré,
sont placés des vases à fleurs et d'autres objets
artistiques. Les fleurs sont disposées dans les
vases suivant d'anciennes règles, que vous en-

1. La *tokohama* ou *toko*, fut, dit-on, introduite premièrement
dans l'architecture japonaise il y a près de quatre siècles, par
le prêtre bouddhiste Eisai, qui avait fait ses études en Chine.
Peut-être l'alcôve fut-elle originellement construite et employée
pour y exhiber des objets sacrés ; mais aujourd'hui, parmi les
gens cultivés, ce serait considéré de fort mauvais goût d'exposer
des images des dieux ou des peintures sacrées dans la toko
d'une chambre de réception. La tokohama est encore, cependant,
dans un certain sens, un lieu saint. On ne doit jamais y marcher, s'y asseoir, ou y placer quoi que ce soit d'impur ou d'of-
fensif au goût. Tout un code d'étiquette fort compliqué s'y
rapporte. L'hôte le plus honoré est toujours placé le plus près
de la toko, et les autres invités prennent place, suivant leur
rang, à une distance plus ou moins grande.

seignera le beau livre de M. Conder. Les kakemonos et les objets exhibés ainsi, sont changés
à des intervalles réguliers suivant la saison et
l'occasion. Or, j'ai vu souvent, dans une certaine
alcôve, parmi différents bibelots, tels qu'une
statuette chinoise en ivoire, un encensoir en
bronze, représentant un couple de Dragons
flottant dans des nuées, l'image taillée dans le
bois, d'un pèlerin bouddhiste épongeant son
crâne chauve et se reposant au bord d'une route,
des chefs-d'œuvre en laque et d'exquises por-
celaines de Kyôto, j'ai vu, sur un piédestal fait
à dessein en bois dur et rare, une pierre. Je ne
sais si vous auriez réussi à découvrir quelque
beauté à cette pierre; elle n'était ni ouvragée,
et ne possédait aucune valeur intrinsèque.
C'était simplement une pierre grise, rongée par
les eaux, dérobée au lit de quelque ruisseau.
Et cependant elle avait coûté bien plus qu'un
de ces vases de Kyôto qui la remplaçait parfois, et que nous payerions volontiers un prix
très élevé.

Dans le jardin de la maisonnette que j'habite
à Kumamoto, se trouvent environ quinze ro-
chers, ou grandes pierres, d'autant de formes
et de dimensions différentes. Elles non plus, ne
possèdent pas de valeur intrinsèque, — même
pas en tant que matériaux de construction.
Pourtant le propriétaire de ce jardin les a payées

plus de sept cent cinquante dollars japonais, bien plus que n'a pu coûter la jolie maison. Et on se tromperait fort en supposant que la valeur de ces pierres est due aux frais de leur enlèvement du lit du Shinakawa. Non : elles valent sept cent cinquante dollars parce qu'on les considère comme possédant une certaine beauté, et qu'au Japon les belles pierres sont très recherchées. Elles ne sont pas même de premier ordre, sans quoi elles eussent coûté encore bien davantage. Or tant que vous n'aurez pas compris qu'une grosse pierre rude puisse flatter le sentiment esthétique plus que ne le fait une gravure sur acier, qu'elle est un objet d'une beauté éternelle, vous n'aurez pas compris comment le Japonais voit la Nature.

— Cependant, m'objecterez-vous, que peut-il bien y avoir de beau dans une pierre ordinaire ?

Bien des choses ! Mais je n'en mentionnerai qu'une : l'irrégularité.

Dans ma maisonnette japonaise, les fusuma, ou écrans à coulisse, en papier opaque, qui séparent les chambres l'une de l'autre, sont ornés de dessins que je ne me lasse pas de regarder. Ces dessins varient selon les pièces, et je ne parlerai que du fusuma qui forme une des cloisons de mon bureau. Le fond est d'un jaune crème très délicat, et les dessins dorés sont fort simples : ce sont les symboles des joyaux mystiques du bouddhisme, éparpillés par couples sur tout l'écran. Mais ces couples sont tous séparés les uns des autres par des distances inégales et les symboles eux-mêmes sont curieusement diversifiés. Ils n'apparaissent jamais deux fois absolument dans la même position : l'un des joyaux est opaque, l'autre transparent ; parfois ils sont tous deux opaques, ou tous deux transparents ; c'est le diaphane qui est le plus grand, ou l'opaque ; ou encore ils sont tous deux de la même dimension ; ils se confondent, ou ne se touchent même pas ; c'est l'opaque qui est à gauche, le transparent à droite ; ou bien le joyau diaphane est soit au-dessus, soit au-dessous. L'œil parcourt en vain l'écran entier à la recherche d'une répétition ou de quelque symétrie, soit dans la distribution, la juxtaposition, les dimensions ou les contrastes. Et, il est impossible de trouver, dans toute la maison quoi que ce soit qui ressemble à de la symétrie dans les divers dessins décoratifs. L'ingéniosité avec laquelle elle est évitée est inconcevable, et s'élève presque à la hauteur du génie. Or, ce n'est là qu'un des caractères les plus communs de l'Art Décoratif Japonais. Et, après avoir vécu quelques années sous ces influences, la vue d'un dessin symétrique sur un mur, un tapis, un rideau, un plafond ou une surface décorée, attriste comme quelque affreuse vulgarité. C'est sans doute parce que nous avons été accoutumés, depuis si longtemps, à contempler la Nature d'un point de vue anthropomorphe, que nous supportons encore la laideur géométrique de notre art décoratif. Voilà pourquoi nous demeurons insensibles aux charmes de la Nature, tandis que les yeux d'un petit enfant japonais qui, penché sur l'épaule de sa mère, s'émerveille du mystère vert et bleu de la terre, perçoivent ces charmes clairement.

Car, ainsi que le dit un texte bouddhiste : *Celui qui discerne que le néant est la loi, celui-là possède la sagesse.*

FRAGMENTS SUR LA VIE
ET SUR LA MORT

I

25 juillet.

J'ai reçu, chez moi, trois visites extraordinaires cette semaine.

La première fut celle des cureurs de puits. Car une fois par an, tous les puits doivent être vidés et curés, de crainte que le Dieu des Puits, Suijin-Sama, ne se courrouce. J'appris en cette occasion bien des faits au sujet des puits japonais, et de leur déité tutélaire, qui a deux noms, puisqu'on l'appelle aussi Mizuhanome-No-Mikoto.

Suijin-Sama protège tous les puits, et il garde leur eau douce et fraîche, à condition que les propriétaires observent ses lois, fort strictes, sur la propreté. La maladie et la mort frappent ceux

qui les enfreignent. Le dieu ne se manifeste
que très rarement, et sous la forme d'un serpent. Je n'ai jamais vu de temple qui lui fût
dédié. Mais une fois par mois, un prêtre Shinto
visite les demeures des familles pieuses qui possèdent des puits; il récite d'anciennes prières
adressées à Suijin-Sama, et il plante sur la mar-
gelle des *nobori*, ou petits drapeaux en papier,
qui sont des symboles. Cela se fait aussi quand
le puits vient d'être nettoyé. Le premier seau
d'eau nouvelle doit être retiré par un homme :
car si une femme y puisait la première, la citerne demeurerait trouble pour toujours.

Le dieu a de minuscules servi..urs pour l'aider en son travail. Ce sont les petits poissons
que les Japonais appellent *funa* [1]. Lorsqu'un
puits est nettoyé, grand soin est pris de ces
poissons. J'appris pour la première fois l'existence d'un couple de *funa* dans mon propre
puits lors de la venue du cureur. Les petits
funa, placés dans un baquet d'eau froide pendant que la citerne se remplissait, furent ensuite replongés dans leur solitude.

L'eau de mon puits est limpide et glacée ;
mais à présent je ne puis plus jamais en boire
sans songer à ces deux petites vies blanches,
qui circulent éternellement dans l'obscurité, et

---

1. Espèce de petite carpe argentée.

qu'épouvantera pendant d'innombrables années, la descente des seaux clapotants.

La deuxième visite curieuse fut celle des
pompiers régionaux, en grande tenue, avec leurs
pompes à main. Suivant l'ancienne coutume,
ils font une fois par an une tournée dans leur
région, durant la saison de la sécheresse : ils
aspergent les toits brûlants, et reçoivent une
petite rémunération des propriétaires riches. La
croyance veut que lorsque la pluie n'est pas
tombée depuis longtemps, les toits risquent de
s'enflammer à la seule chaleur du soleil. Les
pompiers firent jouer leurs jets d'eau sur mes
toitures, mes arbres, et mon jardin, et je leurs
remis de quoi acheter du *saké*.

La troisième visite fut celle d'une députation
d'enfants qui vint me demander de contribuer
à la digne célébration du festival de Jizô [1] ; un
autel consacré à ce dieu s'élève du côté opposé
de la rue, précisément en face de ma maison.
Je fus heureux de souscrire à leur quête, car
j'aime ce doux dieu, et je savais que la cérémonie serait charmante. Le lendemain matin,
de bonne heure, l'autel était déjà décoré de
fleurs et de lanternes votives. Une bavette neuve
avait été attachée au cou de Jizô, et un repas
bouddhiste avait été disposé devant lui. Plus

1. Dieu japonais ami et protecteur des enfants.

8.

tard les charpentiers élevèrent dans la cour du
temple une plateforme sur laquelle les enfants
devaient danser; et, avant le coucher du soleil,
les vendeurs de jouets y avaient construit une
petite rue de baraques pleines d'objets. Lorsque
la nuit fut tombée, je sortis pour voir danser
les enfants. Je me trouvai environné des feux
des lanternes; je vis, perchée sur ma grille, une
gigantesque libellule, longue de plus de trois
pieds. C'était une *Kazari*, une décoration que les
enfants m'avaient offerte en témoignage de leur
reconnaissance. Je fus effrayé, un instant, par
le réalisme de l'objet ; mais en l'examinant de
près je découvris que le corps de l'insecte était
une branche de pin enveloppée de papier de
couleur, que quatre pelles à feu composaient
les ailes, et qu'une petite théière formait la
tête scintillante. Le tout était éclairé par une
bougie de façon à projeter des ombres fantastiques qui complétaient l'ensemble. C'était un
exemple merveilleux du sentiment artistique
se manifestant sans aucuns matériaux artistiques. Et cependant c'était l'œuvre d'un pauvre
petit enfant, âgé seulement de huit ans !

II

30 juillet.

La maison voisine de la mienne du côté sud — construction basse et sordide, — est celle d'un teinturier. Il est aisé de reconnaître la maison d'un teinturier japonais : de longs morceaux de soie ou de coton sèchent au soleil, devant la porte, sur des perches de bambous, de larges bandes de riche azur, de pourpre, de rose, de bleu pâle, ou de gris perle. Hier mon voisin me décida à rendre visite à sa famille. Après avoir traversé la partie de leur modeste habitation qui donnait sur la rue, je fus surpris de me trouver dans une véranda ouvrant sur un jardin digne de quelque vieux palais de Kyôtô. C'était un gracieux paysage en miniature, et un étang d'eau claire peuplé de poissons rouges aux queues étonnamment ramifiées.

Quand j'eus joui un moment de ce spectacle, le teinturier me conduisit dans une petite pièce disposée en chapelle bouddhiste. Bien que tout cela eût été nécessairement réalisé à une échelle très réduite, je ne me souviens pas d'avoir vu rien de plus artistique dans aucun temple. Mon hôte me dit que cela lui avait coûté à peu près quinze cents yen. Je ne puis comprendre comment il avait tiré un tel parti d'une si faible somme. Il y avait trois autels aux sculptures délicates, triple flamboiement de laque d'or ; de nombreuses et charmantes idoles bouddhistes, des vases rares, un lutrin d'ébène ; un *mokugyo*[1] deux belles cloches, en somme tout ce que peut contenir un temple en réduction. Dans sa jeunesse, mon hôte avait été étudiant chez les prêtres bouddhistes. Il connaissait les sûtras, et il possédait tous ceux qu'employait la secte de Jôdo... Il m'apprit qu'il savait célébrer tous les services ordinaires. Chaque jour, à une heure fixe, la famille entière s'assemblait dans la chapelle pour les prières ; et il lisait généralement le *Kyô*[2]. Mais dans les grandes circonstances, un prêtre du temple voisin venait officier.

Il me raconta une bizarre histoire de voleurs ; ceux-ci visitent volontiers les teinturiers, sans doute à cause de la valeur des soies qui leur sont confiées, et aussi parce que ce commerce est réputé comme lucratif. Un soir que le maître était en voyage, sa vieille mère, sa femme et une servante restaient seules à la maison. Trois

1. Bloc de bois en forme de tête de dauphin, et qui est frappé comme accompagnement au chant des sûtras bouddhistes. L. H.

2. Chinois *King*, sanscrit sûtra, texte des Écritures Sacrées du Bouddhisme. (Note du Traducteur.)

hommes, le visage masqué, armés de longs sabres, entrèrent soudain. L'un d'eux demanda à la domestique s'il y avait encore des apprentis dans l'atelier ; espérant lui faire peur, elle lui répondit que tous les jeunes gens étaient encore au travail. Mais les voleurs ne furent point troublés par cette affirmation. L'un se posta à l'entrée, et les autres pénétrèrent dans la « salle à dormir ». Les femmes se levèrent, alarmées, et la femme du teinturier dit :

— Pourquoi désirez-vous nous tuer ?

Celui qui paraissait le chef déclara :

— Nous ne désirons pas vous tuer. Nous voulons seulement de l'argent. Mais, ajouta-t-il, si nous ne le trouvons point, alors ce sera cela !

Et il frappa les nattes de son sabre.

La vieille mère fit alors observer :

— Ayez l'amabilité de ne pas effrayer ma bru ; je vous donnerai tout l'argent qui se trouve dans la maison. Mais vous devriez savoir qu'il ne doit pas y en avoir beaucoup, puisque mon fils s'est rendu à Kyôto.

Elle tendit au voleur la cassette ainsi que sa propre bourse. Elles contenaient tout juste 27 yen et 84 sen. Le chef les compta, puis il dit très doucement :

— Nous ne désirons pas vous terrifier. Nous savons que vous êtes une croyante très dévote du Bouddhisme, et nous ne pensons pas que vous diriez un mensonge. Est-ce bien tout l'argent que vous possédez ?

— Oui, c'est tout, répondit-elle. Je suis, comme vous le dites, une pratiquante de l'enseignement du Bouddha, et je suis convaincue que c'est seulement parce que je vous ai volé dans quelque vie antérieure que vous me volez aujourd'hui. Ceci est la punition de ma faute, et donc, au lieu de vous décevoir, je suis heureuse d'avoir l'occasion d'expier le mal que je vous ai fait dans mon existence précédente.

Le voleur se mit à rire, et dit :

— Vous êtes une bonne vieille femme, et nous vous croyons. Si vous étiez pauvre nous ne vous volerions point. Maintenant, nous ne désirons plus que deux kimonos, et ceci, ajouta-t-il en posant la main sur une fort belle robe d'extérieur en soie.

La vieille femme répondit :

— Je puis vous donner tous les kimonos de mon fils, mais je vous supplie de ne point prendre ce vêtement-là, car il n'appartient pas à mon fils, mais nous fut seulement confié pour être teint. Je puis vous donner ce qui est à nous, mais je ne puis disposer de ce qui est la possession d'une autre personne.

— Cela est fort bien, approuva le voleur, et nous ne le prendrons pas.

Après avoir reçu quelques kimonos, les voleurs souhaitèrent le bonsoir très poliment, mais ils ordonnèrent aux femmes de ne point les suivre des yeux. La vieille servante se tenait toujours près de la porte. Comme le chef passa devant elle, il lui déclara :

— Vous nous avez dit un mensonge. Prenez ceci pour votre peine !

Et il la frappa de façon qu'elle tomba à terre sans connaissance.

Aucun des voleurs ne fut jamais pris.

III

29 août.

Quand un corps a été brûlé suivant les rites de certaines sectes bouddhistes, on cherche parmi les cendres un petit os appelé le Hotoke-San, ou « Seigneur Bouddha », sa condition populaire affirme que c'est le petit os de la gorge. Je l'ignore ; je n'ai jamais eu l'occasion d'examiner une telle relique.

Suivant la forme qu'a ce petit os après l'incinération, on peut prédire la condition future du mort. Si l'âme est destinée à un état de félicité, l'os a la forme d'une petite effigie du Bouddha ; mais si la naissance suivante doit être malheureuse, alors l'os est ou bien très laid, ou informe.

Un garçonnet, le fils d'un marchand de tabac, est mort l'avant-dernière nuit. Le corps a été brûlé aujourd'hui, et le petit os a été découvert : il avait la forme de trois Bouddhas, — San-Taï, — cela donnera peut-être quelque consolation spirituelle aux parents éprouvés [1].

IV

13 septembre.

Une lettre venant de Matzu, Izumo, m'apprend que le vieillard qui me fournissait des tuyaux de pipes est mort. Il faut dire qu'une pipe japonaise se compose généralement de trois parties : un fourneau en métal, assez grand pour pouvoir contenir un pois ; un bout, et une tige en bambou qui est renouvelée à des intervalles réguliers. Ce vieillard colorait ses tuyaux de pipes assez joliment : certains ressemblaient à des piquants de porc-épic, et d'autres à des cylindres de peau de serpent. Il vivait dans une

1. Au grand temple de Tennōji, à Osaka, tous ces os sont jetés dans une crypte ; et, *suivant le son que chacun fait en tombant,* on obtient encore d'autres informations concernant le Gōshō. Cent ans après la date où fut commencée cette curieuse collection, tous ces os seront réduits en une sorte de pâte dont on formera une colossale statue du Bouddha.

ruelle étroite et bizarre, sur les confins de la cité. Je connais cette rue, car il s'y trouve une célèbre statue de Jizö, appelée, « Shiroko-Jizö », — le Jizö-Enfant-Blanc —, que je suis allé voir un jour. On blanchit le visage de cette effigie comme celui d'une danseuse, pour une raison que je n'ai jamais pu découvrir.

Le vieillard avait une fille, O-Masu [1], à propos de laquelle on raconte une étrange histoire. Elle a été heureuse épouse pendant bien des années, mais elle est muette.

Il y a très longtemps, une foule furieuse pilla la demeure d'un riche spéculateur en riz de la ville. L'argent de celui-ci, qui comprenait une quantité de pièces d'or, ou koban, fut éparpillé dans la rue. Les émeutiers, de rudes mais honnêtes paysans, n'en voulaient point : ils voulaient détruire, et non pas voler. Mais, ce même soir, le père d'O-Masu ramassa un *koban* dans la boue, et le rapporta chez lui. Plus tard un voisin le dénonça et le fit arrêter. Le juge devant lequel il comparut, essaya d'obtenir quelque information en interrogeant subtilement O-Masu qui était alors une timide fillette de quinze printemps. Elle sentit que si elle continuait à ré-

1. O-Masu : développement, augmentation.
Voir l'article de Hearn « Japanese female names ». O-Masu entre dans la catégorie de noms exprimant des qualités personnelles ou des espoirs des parents. (N. du Tr.)

pondre, elle serait forcée, malgré elle, de témoigner contre son père. Elle comprit qu'elle se
trouvait en présence d'un inquisiteur de profession, capable de la contraindre, sans effort, à
avouer tout ce qu'elle savait. Elle cessa de parler, et un flot de sang jaillit de sa bouche. Elle
s'était rendue silencieuse pour toujours. Elle
avait coupé sa langue en deux avec ses dents.
Son père fut acquitté. Un commerçant qui admira
l'action de la jeune fille, la demanda en mariage,
et subvint aux besoins du père dans sa vieillesse.

V

10 octobre.

Il paraît qu'il y a un jour, — un seul, — dans
la vie d'un enfant, pendant lequel il peut se souvenir et parler de son existence antérieure.

Le jour où il accomplit ses deux ans, le bébé
est porté par sa mère dans le coin le plus tranquille de la maison, et il est placé dans un *mi*,
ou panier à vanner le riz. Puis la mère l'appelant par son nom lui dit : « *Omaé no zensé wa,
nande attakane? iute, goron*[1]. » Alors l'enfant

[1]. Quant à la vie précédente, que fut-elle ? Honorablement
regarde (ou daigne regarder) et dis-le.

répond toujours un mot. Une mystérieuse raison fait que sa réponse n'est jamais plus longue. Parfois le mot prononcé est si énigmatique, que l'on doit avoir recours à un prêtre ou à un diseur de bonne aventure pour l'interpréter.

Par exemple hier, le jeune fils d'un chaudronnier qui vit près de chez nous, répondit simplement : « *Umé* » à la question magique. Or « *Umé* » peut signifier la fleur de prunier, ou un nom de fille — Fleur de Prunier, — ou une prune. Cela signifiait-il que le garçonnet se souvenait avoir été une fille ? Ou bien qu'il avait été prunier ? « Les âmes des hommes n'entrent point dans les pruniers », déclara un voisin. Un devin consulté sur le problème déclara ce matin que le petit garçon avait sans doute été un savant, un poète, ou un homme d'État, car le prunier est symbole de Tenjin, patron des savants, des diplomates et des hommes de lettres.

VI

17 novembre.

On pourrait écrire un livre étonnant sur les côtés de la vie japonaise inaccessibles à l'étranger. Cet ouvrage contiendrait notamment une curieuse étude sur certains effets de la colère, exceptionnels mais terribles.

En règle générale, les Japonais se permettent rarement de montrer de la colère. Même dans les classes inférieures, toute menace sérieuse prend la forme d'une assurance souriante qu'on se « souviendra de votre faveur » et que celui auquel vous l'avez adressé en « est fort reconnaissant ». Ne supposez point, cependant, que ceci soit ironique, au sens que nous donnons à ce mot ; ce n'est qu'un euphémisme, les choses laides n'étant jamais appelées par leurs noms véritables. Mais il se peut que cette douce réponse vous signifie une mort prochaine. Quand la vengeance survient, c'est inopinément. Ni la distance ni le temps ne seront des obstacles sérieux pour un vengeur, qui peut marcher cinquante milles par jour, dont le bagage tient dans une serviette, et dont la patience est presque illimitée. Il choisira peut-être le poignard ; mais il se servira plus vraisemblablement d'une épée, d'une épée japonaise ; entre des mains nipponnes, c'est la plus formidable des armes ; à un homme en fureur cela permet d'assassiner dix à douze personnes en moins d'une minute. Il est rare que le meurtrier songe à fuir. La coutume antique exige qu'ayant pris une vie, il prenne ensuite la sienne ; c'est pour cela qu'il se croirait déshonoré s'il se laissait le temps de tomber dans les mains de la police. Du reste il aura pris ses précautions, écrit ses lettres, pris ses dispositions pour ses funérailles, et peut-être même, comme cela se produisit l'année dernière, a-t-il taillé sa propre pierre tombale ! Sa vengeance assouvie, il se tue.

Une de ces tragédies qu'il est difficile à comprendre, vient d'avoir lieu pas très loin de la ville, dans le hameau appelé Sugikamimura. Les acteurs principaux de ce drame furent Narumatsu Ichirö, un jeune boutiquier ; sa femme, O-Noto, âgée de vingt ans, avec laquelle il n'était marié que depuis un an ; et l'oncle maternel d'O-Noto, un nommé Sugimoto Kasaku, homme d'un tempérament violent, qui avait été jadis en prison. La tragédie se déroula en quatre actes.

ACTE I

Scène. — L'intérieur du bain public. Sugimoto Kasaku est dans le bain. Entre Ichirö qui se dévêt, se plonge dans l'eau fumante, sans apercevoir son parent et s'écrie :

Aa ! C'est comme si on était dans le Jigoku, tant cette eau est chaude !

(Le mot Jigoku signifie l'enfer bouddhiste ; mais dans le parler ordinaire cela veut aussi dire prison, ce qui, en cette occasion, était une coïncidence fâcheuse.)

KASAKU, *très irrité*. — Vous êtes un enfant sans expérience pour chercher une querelle ! Qu'est-ce qui vous déplaît ?

ICHIRÔ, *surpris et alarmé, mais se rebiffant contre le ton de Kasaku* — Non ! Mais quoi ? Ce que j'ai dit n'a pas besoin d'être expliqué par vous ! Bien que j'aie déclaré que l'eau était chaude, je ne vous ai point demandé votre aide pour la rendre encore plus brûlante !

KASAKU, *dangereux*. — Et même si par ma faute j'avais été non pas une fois, mais deux fois dans l'enfer de la prison, qu'y aurait-il là de si extraordinaire ? Vous devez être ou un enfant idiot, ou une basse canaille !

(*Chacun regarde l'autre, prêt à bondir. Mais ils hésitent bien que des mots aient été dits que nul Japonais ne devrait se permettre d'exprimer. Ils se sentent trop de même force, le jeune et le vieux.*)

KASAKU, *redevenant calme à mesure que Ichirô s'irrite davantage*. — Vous êtes un enfant, un poupon inexpérimenté pour vous quereller avec moi ! Qu'est-ce qu'un bébé peut bien faire d'une femme ? Votre épouse appartient à mon sang, au mien, au sang de l'homme qui sort de l'enfer ! Rendez-la donc à ma maison !

ICHIRÔ, *avec désespoir, maintenant convaincu que Kasaku est physiquement le plus fort des deux*. — Vous rendre ma femme? Vous la rendre, dites-vous? Très vite vous sera-t-elle renvoyée, immédiatement !

Jusqu'ici tout est clair ; Ichirô rentre précipitamment chez lui, caresse sa femme, l'assure de son amour, et l'envoie non chez Kasaku, mais chez son frère. Deux jours plus tard, un peu après la tombée de la nuit, O-Noto est appelée par son mari et ils disparaissent tous deux dans les ténèbres.

ACTE II

Scène nocturne. — La maison de Kasaku, fermée. Une lumière filtre à travers les fentes des volets à coulisses. L'ombre d'une femme s'approche de la demeure, et on perçoit de légers coups frappés contre le bois. Les volets sont repoussés.

LA FEMME DE KASAKU, *reconnaissant O Noto.* — Aa! Aa! C'est joyeux de vous voir! Daignez entrer, et quelque honorable thé prendre!

O-NOTO, *parlant très doucement.* — Merci en vérité. Mais où est Kasaku-San?

LA FEMME DE KASAKU. — A l'autre village il est allé, mais doit prochainement en revenir. Veuillez entrer et attendre son retour.

O-NOTO, *encore plus doucement qu'auparavant.* — Très grands remerciements! Un instant et je viens. Mais je vais d'abord prévenir mon frère!

Elle s'éloigne; glissant dans les ténèbres, et redevient une ombre qui rejoint une autre ombre... Toutes deux demeurent immobiles.

ACTE III

Scène. — La nuit, sur les rives d'une rivière frangée de pins. Dans le lointain se dessinent les contours de la maison de Kasaku. O-Noto et Ichirô debout sous les arbres. Ichirô tient une lanterne. Ils ont tous deux des serviettes blanches serrées fortement autour de leurs têtes; leurs robes sont retroussées, et leurs manches relevées par des cordes de tasuki, pour laisser toute liberté à leurs bras. Chacun porte une longue épée.

C'est l'heure où, comme disent les Japonais d'une façon si expressive, « le bruit de la rivière est le plus intense ».

Il n'y a point d'autre bruit, sauf parfois le bourdonnement du vent parmi les aiguilles de pins; car c'est la fin de l'automne, et les grenouilles sont silencieuses. Les deux ombres ne parlent pas, et le gazouillement de la rivière devient encore plus distinct. Soudain dans le lointain on perçoit un clapotement: quelqu'un traverse le ruisseau; puis résonne l'écho de sandales en bois: — irréguliers et chancelants, ce sont les pas d'un ivrogne qui s'approchent de plus en plus. L'ivrogne élève sa voix: c'est celle de Kasaku. Il chante;

> *Suita okata ni suirarete;*
> *Ya Ton-Ton* [1]

une chanson de vin et d'amour.

[1]. En voici la signification : « Donne au bien-aimé encore un peu plus (de vin ».) « Le ya ton-ton » n'est qu'un refrain dénué de sens exact.

Au même instant les deux ombres se précipitent vers
le chanteur en courant, — vol silencieux car leurs
pieds, sont chaussés de waraji. Kasaku chante toujours. Tout à coup une pierre se dérobe sous ses
pieds et il se tord la cheville; il émet un grogne-
ment de colère. Presque au même instant une lanterne est brusquement approchée de son visage, et
demeure ainsi peut-être trente secondes. La lumière
jaune éclaire trois masques étrangement inexpressifs,
plutôt que des figures. Kasaku se ressaisit tout de
suite en reconnaissant ses parents, en apercevant les
épées, et en se rappelant l'incident du bain public.
Mais il n'éprouve point de crainte, et il éclate pré-
sentement en un rire moqueur.

— Hé! Hé! Le couple Ichirô! Vous me prenez donc
moi aussi pour un enfant? Que faites-vous avec des
objets pareils entre les mains? Laissez-moi vous apprendre à vous en servir!

Mais Ichirō, qui a lâché la lanterne, assène soudain, de
toute la force de ses deux bras, un coup d'épée qui
détache presque de l'épaule le bras droit de Kasaku,
et, comme la victime chancelle, le sabre de la femme
lui sectionne l'épaule gauche.
Il tombe avec un affreux cri de *Hitorogoshi!* ce qui signifie « Au meurtre »! Mais il ne crie pas une seconde
fois. Pendant dix longues minutes les épées continuent leur sinistre besogne. La lanterne, brillant toujours, éclaire une scène lugubre. Deux piétons attar-
dés s'approchent; ils entendent et voient ce qui se

9.

passe, puis, laissant tomber de leurs pieds leurs sandales de bois, ils s'enfuient vers les ténèbres sans
dire un mot.

Ichirō et O-Noto s'asseoient auprès de la lanterne
pour reprendre haleine, car leur tâche a été dure !

Le fils de Kasaku, un garçon de quatorze ans, arrive
en courant, à la recherche de son père. Il a perçu la
chanson et ensuite le cri : mais il n'a pas encore appris
à connaître la peur. Les deux complices le laissent
venir, mais comme il s'approche d'O-Noto, celle-ci le
saisit, le jette à terre, tord ses bras minces sous ses
genoux, et saisit son sabre. Mais Ichirō, haletant toujours s'écrie : « Non ! pas l'enfant ! Il ne nous a point
fait de mal. » O-Noto relâche le garçon. Il est trop
stupéfait pour bouger. Elle lui donne alors un soufflet
formidable, en clamant : « Va ! » Et il se met à courir,
n'osant pas crier.

Ichirō et O-Noto abandonnent la masse informe et
déchiquetée. Ils s'approchent de l'habitation de Kasaku,
et appellent à haute voix. Il n'y a nulle réponse : rien
que le silence pathétique et angoissé de femmes et d'enfants qui attendent la mort. Mais on leur dit de ne
point craindre. Et Ichirō déclare :

— Honorable enterrement, préparez ! Kasaku est
maintenant mort par ma main !

— Et par la mienne ! vrille la voix aiguë d'O-Noto !

Puis les pas s'éloignent.

ACTE IV

Scène. — L'intérieur de la demeure de Ichirô. Trois personnes sont agenouillées dans la chambre des hôtes: Ichirô, son épouse, et une femme âgée qui san glote.

Ichirö. — Et à présent, mère, vous laisser seule au monde, quoique vous n'ayez point d'autre fils, est sans doute une bien mauvaise action. Je ne puis qu'implorer votre pardon. Mais mon oncle s'occupera toujours de vous, et il vous faut aller tout de suite chez lui, puisqu'il est temps que nous mourions tous deux. Nous n'aurons point une mort vulgaire et commune, mais au contraire, belle et élégante. *Rippana !* Et vous ne devez pas y assister. Partez, maintenant.

Elle s'en va avec une lamentation !

Les portes sont solidement verrouillées derrière elle. Tout est prêt.

O-Noto enfonce la pointe de l'épée dans sa gorge. mais elle se débat encore. Alors avec une dernière parole affectueuse, Ichirö met fin à son agonie par un coup de sabre qui lui tranche la tête.

Et ensuite ?

Et ensuite il prend sa boîte à écrire ; il apprête la pierre à encre, prépare une bon pinceau, et, sur du pa-

pier soigneusement choisi, compose cinq poèmes dont
voici le dernier :

Meido yori
Yu dempô ga,
Aru naraba,
Hayaku an chaku
Môshi okuran [1].

Et puis il se coupe la gorge parfaitement bien !

Or il fut clairement démontré lors de l'enquête officielle, que Ichirô et sa femme avaient été universelle-
ment aimés et qu'ils avaient été connus, dès leur
enfance, pour leur amabilité.

Le problème scientifique de l'origine éthique
des Japonais n'a jamais encore été résolu. Mais
il semble parfois que la thèse d'une origine
en partie malaise, se confirme par certains traits
de la psychologie japonaise. Sous la douceur
soumise de la femme japonaise la plus tendre,
— douceur dont l'Occidental peut à peine se
former une idée, — il existe une dureté latente
absolument inconcevable pour qui n'a pas eu
l'occasion de l'éprouver personnellement. Elle

---

1. Voici à peu près le sens: « S'il est possible d'envoyer des
lettres ou des télégrammes du Meido, j'écrirai et j'enverrai des
nouvelles de notre bonne et rapide arrivée en ce lieu.

(Le Meido est le Hadès japonais, le sombre monde souterrain
auquel doivent se rendre tous les morts). (N. du Tr.).

peut pardonner mille fois ; elle sait se sacrifier de cent manières indescriptibles et touchantes. Mais si une fibre particulière de son âme est froissée, alors elle se montre plus inclémente que le feu.

Il peut s'éveiller tout à coup en cette femme apparemment frêle, un courage incroyable, la résolution effrayante, déterminée, et inlassable d'une honnête vengeance. Sous le merveilleux sang-froid et la patience de l'homme japonais, il existe un quelque chose d'adamantin. Touchez ce quelque chose avec un peu trop de liberté, et vous vous attirerez une haine irréductible. Cependant il est rare que le ressentiment soit provoqué par un simple hasard. Un Japonais pèse toujours attentivement les motifs de l'offense qu'on lui fait. Il peut oublier une erreur : mais jamais la malignité réfléchie !

Dans la demeure de toute riche famille japonaise, on montrera sans doute à l'hôte quelques trésors de famille. Certains seront presque sûrement des objets servant aux cérémonies de thé, si compliquées, qui sont particulières au Japon. Une fort jolie petite boîte sera peut-être posée devant vous. En l'ouvrant, vous ne verrez qu'un fort beau sac en soie serré d'une cordelière, ornée de petits glands. La soie, très souple et rare, est façonnée avec grand soin. Quelle merveille se cache sous une pareille

enveloppe ? Vous l'ouvrez, et vous y voyez
un autre sac, fait d'une soie de qualité différente, mais cependant très beau. Ouvrez celui-
là, et miracle ! en voici un troisième, qui contient un quatrième, qui en recèle un cinquième,
qui en renferme un sixième, qui enserre un
septième, qui recouvre le plus rude, le plus
étrange et plus dur vase d'Argile de Chine que
vous ayez jamais vu ! Cependant cela n'est pas
seulement curieux, c'est aussi précieux, et cela
peut être de plus de mille ans !

C'est ainsi que des siècles de la plus haute
culture sociale ont enveloppé le caractère japonais de nombreuses gaines, inestimables et
douces, gaines de courtoisie, de délicatesse, de
patience, de douceur, et de sentiment moral.
Mais, sous ces charmantes et multiples couver-
tures demeure toujours l'argile primitive, dure
comme du fer, pétrie peut-être de tout le tempérament ardent du Mongol, et de toute la sou-
plesse dangereuse du Malay.

VII

28 décembre.

Au delà du haut treillage qui clôt mon jardin,
s'élèvent les toits de chaume de quelques toutes

petites demeures occupées par des familles de
la classe la plus pauvre. D'une de ces maison-
nettes s'échappent continuellement les plaintes,
les profonds gémissements d'un homme qui
souffre. Je l'entends depuis plus d'une semaine,
nuit et jour, mais depuis peu les plaintes se prolongent et redoublent d'intensité comme si
chaque respiration était une souffrance.

— Quelqu'un, là, est très malade, me dit mon
vieil interprète, Manyemon, avec une expression d'extrême sympathie.

Les cris commencent à me rendre nerveux.
Je réponds un peu brutalement :

— Je crois qu'il vaudrait mieux pour tout le
monde que ce quelqu'un soit mort !

Manyemon esquisse trois fois de sa main un
geste rapide et soudain, comme pour rejeter
l'influence de mes méchantes paroles, il murmure une courte prière bouddhiste, et il s'éloigne en me lançant un regard de reproche. Pris
de remords, j'envoie une servante demander si
le malade a un médecin ; et si aucune aide ne
peut lui être donnée. Elle revient m'apprendre
qu'un médecin s'occupe régulièrement de la personne souffrante, et que rien d'autre ne peut
être fait.

Je remarque cependant que malgré ses gestes
légers, les nerfs patients de Manyemon sont
également irrités par ces plaintes. Il a même

avoué qu'il préfère se tenir dans la petite chambre donnant sur la rue, afin d'en être aussi éloigné que possible. Mon cabinet de travail étant tout à fait à l'arrière de la maison, j'entends les gémissements comme si l'agonisant était dans la pièce même. Dans certains cris de douleur, la voix prend un timbre sinistre si particulier, qu'on peut, à les entendre, mesurer presque l'intensité de la souffrance qu'ils expriment. Ce jour-là, je me demandai sans cesse : « Comment l'être humain dont le cri suffit à me torturer peut-il opposer à la mort une si longue résistance ? »

Ce fut un réel soulagement lorsque, plus tard dans la matinée, cette lamentation fut couverte par le roulement du petit tambour, que l'on bat dans la chambre des malades, et par le chant du *Namu-myô-ho-renge-kyô* [1] psalmodié par une multitude de voix. Evidemment les prêtres et les amis venaient d'être appelés.

— Quelqu'un va mourir ! répète Manyemon.

Et lui aussi, il murmure les saintes paroles en l'honneur du Lotus de la Bonne Loi.

Les chants et les roulements de tambour continuent plusieurs heures durant. Quand ils s'interrompent, les gémissements me parviennent

1. Formule de la secte Nichiren : « Hommage au texte du Lotus de la Bonne Loi. » (N. du Trad.)

de nouveau. Chaque respiration est une plainte.
Vers le crépuscule cela devient encore plus
affreux : c'est horrible ! Puis, soudain cela s'ar-
rête. Pour quelques minutes un silence absolu
plane. Et ensuite nous arrive un bruit de sanglots passionnés, — les sanglots d'une femme,
— et des voix qui appellent un nom.

— Ah ! Quelqu'un est mort ! soupire Manyemon.

Nous nous consultons. Manyemon a appris
que ces gens sont misérablement pauvres ; et,
comme ma conscience me tourmente encore, je
propose de leur faire remettre le montant des
dépenses des funérailles, une somme fort modeste. Manyemon croit que c'est par pure
bonté d'âme que je désire faire cela, et il me
dit des choses jolies. Nous envoyons une servante avec un message bienveillant, et nous la
chargeons d'essayer d'apprendre, si possible,
l'histoire du mort. Je ne puis m'empêcher de
soupçonner quelque tragédie ; et une tragédie
japonaise, est, en général, très intéressante.

29 décembre.

Comme je l'avais prévu, l'histoire du mort
méritait être connue. La famille se composait
de quatre personnes : le père et la mère, très
vieux et faibles, et les deux fils. C'est le fils aîné

qui est mort, âgé de trente-quatre ans. Il avait été malade depuis sept longues années. Le frère cadet, un *kurumaya* [1], était le seul soutien de la famille. Il ne possédait point de véhicule mais en louait un qu'il payait cinq sen par jour. Quoique étant un coureur rapide, il gagnait peu, car de nos jours la concurrence empêche la profession d'être vraiment lucrative. Il lui fallait toute sa vigueur pour entretenir ses parents et son frère souffrant ; et il n'y serait point parvenu s'il n'avait pratiqué une continuelle abnégation de soi. Il ne se permettait même jamais un verre de saké ; il ne songeait pas à se marier ; il ne vivait que pour son devoir filial et fraternel.

Voici l'histoire du mort. Lorsqu'il eut à peu près vingt ans, alors qu'il était vendeur de poisson, il s'éprit d'une servante d'auberge. Elle lui rendit son amour, et ils se promirent l'un à l'autre. Mais des difficultés survinrent pour empêcher leur union. La jeune fille était assez jolie pour avoir attiré l'attention d'un homme de quelque fortune, qui demanda sa main de la manière habituelle. Elle ne l'aimait point, mais les conditions qu'il offrit décidèrent les parents de la jeune fille en sa faveur. Déses-

---

1. Homme qui traîne les petites voitures à deux roues, ou Kuruma. (N. du Trad.)

pérant de jamais se marier, les deux amoureux résolurent d'opérer le jōshi ! Ils se rencontrèrent une nuit, se renouvelèrent leur serment avec du vin, et dirent adieu au monde. Puis le jeune homme tua sa bien-aimée d'un coup de sabre, et l'instant d'après ouvrit sa propre gorge avec la même arme. Mais des gens accoururent dans la pièce avant qu'il n'eût expiré, et appelèrent en toute hâte un chirurgien de la garnison voisine. Il fut transporté à l'hôpital, habilement guéri, et, après quelques mois de convalescence, il fut traduit en justice sous l'inculpation de meurtre.

Je ne pus apprendre exactement quel fut le verdict rendu. En ce temps-là les magistrats japonais usaient d'une indulgence personnelle pour apprécier le crime passionnel, et leur sentiment de pitié n'avait pas encore été contraint par des codes rédigés selon les modèles occidentaux.

Peut-être pensèrent-ils que le fait d'avoir survécu au *jōshi* constituait en lui-même une punition assez sévère. Mais en pareil cas l'opinion publique est moins clémente que la loi. Après avoir subi un emprisonnement, le malheureux fut autorisé à retourner dans sa famille, mais il fut placé sous la surveillance permanente de la police. Les gens s'éloignaient de lui avec horreur. Seuls ses parents et son frère lui demeuraient. Et il fut bientôt torturé par d'innombrables souffrances physiques : pourtant il se raccrochait à la vie.

L'ancienne blessure de sa gorge, quoique ayant été traitée sur le moment aussi habilement que possible, commença à lui donner des douleurs atroces. Après l'apparente cicatrisation, quelque lente affection cancéreuse s'y était développée, s'étendant jusqu'aux voies respiratoires, au-dessus et au-dessous de l'endroit que la lame de l'épée avait tranché. Le bistouri du chirurgien, la torture de la cautérisation ne firent que retarder la fin. Mais l'homme se débattit, pendant sept années terribles, dans les affres d'une agonie sans cesse plus douloureuse. Il existe chez les Japonais de sombres croyances sur les dangers que l'on court à trahir les morts et surtout à rompre la promesse mutuelle de se rendre ensemble au Meido. Certains prétendirent que la main de la jeune fille assassinée rouvrait ontinuellement la blessure, et défaisait la nuit. e que le chirurgien faisait pendant le jour. Et n effet dans les ténèbres l'agonie augmentait nvariablement d'intensité, et elle était le plus troce à l'heure où fut tenté le *shinju*.

Cependant, grâce à une abnégation et une obriété merveilleuses, les parents parvenaient payer les soins, les médicaments, et une alientation bien supérieure à la leur propre. Ils

prolongèrent par tous les moyens possibles
cette vie qui était leur honte, leur pauvreté, et
leur fardeau. Et maintenant que la mort les a
soulagés de cette charge, ils pleurent !...

Peut-être apprenons-nous à aimer ce pourquoi
nous nous habituons à faire des sacrifices, quelque peine que cela puisse nous causer? Et, en
vérité, on peut se demander si nous ne chéris-
sons pas davantage ce qui nous cause le plus de
douleur ?

LE BOUDDHA DE PIERRE

I

Au sommet de la colline qui domine à l'arrière le Collège du Gouvernement, au-dessus d'une succession de champs minuscules qui s'étagent en terrasses, se trouve un ancien cimetière de village. Il est abandonné ; les habitants de Kurogamimura enterrent maintenant leurs morts dans un champ plus isolé ; et je remarque que leurs prés commencent déjà à empiéter sur les limites de l'ancien lieu de repos.

Ayant une heure de loisir entre deux cours, je me décide à rendre visite à ce sommet. Des serpents noirs, minces et inoffensifs, traversent le chemin en se tortillant tandis que je gravis la côte ; et d'immenses criquets, de la couleur des feuilles desséchées, s'élèvent brusquement devant mon ombre. Le petit sentier disparaît tout à fait sous une herbe rude, avant de parvenir aux marches brisées de l'entrée du ci-

metière ; et dans le cimetière même il n'y a pas
de chemin, rien que des herbes folles et des
pierres. Mais, de cette hauteur on a une très
belle vue : on aperçoit la vaste plaine verte de
Higo ; au delà, des coteaux d'un bleu éclatant
se détachant en demi-cercle sur l'horizon, et
plus loin encore, le cône de l'Aso, qui fume éternellement.

A mes pieds apparaît le collège, comme à vol
d'oiseau, pareil à une ville moderne en miniature, avec ses longues rangées de bâtiments aux
nombreuses fenêtres, qui datent de l'année 1887.
Ils représentent l'architecture purement utili-
taire du xix⁰ siècle ; ils auraient aussi bien pu
être situés dans le comté de Kent, à Auckland,
ou dans le New-Hampshire, sans détonner aucunement avec l'époque présente. Mais les
champs qui montent en terrasse au-dessus des
édifices universitaires, et les silhouettes des gens
qui y peinent, pourraient appartenir au v⁰ siècle.
L'inscription gravée sur le *haka* contre lequel
je m'appuie est en caractères sanscrits. Et près
de moi un Bouddha est assis sur son lotus de
pierre, tel qu'il était déjà au temps de Kato-Kyo-
masa. Son regard méditatif se glisse entre ses
paupières mi-closes, et se pose sur la vie tumul-
tueuse du collège du gouvernement, et il sourit
du sourire de celui qui a reçu un affront et le
dédaigne. Ce n'est pas l'expression que lui

donna le sculpteur : la terre et la mousse ont
tordu ses traits. J'observe aussi que ses mains
sont brisées. J'en conçois de la peine, et j'essaie
d'enlever, en grattant, les lichens qui recou-
vraient la petite protubérance symbolique[1] placée sur son front, me souvenant de l'ancien
texte du Lotus de la Bonne Loi :

« *Un rayon de lumière émana du cercle de
cheveux placé entre les sourcils du Seigneur. Et
il s'étendit par-dessus dix-huit cent mille champs
de Bouddhas*[2] *de façon que tous ces champs
de Bouddhas parurent complètement éclairés
par son éclat, jusqu'au fond du grand enfer
Avici*[3]*, et s'élevant jusqu'aux limites de l'existence. Et tous les êtres dans chacun des Six
États de l'existence*[4] *devinrent visibles : tous,
sans exception. Et dans ces champs de Bouddhas,
même ces Seigneurs Bouddhas qui étaient parvenus au Nirvâna final, devinrent également
visibles.* »

1. Il s'agit de l'*usnisa* qui est une des marques caractéristi-
ques de la personne de tout Bouddha.

2. Champs de Bouddhas, traduction de Baddha-Kshétra, c'est-
à-dire de contrées où un Bouddha fait son apparition.

3. Le dernier, le plus profond, le plus terrible des Enfers.

4. Ce sont les six conditions dans lesquelles on peut renal-
re, celles de dieu, de démon, d'homme de spectre, d'animal,
ou de damné. (Notes du Traducteur.)

II

Derrière   le soleil est haut dans le ciel ;
le paysage que je contemple rappelle ceux qui
illustrent les vieux livres d'images japonais.
Dans les anciennes gravures en couleurs nippo-
nes, en général les ombres manquent. Et la
Plaine de Higo, dénuée de toute ombre, s'élar-
git, verdoyante, jusqu'à l'horizon, où les spectres
bleus des cimes semblent flotter dans le vaste
flamboiement. Mais l'immense étendue unie ne
présente pas de couleur uniforme : elle est striée
et sillonnée de tous les tons de vert, entrecroi-
sés comme s'ils étaient posés à larges coups
de pinceau. Et en cela aussi la vision ressemble à quelque scène tirée d'un livre d'images
japonais.

En ouvrant un de ces albums, pour la première fois, vous aurez une sensation de surprise
qui vous fera songer : « Comme ces gens voient
et comprennent la nature d'une façon bizarre ! »
Et votre surprise ira s'accroissant, et vous de-
manderez : « Est-il possible que les sens du Japonais diffèrent aussi absolument des nôtres ? »
Oui, cela est très possible. Mais regardez encore
un peu ! Une troisième et dernière observation
se précise en votre esprit, qui confirme les deux

précédentes. Vous sentez que cette gravure japonaise est plus fidèle à la nature que ne le serait aucune composition occidentale de la même scène, qu'elle produit des sensations de la nature qu'aucune peinture occidentale ne pourrait vous donner. Et vous y ferez, en vérité, de multiples trouvailles. Mais avant de le faire, une autre question se posera pour vous : « Tout ceci est d'un éclat magique ; la couleur inexplicable est la couleur même de la nature. Mais pourquoi cela donne-t-il une telle impression de spiritualité ? »

Eh bien, surtout à cause de l'absence d'ombres. C'est l'habileté surprenante dans la connaissance et dans l'emploi des valeurs qui, au début, vous empêche de remarquer qu'elles font défaut. La scène n'est cependant pas peinte comme étant éclairée d'un côté, mais comme étant entièrement baignée de lumière. Or, il existe vraiment des instants où les paysages ont cet aspect, mais nos artistes ne les étudient que rarement.

Il faut toutefois observer que les anciens Japonais aimaient les ombres faites par la lune, et qu'ils les peignaient parce qu'elles étaient étranges et qu'elles ne venaient pas entrecouper les couleurs. Mais ils n'admiraient aucunement les ombres qui obscurcissent, et rompent le charme dont le soleil revêt la terre. Lorsque leurs pay-

sages pris en plein jour sont tachetés d'ombres,
celles-ci sont très légères, simples obscurcisse-
ments de nuances, pareils à ces demi-teintes qui
fuient devant un nuage d'été. Et, pour ces Japonais d'autrefois le monde intérieur était lumineux comme le monde extérieur. Ils voyaient
psychologiquement la vie sans nuages.

Puis l'Occident vint troubler leur paix bouddhiste ; il découvrit leurs œuvres d'art, il les
acheta jusqu'au jour où une loi impériale fut
décrétée, afin de conserver le meilleur de ce qui
restait encore. Quand il n'y eut plus rien à ac-
caparer, et que l'on commença à se dire que la
production nouvelle ferait baisser le prix de ce
qui avait déjà été acquis, l'Occident déclara :
« Oh ! voyons ! Vous ne devez pas continuer à
voir et à dessiner les choses de cette manière !à !
Ce n'est pas de l'Art, cela ! Il faut absolument
que vous appreniez à voir des ombres, et que
vous me payiez pour vous enseigner en cela. »

Le Japon paya donc pour voir des ombres
dans la nature, la vie, et la pensée. Et l'Occident lui appprit que le but unique du divin
soleil était de fabriquer des ombres à bas prix,
les ombres plus coûteuses étant les produits
exclusifs de la civilisation occidentale, et il lui
ordonna de les admirer et de les adopter. Alors
le Japon s'émerveilla des ombres des machines,
des hauts fourneaux, et des poteaux télégraphi-

ques ; des ombres des mines et des fabriques,
et aussi de l'ombre régnant dans le cœur des
gens qui travaillent là ; des ombres des maisons
à vingt étages, et de la misère qui mendiait à
leurs bases ; des ombres des réformes politiques
qui multipliaient le vice, et de celles des impos-
tures, des hypocrisies et des habits à *queue
d'hirondelle* ; et il s'étonna aussi de l'ombre d'un
Dieu étranger qu'on disait avoir créé l'humanité
pour un *autodafé*. Devant tout cela le Japon se
mit à réfléchir, et il refusa d'étudier d'autres
silhouettes. Fort heureusement pour le monde,
il retourna à son art incomparable, et fort heureusement pour lui-même il reprit sa foi, si
belle. Mais quelques-unes des ombres de l'occident s'agrippent encore à sa vie, et il ne parvient
pas à s'en débarrasser. Et jamais plus le monde
ne lui paraîtra tout à fait aussi beau qu'auparavant.

III

Au delà du cimetière, dans un minuscule
carré de terre entouré de haies, un fermier et
son bœuf labourent le sol noir avec une char-
rue qui date de la Période des Dieux ; et
l'épouse participe au travail avec une houe plus

ancienne même que l'Empire du Japon. Tous trois peinent avec une ardeur étrange, comme s'ils étaient impitoyablement aiguillonnés par cette pensée que le labeur est le prix de la vie.

J'ai déjà vu souvent cet homme dans les gravures en couleurs d'un autre siècle ; je l'ai aperçu aussi dans les kakemonos d'une date bien plus reculée ; et je l'ai reconnu sur des écrans peints d'une antiquité encore plus grande. C'était absolument le même. D'autres modes incalculables ont passé : mais le chapeau, le manteau et les sandales de paille du paysan restent. Il est lui-même plus ancien, incomparablement plus ancien que son accoutrement. La terre qu'il laboure l'a, en vérité, englouti des milliers et des milliers de fois ; mais toujours elle l'a fait renaître à la vie, avec des forces nouvelles. Et il est satisfait de ce renouvellement perpétuel ; il ne demande rien de plus. Les montagnes changent de formes ; les rivières modifient leurs cours ; les étoiles varient leurs positions dans le ciel : il ne change point. Et pourtant c'est un créateur de changements. C'est avec le produit de son travail que sont créés ces navires de fer, ces voies d'acier, ces palais de pierre ; ce sont ses mains qui paient les universités et le nouvel enseignement, le télégraphe, la lumière électrique et les fusils à répétition, les machines de la science, du commerce et de la guerre. C'est

lui le donateur de tout : en retour on lui octroie
le droit de peiner pour l'éternité. Et c'est pourquoi il laboure pendant les siècles, afin de planter de nouvelles vies d'hommes. Il peinera ainsi
jusqu'à ce que tout le travail du monde soit accompli, jusqu'au moment de la fin de l'homme.

Et que sera cette fin ? Sera-t-elle bonne ou
mauvaise ? Ou doit-elle demeurer pour nous
tous un mystère indéchiffrable ?

La réponse vient alors de la Sagesse de l'Occident :

— L'évolution de l'homme est un progrès
vers la perfection et la béatitude. Le but de l'évolution est l'équilibre. Les maux disparaîtront un
à un, jusqu'à ce que le bien seul survive. Alors
le savoir atteindra sa plus haute expansion ;
alors s'épanouiront les fleurs de l'esprit les plus
merveilleuses ; alors toutes les luttes cesseront,
l'amertume des âmes s'adoucira et les injustices
et les folies disparaîtront de la vie. Les hommes
redeviendront pareils à des dieux en tout, sauf
l'immortalité ; chaque existence se prolongera
à travers des siècles, et toutes les joies de la vie
seront rendues communes dans de nombreux
paradis terrestres, plus beaux que les rêves des
poètes. Et il n'y aura ni gouverneurs, ni gou-
vernés, ni lois, ni État, car l'ordonnance de
toutes choses sera résolue par l'amour.

— Mais après ?

— Après ? Oh ! après en raison de la persistance de la Force et d'autres lois cosmiques,
la dissolution viendra : toute intégration doit
céder à la désintégration. Tel est le témoignage
de la science.

Alors tout ce qui aura été acquis sera perdu ;
tout ce qui aura été créé, sera détruit entièrement ; alors tout ce qui aura été subjugué, devra,
à son tour, subjuguer ; tout ce qui aura été enduré pour le bien, devra être enduré de nouveau,
sans nul but explicable. De même que la douleur incommensurable du Passé naquit hors de
l'inconnu, de même la douleur incommensurable de l'Avenir expirera dans l'inconnu.
Quelle est donc la valeur de notre évolution ?
Quelle est la signification de la vie ? de ce bref
éclair entre deux ténèbres ? Notre évolution
n'est-elle qu'un passage du mystère absolu vers
la mort universelle ? A l'heure où cet homme
au manteau de paille sera, pour la dernière fois,
tombé en poussière dans l'argile qu'il laboure, à
quoi aura servi le labeur d'un million d'années ?

— Non pas ! réplique l'Occident. Il n'existe
point de mort universelle dans ce sens-là. La
mort ne signifie que le changement. Après cette
vie, une autre vie universelle fera son apparition. Tout ce qui nous assure de la dissolution,
nous assure aussi, avec non moins de certitude,
du renouvellement. Le Cosmos dissout en une

nébuleuse, doit se recondenser pour former un nouvel essaim de mondes. Et alors votre paysan reparaîtra peut-être, avec son bœuf patient, pour labourer quelque sol illuminé par des soleils pourpres ou violets.

— Oui. Mais après cette résurrection-là ?

— Il y aura sans doute une autre évolution, un autre équilibre, une autre dissolution. Voilà l'enseignement de la Science ; voilà sa loi infinie.

— Mais alors cette vie ressuscitée ne sera jamais une vie nouvelle. Ne sera-t-elle pas plutôt infiniment vieille ? Car, aussi sûrement que ce qui est doit être éternellement, ce qui sera aura été éternellement. De même qu'il ne peut y avoir de fin, il ne peut y avoir de commencement ; le temps même n'est qu'une illusion, et il n'y a rien de nouveau sous cent millions de soleils. La mort n'est point la mort, ni un repos, ni la fin de la douleur, mais la plus effroyable des moqueries. Il n'existe aucun moyen d'échapper à cet infini tourbillon de douleur. Nous avez-vous rendus plus sages, ô Science de l'Occident, que ne l'est ce paysan aux sandales de paille ? Il sait tout cela ! Encore tout enfant, les prêtres qui lui enseignèrent à écrire à l'école du temple bouddhiste, lui ont appris certaines choses sur ses naissances innombrables, et aussi sur l'apparition et la disparition des univers, et l'unité

de la vie. Ce que vous avez découvert mathé-
matiquement, était connu de l'Orient bien avant
la venue du Bouddha. Comment ? Qui pourrait
le dire ?... Peut-être des souvenirs ont-ils survécu aux ruines des univers ? De toute façon,
votre affirmation est infiniment vieille : vos
méthodes seules sont nouvelles, et ne servent
qu'à confirmer les anciennes théories du Cosmos, et à compliquer de nouveau les compli-
cations de l'Eternelle Enigme.

A cela l'Occident riposte :
— Non pas ! J'ai discerné le rythme de cette
action éternelle par quoi les mondes sont for-
més et dissipés ; j'ai deviné les Lois de la Douleur, qui développent toute existence sensible,
les Lois de la Douleur qui développent la pensée. J'ai découvert et proclamé les moyens par
lesquels la tristesse pouvait être diminuée ; j'ai
enseigné la nécessité de l'effort, et le devoir le
plus élevé de la vie. Et sûrement la connaissance
du devoir de la vie est pour l'homme celle qui
a le plus de valeur ?
— Peut-être. Mais la connaissance de la nécessité et du devoir tels que vous les avez pro-
clamés est une connaissance beaucoup plus ancienne que vous. Ce paysan japonais la connut
probablement il y a cinquante mille ans, sur
cette même planète, et peut-être aussi sur d'au-

tres planètes, depuis longtemps disparues en
des cycles oubliés par les dieux mêmes. Si c'est
cela l'Oméga de la Sagesse Occidentale, l'homme
aux sandales de paille est notre égal, en savoir, bien qu'il soit classé par le Bouddha parmi
les ignorants, parmi ceux « qui peuplent éternellement les cimetières ».

— Il ne peut savoir, déclare la Science. Tout
au plus, il croit, ou s'imagine croire. Même ses
prêtres les plus sages ne peuvent rien confirmer.
Seule j'ai prouvé ; seule j'ai fourni une preuve
absolue. Et j'ai prouvé en faveur de la rénova-
tion éthique, quoique j'aie été accusée de le faire
en faveur de la destruction. J'ai défini la dernière limite impassable de la connaissance humaine, et j'ai également établi pour l'éternité
les fondations inamovibles de ce doute suprême
qui est sain, puisqu'il est la substance même de
l'espoir. J'ai démontré que même la plus infime
des pensées et des actions humaines, peut laisser un souvenir perpétuel, s'enregistrant dans
les vibrations invisibles qui passent jusqu'aux
éternités. Et j'ai établi les bases d'une nouvelle
moralité sur la vérité éternelle, quoique je n'aie
peut-être laissé aux anciennes croyances que
leur coquille vide.

— Vous avez fait cela aux croyances de l'Occident, oui ! Mais pas à la foi de cet Extrême-
Orient plus ancien ! Vous ne l'avez pas mesu-

rée ! Qu'importe que ce paysan ne puisse rien prouver, puisque vous nous avez déjà confirmé ce qui compose sa croyance ? Et il a une croyance qui dépasse la vôtre. On lui a appris que les actions et les pensées survivent aux hommes. On lui a enseigné que les actions et les pensées de chaque être, projetées au delà de l'existence individuelle, forment d'autres vies encore à naître : on lui a appris à contrôler ses désirs les plus secrets, à cause des possibilités incommensurables qu'ils récèlent. Et on lui a enseigné tout cela avec des paroles aussi franches, et des pensées aussi simplement tressées, que les brins de paille de son manteau de pluie. Qu'importe qu'il ne puisse prouver ses prémisses ? Vous les avez prouvées pour lui et pour le monde. En vérité, il ne possède qu'une théorie de l'avenir, mais vous avez fourni l'évidence irréfutable que cette théorie n'est point fondée sur des rêves. Et, puisque tous vos labeurs passés n'ont servi qu'à confirmer quelques-unes des croyances accumulées dans son esprit simple, est-ce une folie de présumer que vos labeurs futurs pourront aussi servir à démontrer la vérité de certaines de ses croyances que vous n'avez pas encore pris la peine d'examiner ?

— Comme, par exemple, l'idée que les tremblements de terre sont causés par un grand poisson?

— Ah ! ne raillez point ! Nos notions occidentales relatives à cet ordre de choses étaient tout
aussi imparfaites, il y a de cela seulement quelques générations. Non ! Je veux parler de l'ancienne doctrine que les actions et les pensées
ne sont pas simplement les incidents, mais les
causes créatrices de la vie. De même qu'il a été
écrit : *Tout ce que nous sommes est la conséquence de ce que nous avons pensé ; cela se
fonde sur nos pensées ; cela se compose de nos
pensées.*

IV

Et il me souvint d'une histoire étrange.

La foi commune aux gens du peuple qui
croient que les malheurs du présent sont les
effets de folies commises dans un état d'existence
précédent, et que les erreurs de cette vie in-
flueneeront la naissance future, est confirmée,
d'une façon curieuse par diverses superstitions
sans doute beaucoup plus anciennes que le
bouddhisme, mais qui ne sont pas en désaccord
avec sa parfaite doctrine morale.

La plus remarquable de ces croyances, est
peut-être celle qui admet que même nos mauvaises pensées les plus secrètes, peuvent exer-

cer une influence spirituelle sur *les vies d'autres personnes*.

La maison qu'occupe actuellement un de mes amis était jadis hantée. A la voir on ne le croirait point, car elle est fort claire, très jolie et relativement neuve. Elle n'a point de recoins obscurs ni de sombres cachettes. Elle est entourée d'un jardin, vaste et gai, comme le paysage de Kyushu; il ne contient pas de grands arbres derrière lesquels les fantômes pourraient se dissimuler. Et cependant cette maison était hantée, même en plein jour.

Apprenez d'abord qu'il existe en Extrême-Orient deux espèces de fantômes : les Shi-ryô, et les Iki-ryô. Les Shi-ryô ne sont que les esprits des morts, et ici, comme dans la plupart des pays, ils suivent leur habitude ancienne de ne revenir que la nuit. Mais les Iki-ryô, qui sont les esprits des vivants, peuvent se manifester à toute heure; ils sont beaucoup plus redoutables, car ils ont le pouvoir de tuer.

Or la maison dont je parle était hantée par un Iki-ryô.

L'homme qui l'avait fait construire était un fonctionnaire riche et considéré. Il projetait de faire de cette demeure le refuge de sa vieillesse, et lorsqu'elle fut achevée, il l'orna de beaux objets et il suspendit, aux rebords des toits, des clochettes qui tintaient au vent. Des artistes

habiles décorèrent le bois précieux de branches
fleuries de cerisier ou de prunier, de silhouettes
de faucons aux yeux d'or, perchés sur les crêtes
de sapins, de faons sveltes paissant à l'ombre
des érables, de canards sauvages s'ébattant dans
la neige, de hérons s'essorant, de fleurs d'iris
épanouies, et de singes aux longs bras qui
cherchaient à atteindre la face de la lune reflé-
tée par l'eau, — en un mot de tous les symboles
des saisons, et du bonheur.

Le possesseur de cette demeure était certes
un homme heureux ; il connaissait cependant un
chagrin : il n'avait pas de fils. Donc, avec le consentement de son épouse, et suivant l'antique
coutume, il accueillit à son foyer une étrangère
afin qu'elle lui donnât un enfant, — c'était une
jeune femme venue de la campagne à qui l'on fit
de belles promesses. Lorsqu'elle eut mis au
monde un fils, on la renvoya, et une nourrice
fut engagée pour s'occuper du bébé, afin qu'il
ne regrettât point sa vraie mère. Tout ceci avait
été convenu d'avance, mais, quand la jeune
femme fut congédiée, toutes les promesses qui
lui avaient été faites n'avaient pas été acquit-
tées.

Peu de temps après, l'homme riche tomba
malade ; son état s'aggrava de jour en jour, et
son entourage déclara qu'il y avait un Iki-ryô
dans la maison. Des médecins habiles firent

tout ce qui était en leur pouvoir pour le guérir ; mais il s'affaiblissait toujours davantage, et ils durent avouer enfin qu'il ne leur restait aucun espoir. L'épouse fit alors des offrandes à l'Uji-gami [1], et elle adressa des prières aux dieux. Mais les dieux répondirent : « Il mourra à moins qu'il n'obtienne son pardon d'une personne qu'il a lésée, et qu'il répare en consentant une juste amende, le mal qu'il a causé. Car il y a un Iki-ryô dans votre demeure. »

Alors le malade se souvint, et sa conscience le tourmenta ; il dépêcha des serviteurs pour ramener chez lui celle qu'il avait renvoyée. Mais la jeune femme s'en était allée, on ne sait où ; elle était perdue parmi les quarante millions d'habitants de l'Empire. La maladie de l'homme riche s'aggravait toujours ; toutes les recherches restaient vaines, et les semaines s'écoulaient. Un jour enfin, un paysan s'approcha de la grille, et déclara savoir où la femme se trouvait ; il dit aussi qu'il irait à sa recherche si on lui donnait les moyens d'entreprendre le voyage. Mais en entendant cela, le malade s'écria : — Non ! Elle ne me pardonnerait jamais du plus profond de son cœur : cela lui serait impossible. Il est trop tard !

Et il expira.

1. Temple paroissial shintoïste.

La veuve, les parents et le petit garçon aban-
donnèrent la maison, et des étrangers vinrent
l'habiter.

Le plus curieux c'est qu'il se trouva des gens
pour blâmer la mère de l'enfant, responsable
de la hantise.

Je trouvais cela très étrange au début. Je ne
m'étais pas fait une opinion personnelle sur les
torts de chacun : elle m'eût été difficile, car je
ne parvenais pas à connaître tous les détails de
l'aventure. Pourtant la réprobation de ces gens
m'étonnait.

Pourquoi ? simplement parce qu'il n'y a rien
de voulu dans l'envoi d'un Iki-ryò. Il n'y a en
cela aucune sorcellerie. L'Iki-ryò s'extériorise
sans que la personne dont il est l'émanation en
sache rien [1]. Vous comprendrez maintenant
pourquoi la condamnation de la jeune femme
me parut si étrange.

Mais vous ne sauriez deviner la solution du
problème. Elle est d'ordre religieux, et procède
de conceptions totalement inconnues en Occident. On ne reprochait pas à la jeune femme
dont émanait le Iki-ryò d'être une sorcière ; ils
ne supposaient même pas qu'elle eût pu avoir

1. Il existe cependant une espèce de sorcellerie à laquelle
on attribue le pouvoir d'envoyer des *choses*, mais pas des
Iki-ryò.

connaissance de l'existence du fantôme. Ils
sympathisaient même avec ce qu'ils estimaient
être son juste grief. Ce dont ils la critiquaient,
c'était d'avoir ressenti trop de colère, de n'avoir
pas contrôlé suffisamment son ressentiment
silencieux, *car elle aurait dû savoir que la co-*
lère, si on s'y complait en secret, peut avoir des
conséquences spirituelles.

Je ne demande à personne d'admettre la possibilité de l'existence des Iki-ryô. Mais on peut
les considérer comme des personnalités agis-
santes de la conscience. De sorte que cette su-
perstition par l'influence qu'elle exerce, a certainement une valeur morale. Elle a peut-être
une valeur psychologique. Qui peut vraiment
nous assurer que les mauvais désirs secrets,
les ressentiments dissimulés, les haines mas-
quées n'exercent point une action au delà de la
volonté qui les conçoit et qui les nourrit ? Ces
paroles du Bouddha n'ont-elles pas un sens
plus profond que les axiomes analogues des
morales de l'Occident : « *La haine ne cède ja-*
mais à la haine. La haine ne cède qu'à l'amour.»
Et c'est là un précepte fort ancien. Il était déjà
très ancien du temps du Bouddha. De nos jours
on dit : « Chaque fois que vous ne ressentez
point le mal qui vous est fait, c'est autant de
mal qui meurt dans le monde. » Mais est-ce
bien certain ? Sommes-nous sûrs qu'il suffit de

ne pas le ressentir? L'impulsion motrice créée
en nous par le sentiment d'un tort peut-elle
être annulée simplement par l'inaction volontaire de la personne lésée? Une force peut-elle
mourir? Les forces que nous connaissons ne
peuvent qu'être transformées. Il se peut que
cela soit également vrai des forces que nous ignorons ; c'est au nombre de celles-ci que sont la
Vie, la Sensation, et la Volonté, tout ce qui
compose le mystère infini dénommé le Moi.

V

— Mon devoir, répond la Science, est de sys-
tématiser l'expérience humaine, et non de rêver
à des fantômes. Et, même au Japon, l'opinion
contemporaine défend ma méthode. Qu'enseigne-t-on là, dans ce collège au-dessous de nous,
mes doctrines, ou bien celles de l'Homme aux
Sandales de Paille?

Alors le Bouddha de Pierre et moi, nous re-
gardons ensemble l'Université qui s'étend à nos
pieds, et, comme nous le contemplons, le sourire du Bouddha me semble changer d'expression, et devenir un sourire ironique... Peut-être
est-ce l'effet du déclin de la lumière? Cependant
il considère la forteresse d'un ennemi plus que
redoutable. Dans tout ce que ces trente-trois

professeurs apprennent aux quatre cents étudiants, il n'y a rien de religieux ; c'est uniquement un enseignement des faits, ce sont les résultats précis d'une méthodique expérience humaine. Et je suis absolument convaincu que si j'interrogeais ces trente-trois professeurs sur les doctrines du Bouddha (à l'exception d'un cher vieillard de soixante-dix ans, le professeur de chinois), aucun ne pourrait me répondre : ils appartiennent tous à la nouvelle génération ; ils pensent que de tels sujets sont bons pour les Hommes aux Manteaux de Paille ; ils estiment qu'en cette vingt-sixième année du Meiji, un savant ne doit s'occuper que des données de la science expérimentale. Pourtant cette science ne nous éclaire nullement sur les trois points suivants : « D'où venons-nous ? » « Où allons-nous? » « Pourquoi sommes-nous? »

« *Les lois de la Vie procèdent d'une cause ; la cause de ces lois a été expliquée par le Bouddha comme il a expliqué leur relativité. Et le grand Çramana*[1] *est le maître de ces vérités.* »

Et je me demande : l'enseignement de la Science devra-t-il effacer au Japon jusqu'au souvenir de l'enseignement du Bouddha?

— Quant à cela, répond la Science, le droit

---

1. Çramana signifie ascète, c'est ici le Bouddha qui est désigné sous le nom de « grand ascète ». (Note du Traducteur.)

de vivre pour une Foi ne se justifie qu'autant qu'elle sait accepter et utiliser mes conclusions. La Science n'affirme pas ce qu'elle ne peut prouver ; elle ne nie pas ce qu'elle ne peut rationnellement réfuter. Elle reconnaît et déplore comme une nécessité de l'esprit humain le vain souci de l'Inconnaissable. Vous et l'Homme au Manteau de Paille pouvez vous livrer à votre méditation sur ce sujet tant que vos théories avanceront en lignes parallèles avec mes décennales : mais pas autrement.

Et, cherchant l'inspiration dans l'ironie infinie du sourire du Bouddha, je cherche parallèlement à la science.

VI

Toute la science moderne, tout l'enseignement scientifique, tendent à cette conclusion finale que l'Inconnaissable, de même que le Brahma de l'ancienne Pensée Indoue, est inaccessible à la Prière. Beaucoup d'entre nous peuvent penser que la Foi Occidentale doit disparaître à jamais, nous abandonnant à nos propres ressources, lorsque nous aurons atteint notre virilité intellectuelle, de même que la mère la plus tendre doit enfin livrer ses enfants à eux-

mêmes. Ce jour lointain, la Foi Occidentale
aura accompli toute son œuvre ; elle aura entièrement développé notre connaissance de certaines lois spirituelles et éternelles ; elle aura
complètement mûri nos sympathies humaines
les plus profondes ; elle nous aura complètement préparés, par ses paraboles et ses contes
de fées, par ses mensonges les plus doux, à connaître la terrible vérité de l'existence : à savoir
qu'il n'y a pas d'amour divin, sauf l'amour que
l'homme porte à l'homme, qu'il n'y a pas de
Père Éternel, de Sauveur, ni d'Ange Gardien, et
que nous n'avons nul refuge possible, sauf en
nous-mêmes.

Cependant, même en ce jour étrange, nous
aurons seulement posé le pied par hasard sur
le seuil de la révélation faite par le Bouddha,
il y a tant de siècles passés :

« *Soyez pour vous-mêmes des lampes ; soyez
pour vous-mêmes un refuge ; ne cherchez point
d'autres refuges. Les Bouddhas ne sont que des
maîtres. Cramponnez-vous à la vérité comme à
une lampe ; cramponnez-vous à la vérité comme
à un refuge. Ne cherchez point de refuge sauf en
vous-mêmes.* »

Ces paroles nous étonnent-elles ? Cependant
la perspective d'un réveil aussi vain après notre

long et beau rêve d'aide et d'amour célestes, ne
serait point pour l'homme la plus sombre des
perspectives possibles. Il en existe une encore
plus tragique qui fut également prédite par la
philosophie de l'Orient. La Science peut nous
tenir en réserve des découvertes infiniment
plus effrayantes que la réalisation du rêve de
Richter, — du rêve des enfants morts qui cher-
chent en vain leur père Jésus. Même dans la
négation du matérialiste il y avait une foi con-
solatrice, — l'assurance en soi de l'anéantisse-
ment individuel, de l'oubli éternel. Mais pour
le penseur d'aujourd'hui il n'existe point de foi
pareille. Il nous est peut-être réservé de découvrir, lorsque nous aurons dominé tous les problèmes qui se posent sur cette sphère minuscule, que de nouveaux problèmes se dressent
au-delà —, des problèmes plus vastes qu'aucun
système de mondes, — plus importants que tout
le Cosmos inconcevable avec ses centaines de
millions de systèmes ; il nous faudra peut-être
comprendre que notre tâche ne fait que commencer, et qu'il ne nous sera jamais donné
nulle aide, sauf l'aide inconcevable et inexprimable du Temps. Il nous sera peut-être donné
de deviner que le tourbillon infini de la Mort
et de la Vie, auquel nous ne pouvons échapper,
n'est que notre propre création, n'est que notre
propre vouloir ; que les forces qui *intègrent* les

mondes ne sont que les erreurs du Passé ; que la douleur éternelle n'est que l'éternelle convoitise de l'insatiable désir ; et que les soleils éteints ne sont rallumés que par les passions inextinguibles des vies disparues.

JIUJUTSU

L'homme à sa naissance est flexible et faible ; à sa mort, inflexible et fort. Il en est ainsi de toutes choses. L'inflexibilité et la force sont concomitantes de la mort ; la flexibilité et la faiblesse sont concomitantes de la vie. Donc celui qui se fie à sa propre force ne vaincra point.

TAO-TE-KING.

I

Sur la propriété du Collège du Gouvernement, il y a un bâtiment très différent des autres. Si les fenêtres à coulisses dont il est pourvu n'étaient en verre au lieu d'être en papier, il pourrait passer pour essentiellement japonais. Ce bâtiment, d'un étage, est long et large ; il ne contient qu'une salle immense, dont le parquet surélevé est couvert de cent nattes épaisses. Son nom est également japonais : Zuihôkwan, ce qui signifie « Le Hall de Notre Sainte Patrie » ;

et les caractères chinois qui forment ce mot
furent peints, sur la tablette placée au-dessus
de l'entrée, par la main d'un prince du sang
impérial. A l'intérieur il n'y a point de meubles ;
rien qu'une autre tablette, et deux tableaux qui
pendent au mur. L'un représente la célèbre
« Bande du Tigre Blanc », composée de dix-
sept jeunes gens courageux qui cherchèrent
volontairement la mort par loyalisme, lors de
la Guerre Civile. L'autre est un portrait à l'huile
du vieux et très aimé professeur de chinois,
Akizuki de Aidzu, qui, dans sa jeunesse, fut un
guerrier renommé, alors que l'on exigeait bien
plus d'un soldat et d'un gentilhomme. Et la
tablette porte des caractères chinois tracés par
le Comte Katsu qui signifient : « La Science profonde est la meilleure des possessions. »

Mais quelle est la science enseignée dans cette
immense salle non meublée ? C'est ce qu'on
appelle le Jiujutsu. Et qu'est-ce que le Jiujutsu ?

Il me faut avouer que je ne connais pratiquement rien du Jiujutsu. On doit en commencer
l'étude très jeune, et continuer à s'y exercer
fort longtemps. Pour y exceller, il faut sept
années d'entraînement constant, même si l'on
est doué d'aptitudes tout à fait remarquables.
Je ne puis donner aucune description détaillée
du Jiujutsu, mais je puis faire quelques observations générales à propos de son principe.

Le Jiujutsu est l'ancien art samuraï de combattre sans armes. Pour les non-initiés cela
ressemble à la lutte. S'il vous advenait de pé-
nétrer au Ziuhôkwan pendant une séance de
Jiujutsu, vous y verriez une foule d'étudiants
regardant quelques-uns de leurs camarades,
qui, dévêtus, nu-pieds et souples, se jettent les
uns les autres à terre. Le silence intense vous
semblerait étrange. Pas un mot n'est prononcé,
aucun signe d'approbation ou d'amusement
n'est donné. L'impassibilité est rigoureusement
exigée par les règles de l'École de Jiujutsu. Et
c'est probablement le calme, l'imperturbabilité,
de cette assemblée qui vous paraîtraient le côté
le plus remarquable de cet exercice.

Un lutteur de profession discernerait autre
chose. Il constaterait que ces jeunes gens sont
très prudents dans le déploiement de leur force,
et que leurs façons de se saisir et de se terrasser sont à la fois étranges et risquées. Malgré
les précautions prises, il estimera que toute la
« performance », est un exercice dangereux,
et il sera peut-être tenté de conseiller l'adoption des règles de la lutte « scientifique » de
l'Occident.

Toutefois le véritable Jiujutsu, — et non le
jeu ainsi dénommé, — est encore beaucoup
plus périlleux qu'un athlète occidental ne pourrait le croire à première vue. Le maître, tout

mince et frêle qu'il paraisse, l'emporterait, sans doute, en quelques minutes sur un lutteur ordinaire. Le Jiujutsu n'est pas un art de parade; ce n'est pas un entraînement pour le genre d'agilité que l'on exhibe devant des spectateurs; c'est un art de défense dans le sens le plus exact du terme : c'est un art de combat. Un homme habile en cet art peut, en un instant, mettre un adversaire non exercé *hors de combat.* Par quelque terrible tour de main il déboîte soudain une épaule, disloque une jointure, fait éclater un tendon, ou brise un os, sans nul effort apparent. C'est bien plus qu'un athlète; c'est un anatomiste. Il connaît aussi les coups qui tuent, — comme la foudre. Mais il a fait le serment de ne jamais révéler cette science fatale, sauf en des conditions qui en rendraient l'abus presque impossible. La tradition exige que ces secrets ne soient confiés qu'à des hommes parfaitement maîtres d'eux-mêmes, et d'un caractère inébranlable.

Cependant le fait sur lequel je désire attirer l'attention est celui-ci : le professeur de Jiujutsu ne s'en remet jamais à sa propre force. Il fait à peine usage de sa propre énergie, même dans les cas les plus graves. De quelle force se sert-il donc? Tout simplement de celle de son adversaire. La vigueur de l'ennemi est l'unique moyen par où cet ennemi sera terrassé. L'art du Jiujutsu vous enseigne à tirer d'elle seule la victoire ; plus elle est grande, moins cela vaut pour l'adversaire, et mieux cela vaut pour vous. Je me souviens d'avoir été très étonné un jour, lorsqu'un des plus célèbres maîtres de cet art [1] me dit qu'il éprouvait une grande difficulté à instruire un élève excessivement vigoureux, que j'avais naïvement cru être le meilleur de la classe. Comme je lui en demandais la raison, il me répondit : « Parce qu'il se fie à son énorme force musculaire, et qu'il s'en sert. »

Du reste le terme Jiujutsu signifie : « *conquérir en cédant* ».

Je crains, sur ce sujet, de ne rien pouvoir expliquer : je ne puis que suggérer. Tout le monde sait ce que c'est qu'un « contre » en termes de boxe. Cela ne me fournit pas une comparaison exacte, parce que le boxeur qui contre, oppose toute sa force à l'élan de son adversaire, tandis qu'un expert en Jiujutsu fait précisément le contraire. Il existe cependant cette ressemblance entre l'action de contrer en boxe, et le fait de céder en Jiujutsu : dans les deux cas, le mal est fait par l'élan même de celui qui est atteint. J'ose dire, en somme, qu'il y a, dans le Jiujutsu, un contre pour chaque

1. Kano Jigoro. M. Kano publia, il y a quelques années, dans les *Transactions of the Asiatic Society*, une très intéressante étude sur l'histoire du Jiujutsu.

torsion, tiraillement, secousse, effort ou flexion ;
seulement l'expert en Jiujutsu ne s'oppose point
à ces mouvements. Non. Au contraire, il cède
devant eux. Et il fait encore plus que de céder ;
il les aide, il les facilite avec une adresse dia-
bolique, qui amène l'adversaire à se déboîter
l'épaule, à se fracturer le bras, et, dans les cas
les plus graves, à se casser le cou ou les reins.

II

Il vous est déjà possible de comprendre,
après cette très vague explication, que ce qu'il
y a de surprenant dans le Jiujutsu ne réside
pas dans la plus grande agilité du professeur
le plus consommé, mais dans l'idée purement
orientale que tout cet art exprime. Quel cerveau
occidental aurait pu élaborer l'étrange enseignement suivant : ne jamais opposer la force à
la force, mais seulement diriger et utiliser cette
puissance d'attaque ; terrasser l'adversaire simplement par sa propre vigueur, le vaincre par
son propre effort ? Sûrement aucun ! Le cerveau occidental semble travailler en lignes droi-
tes ; l'oriental, en des cercles et des courbes
merveilleux. Et cependant quel beau symbole
il y a là de l'Intelligence triomphant de la force

brutale ! Le Jiujutsu est encore bien autre chose
qu'un art de se défendre ; c'est un système phi-
losophique ; c'est un système éthique, — (j'ai
omis de dire qu'une grande partie de l'entraînement pour le Jiujutsu est purement moral), —
et c'est, avant tout, l'expression du génie d'une
race, que les Puissances qui rêvent d'étendre
toujours plus leur pouvoir en Orient, ne devi-
nent encore que vaguement.

Il y a vingt-cinq ans, et même plus récemment, des étrangers auraient pu prédire avec
toute apparence de raison, que le Japon adop-
terait non seulement les vêtements, mais aussi
les coutumes de l'Occident ; non seulement nos
moyens de communications, faciles et rapides,
mais aussi nos principes d'architecture : non
seulement nos industries et nos sciences appliquées, mais aussi nos métaphysiques et nos
dogmes. Les uns croyaient sincèrement que le
pays s'ouvrirait bientôt à la colonisation étrangère, que le capital occidental serait tenté,
grâce à des privilèges extraordinaires, d'aider
au développement des ressources du pays, et
même que la nation proclamerait sa soudaine
conversion à ce que nous appelons le Christianisme. De telles convictions résultaient de l'ignorance, — inévitable mais absolue, — du caractère nippon, de ses facultés profondes, de sa

prévoyance, et de son immémorial esprit d'indépendance. Personne ne supposa un seul instant que le Japon ne faisait que pratiquer le Jiujutsu ; et même, à cette époque-là, personne n'avait jamais entendu parler du Jiujutsu !

Et cependant, tout cela n'était vraiment que du Jiujutsu.

Le Japon adopta le système militaire de la France et de l'Allemagne, et il est prêt, aujourd'hui, à mettre sur pied une force disciplinée de 250.000 hommes [1], renforcée par une artillerie formidable. Il créa une marine puissante, comprenant quelques-uns des plus beaux cuirassés du monde, et modelant son organisation navale d'après les enseignements qui lui venaient de la France et de l'Angleterre. Il établit des chantiers de construction, sous une direction française, et bâtit, ou acheta des navires pour transporter ses produits en Corée, en Chine, à Manille, au Mexique, aux Indes, et aux tropiques du Pacifique. Il construisit, dans un but à la fois militaire et commercial, près de deux mille cinq cents kilomètres de voies ferrées. Il créa, grâce à l'aide américaine et anglaise, le système télégraphique et postal qui est le plus pratique et le moins coûteux du

1. Lafcadio Hearn écrivit cette étude en 1893, puis la remania en 1895.

monde entier. Il éleva des phares, qui valent à
ses côtes la réputation d'être les mieux éclai-
rées des deux hémisphères ; il mit en pratique
un service de signaux qui n'est pas inférieur à
celui des États-Unis. A l'Amérique, le Japon
emprunta le téléphone, et les méthodes perfectionnées d'éclairage électrique. Il institua ses
écoles communales d'après une étude appro-
fondie des écoles de France, d'Amérique, et
d'Allemagne, mais il les régla de façon à les
harmoniser parfaitement avec ses propres institutions. Il organisa sa police d'après celle de
la France, mais la modela de manière à la conformer absolument à toutes ses nécessités sociales particulières. Au début il importa des
machines pour ses mines, ses moulins, ses che-
mins de fer, et ses armureries, et il eut recours
aux services de nombreux techniciens étrangers.
Mais aujourd'hui il renvoie tous ses maîtres.
Dire tout ce que le Japon a fait, et tout ce qu'il
est en train de faire nécessiterait un volume. Il
suffit donc d'affirmer qu'il a choisi et adopté le
meilleur de tout ce que représentent nos industries, nos sciences appliquées, et notre expérience économique, financière et juridique,
ne s'emparant que des résultats les plus élevés,
et modifiant invariablement ses emprunts de
façon à les adapter à ses besoins.

Or, le Japon n'a rien adopté de tout cela par

simple instinct d'imitation. Au contraire, il n'a
approuvé et pris que ce qui peut l'aider à développer sa puissance. Il s'est mis à même de se
dispenser de toute instruction technique étrangère, et, grâce à la plus subtile des législations,
il a conservé en son pouvoir toutes ses ressources
originales. Mais il n'a point adopté les vêtements, les coutumes, l'architecture ni la religion
de l'Occident, puisque leur introduction, — et
surtout celle de la religion, — aurait diminué
sa force, au lieu de l'augmenter. Malgré ses
voies ferrées et ses lignes de vapeurs, ses télé-
graphes et ses téléphones, son service postal,
son artillerie et ses fusils à répétition, malgré
ses universités et ses écoles techniques, le Japon
reste tout aussi oriental qu'il l'était il y a dix
siècles. Il a réussi à demeurer lui-même, et à
bénéficier autant que possible de la vigueur de
l'ennemi. Il s'est défendu, — et il se défend
encore, — par le plus admirable système de
défense que l'on ait jamais conçu, par un merveilleux Jiujutsu national.

III

Je viens d'ouvrir devant moi un album qui
date de plus de trente années. Il contient des

photographies prises à l'époque où le Japon commençait à essayer les vêtements et les coutumes de l'Occident. Ce sont tous des portraits de Samuraïs ou de daymiòs, et certains ont une certaine valeur historique, ils marquent les degrés de l'influence étrangère sur les modes indigènes.

Les partisans de l'organisation militaire furent, bien entendu, les premiers sensibles à la nouvelle influence, et ils ont tenté quelque compromis bizarres entre la tenue occidentale et celle de l'Orient. Plus d'une douzaine de photographies représentent des chefs féodaux entourés de leurs vassaux. Tous sont vêtus de curieux costumes imaginés par eux. Ils ont arboré des redingotes, des pantalons et des gilets de coupe occidentale ; mais, sous l'habit ils portent encore la longue ceinture de soie, ou *obi*, et cela uniquement afin de tenir leurs sabres. (Car les Samuraïs ne furent jamais au sens littéral du mot des *traîneurs de sabre*[1], et leurs armes formidables mais exquisement ciselées, ne furent jamais faites pour être pendues au côté ; elles étaient trop longues pour être portées à la façon occidentale.) Le tissu des redingotes est de drap fin ; mais les Samuraïs ne veulent point renoncer à leurs *mon*, ou armoiries, et ils s'éver-

1. En français dans le texte.

tuent à les adapter à leurs nouveaux atours
grâce à d'étranges artifices. L'un a recouvert les
revers de son habit de soie blanche, sur laquelle
son emblème de famille est peint ou brodé six
fois, — trois *mon* sur chaque revers. Tous, ou
presque tous, ont des montres européennes, aux
breloques clinquantes, et l'un d'eux examine
son chronomètre avec curiosité : c'est sans doute
une acquisition toute récente. Ils sont tous,
aussi, chaussés de bottines occidentales, à élas-
tiques. Mais aucun ne semble encore avoir
adopté définitivement l'abominable chapeau européen, qui, malheureusement, devait devenir
très populaire à une époque plus récente. Ils
conservent encore le *jingasa*, ces Samuraïs dont
je regarde les portraits, — le solide couvre-chef
en bois, surchargé de laque or et rouge. Le
jingasa et la soyeuse ceinture demeurent les
seules parties satisfaisantes de leur surprenant
accoutrement. Les pantalons et les redingotes
leur vont mal ; les bottines leur infligent de
lentes tortures ; tous ceux qui en sont affublés
ainsi ont un air gêné, fripé, piteux, que l'on ne
peut décrire. Non seulement ils se sentent ainsi
privés de leur liberté de mouvement, mais ils
ont conscience de ne pas paraître à leur avantage. Ces incongruités ne sont pas suffisamment
grotesques pour qu'on puisse en rire ; elles sont
simplement laides et pénibles. Quel étranger,

à cette époque, eût pensé que les Japonais allaient perdre, à tout jamais, leur goût si artistique et si délicat pour la toilette.

D'autres photographies illustrent des résultats encore plus étonnants de l'influence étrangère. Voici des Samuraïs qui refusent de se conformer aux modes occidentales, mais qui en sont venus à une compromission, et participent à la nouvelle manie en portant un *haori* et un *hakama* taillés dans le drap anglais le plus fin et le plus coûteux, bien que cette étoffe ne convienne nullement à un tel usage, à cause de son poids et de son manque d'élasticité.

C'est certainement un soulagement esthétique que de passer de ces portraits à ceux de quelques conservateurs qui résistèrent à la mode nouvelle, et qui gardèrent leur costume de guerre national jusqu'à la fin. Voici des *nagabakama* portés par des cavaliers, les *jin-baori*, ou manteaux de guerre, superbement brodés, les *kamishimo*, des cottes de mailles, et des armures complètes. Voici encore différentes formes de *kaburi*, l'étrange mais imposante coiffure portée autrefois par les princes et les Samuraïs, structure légère et bizarre faite d'une étoffe noire assez semblable à une toile d'araignée. Et tout cela c'est de la beauté, ou plutôt c'est la grâce terrible de la guerre.

Mais la dernière photographie de la collection

surpasse toutes les autres. Elle représente un
admirable jeune homme au regard d'aigle, superbe et menaçant: Matsadaira-Buzen-no-Kami,
dans toute la magnificence d'un costume de
guerre féodal. Une de ses mains tient l'insigne,
aux glands d'or, du chef d'armée ; l'autre re-
pose sur la merveilleuse poignée de son épée.
Son casque est un miracle étincelant ; l'acier
qui couvre ses épaules et sa poitrine fut travaillé
par des armuriers dont les noms sont célèbres
dans tous les musées de l'Occident. Les corde-
lières de son manteau de guerre sont en or, et
un magnifique habit de lourde soie, dont les
broderies figurent tour à tour des ondes et des
dragons, coule de sa taille jusqu'à ses pieds,
telle une tunique de feu. Et cela n'est point un
rêve : cela a existé. Je considère là, sous son
aspect le plus éblouissant, le type du véritable
héros de la vie féodale. Et cet homme paraît
flamboyer, parmi tout cet or et toute cette soie.
Il semble un splendide scarabée iridescent, —
mais malgré son chatoiement de joyaux, c'est
un Scarabée de Guerre, tout cornes, mandibules
et menaces.

IV

Quelle chute immense de la splendeur princière du costume féodal tel que porté par Matsudaira-Buzen-no-Kami, aux vêtements surprenants de la période de transition! Certes on a pu croire que le costume traditionnel et le goût national de la parure étaient condamnés à disparaître. Lorsque la Cour Impériale adopta, un moment, les modes parisiennes, peu d'étrangers ont douté que la nation entière ne fût sur le point de changer de costume. En réalité, il se manifesta dans toutes les villes un engouement passager pour les modes occidentales. Les journaux illustrés d'Europe y trouvèrent un prétexte à images amusantes, et c'est ce qui donna l'impression que le pittoresque Japon s'était transformé, qu'il n'était plus qu'un pays de laideur où régnaient les « tweeds » voyants, les chapeaux à *tuyaux de poêle*, et les habits *en queue d'hirondelle*. Mais aujourd'hui, dans la capitale, sur mille passants vous en verrez à peine un vêtu à l'européenne, plus bien entendu les militaires en uniforme, les étudiants, et les agents de police. En somme, le succès momentané des modes européennes ne fut qu'un essai tenté par les Japonais en eux-mêmes, mais cet

essai ne donna pas ce qu'en attendait l'Occident. Le Japon n'a adopté certains uniformes
occidentaux [1] pour son armée, sa marine et sa
police, que parce qu'il les jugea mieux adap-
tés à l'exercice de ces professions. Sans doute
aussi le vêtement de ville a été adopté par le
monde officiel japonais, mais il n'est porté que
pendant les heures de travail, dans les édifices
de construction occidentale, meublés de chaises
et de bureaux modernes [2]. Le général, l'amiral,
le juge, l'inspecteur de la sûreté, reprennent
chez eux le costume national. Les professeurs
et les étudiants dans tous les collèges, sauf dans
les écoles primaires, sont tenus de porter l'uniforme, parce que l'instruction qu'ils reçoivent
est en partie militaire. Mais cette obligation,
jadis rigoureuse s'est considérablement relâ-

---

1. La seule erreur sérieuse commise par le Japon en cet
ordre d'idées a été d'introduire l'usage de souliers de cuir dans
son infanterie. Les beaux pieds des jeunes gens accoutumés à
la liberté des sandales, et ignorant ce que nous dénommons
cors, ou œils-de-perdrix, souffrent cruellement par ces chaussures. On leur permet cependant de porter des sandales pendant
les longues marches et il se peut même que l'on renonce aux
souliers. Avec des sandales un jeune Japonais peut marcher
ses trente milles par jour, sans fatigue.

2. Un Japonais très cultivé fit textuellement cette observation à un de mes amis : « La vérité est que le costume occidental nous déplaît. Nous l'avons revêtu, momentanément de même
que certains animaux prennent des teintes particulières à certaines saisons : pour se protéger. »

chée ; dans bien des collèges l'uniforme n'est plus obligatoire que pendant l'heure de la parade et pendant certaines cérémonies. Les étudiants des universités de Kyûshû, — à l'exception de ceux de l'école normale, — sont libres de porter leurs robes, leurs sandales et leurs immenses chapeaux de paille lorsqu'ils ne sont pas en parade. Mais partout, après les heures de classe, professeurs et élèves reprennent chez eux leurs kimonos et leurs ceintures en crêpe de soie blanc.

En somme, le Japon a bien repris son costume national et il faut espérer qu'il ne l'abandonnera plus. Non seulement c'est l'unique genre d'habillement qui soit parfaitement conforme à ses habitudes domestiques, mais c'est peut-être aussi le plus digne, le plus confortable, le plus sain qui existe. Sous certains rapports, cependant, les modes nationales ont varié durant l'ère de Meiji bien plus que pendant les ères précédentes ; mais cela provient presque uniquement de la suppression de la caste militaire. La coupe et la forme ont à peine changé ; les couleurs se sont renouvelées. Le goût délicat de la race se révèle encore dans les belles teintes, et les dessins des étoffes de soie ou de coton tissées pour les vêtements. Mais les tons sont plus discrets, les nuances sont plus foncées que ceux de la génération pré-

cédente. Le costume national, dans toutes ses
variétés, même dans la mise gaie et voyante des
jeunes filles et des enfants, est d'un coloris bien
plus sombre qu'à l'époque féodale. Les merveilleuses robes d'autrefois, aux couleurs éblouis-
santes, ont disparu ; on ne peut plus les admirer
aujourd'hui que sur les théâtres, et dans ces
curieux livres d'images qui illustrent les belles
et fantastiques visions du drame classique japonais, où survit le Passé.

V

L'abandon du costume national entraînerait
du reste l'obligation coûteuse de changer presque toutes les coutumes traditionnelles. Le costume occidental ne convient absolument pas à
l'intérieur japonais, et rendrait l'attitude age-
nouillée ou accroupie familière aux Japonais,
fort incommode et pénible. L'adoption de vêtements occidentaux nécessiterait donc celle de
coutumes domestiques occidentales ; l'introduction dans le home de chaises, de tables, de che-
minées et de poêles (car, jusqu'à présent les
chauds vêtements en usages permettaient seuls
de se passer de ce confortable occidental), de
tapis, de vitres, en somme d'une multitude de

luxes dont le peuple nippon s'est toujours fort
bien passé. Dans une demeure japonaise il n'y
a pas de meubles, au sens européen de ce mot,
ni lits, ni tables, ni chaises. Il peut s'y trouver
une petite bibliothèque, ou plutôt une « boîte à
livres »; et il y a presque toujours deux bahuts,
dans un réduit dissimulé par des écrans à coulisses. Mais ces coffres diffèrent de tout meuble
européen. En règle générale, vous ne verrez rien
dans une chambre japonaise sauf un petit bra-
sier en bronze ou en porcelaine, destiné aux
fumeurs; suivant la saison, une natte ou un coussin qui servent d'agenouilloirs; et, dans l'alcôve,
simplement un tableau ou un vase à fleurs.
Depuis des milliers d'années la vie japonaise se
passe sur le plancher; celui-ci, doux comme un
matelas de crin et toujours d'une blancheur
immaculée, sert à la fois de couche, de table, et,
le plus souvent, de bureau, bien qu'il existe de
mignons petits écritoires d'un pied de haut. Et
la grande économie résultant de ces habitudes,
rend bien improbable qu'elles soient jamais
abandonnées, étant donné surtout l'accroissement de la population, et les difficultés de la
lutte pour la vie. Il ne faut pas oublier, non
plus, qu'il n'existe aucun précédent qu'un peuple de haute civilisation, tel que l'était le Japon
avant qu'il ne fût attaqué par la civilisation
occidentale, ait abandonné ses habitudes ances-

trales par pur esprit d'imitation. Ceux qui croient
que les Japonais ne sont que des imitateurs,
s'imaginent aussi que ce sont des sauvages. En
fait, ils ne sont pas du tout imitateurs ; mais ils
ont un pouvoir d'assimilation et d'adaptation
qui touche presque au génie.

Il est probable que l'étude attentive de matériaux de construction ininflammables, en usage
en Occident, amènera quelques changements
dans l'architecture municipale japonaise. Déjà,
dans certains quartiers de Tôkyô, il y a des rues
dont toutes les maisons sont en briques. Mais
ces demeures ne sont meublées que de nattes, à
l'ancienne mode, et leurs habitants se confor-
ment aux usages domestiques de leurs ancêtres.
Il est presque certain que l'architecture en bri-
que et en pierre japonaise ne sera pas une simple
copie des constructions occidentales ; elle trouvera sûrement des traits nouveaux et purement
orientaux d'un grand intérêt.

Les personnes qui se représentent les Japonais
comme dominés par une admiration aveugle
pour tout ce qui est occidental, s'attendent à
trouver dans les Ports Ouverts moins de manifestations essentiellement japonaises qu'à l'intérieur du pays : moins d'art architectural, de
costumes ou de mœurs nationaux ; et aussi
moins de temples, d'autels, ou de religion.
Mais cependant, c'est précisément le contraire

qui est la vérité. Il y a bien des édifices occidentaux, mais ils se trouvent le plus souvent sur les concessions étrangères, et ne servent qu'à des étrangers. Les exceptions ordinaires sont la Poste, les Douanes, et parfois quelques brasseries ou filatures de coton. Non seulement l'architecture japonaise est excellemment représentée dans les Ports Ouverts, mais elle y figure encore plus dignement qu'à l'intérieur. Les édifices se haussent, s'étendent et s'élargissent, mais ils demeurent plus orientaux que nulle part ailleurs. A Kobé, à Nagasaki, à Osaka, à Yokohama, tout ce qui est purement et particulièrement japonais, s'accentue comme en défi à l'influence étrangère. Celui qui a contemplé Kobé du haut de quelque toit à la terrasse très élevée, aura eu sous les yeux le meilleur exemple de ce que je veux exprimer : le charme et l'étrangeté d'un port japonais au XIXᵉ siècle : la mer bleue grise des toitures de tuiles cannelées et striées de blanc, l'infinité des pignons et des galeries de cèdre, et la multitude des inconcevables caprices et concetti de l'architecture. Et nulle part, sauf dans la Sainte Cité de Kyoto, vous n'assisterez avec plus d'intérêt à une cérémonie religieuse nationale ; et les *torii*, les autels, les temples et les symboles du Shintoïsme et du Bouddhisme qu'on y voit n'ont d'équivalent dans aucune cité de l'intérieur sauf à

Nara et à Sakyo. Non ! Plus on étudie les Ports
Ouverts, plus on sent que le génie de la race
du moins, ne cédera jamais volontairement à
l'influence occidentale que selon des règles du
Jiujutsu.

VI

L'hypothèse que le Japon allait bientôt an-
noncer au monde sa conversion au Christianisme, n'était pas aussi déraisonnable que d'autres conjectures. Cependant elle pouvait le paraître bien davantage. Il n'existait nul précédent
sur lequel fonder un tel espoir. Aucune race
orientale n'a encore été convertie au Christianisme. Même sous la domination britannique,
les œuvres merveilleuses de la propagande ca-
tholique aux Indes ont avorté. En Chine, après
des siècles de missions de vulgarisation, le seul
mot de Christianisme est haï, et non sans raison, puisque bien des agressions dirigées contre
la Chine ont été organisées au nom de la religion occidentale. Plus près de chez nous, nous
avons réalisé encore moins de progrès dans nos
efforts pour convertir les races orientales. Il n'y
a pas le plus faible espoir de convertir des
Turcs, des Arabes, des Maures, ou un peuple

de l'Islam : et le souvenir de la Société pour la Conversion des Juifs fait simplement sourire. Mais même en laissant de côté les races orientales, nous ne possédons à notre actif aucune conversion dont nous puissions nous vanter. Jamais dans l'histoire moderne le christianisme n'a réussi à faire admettre ses dogmes par un peuple ayant devant lui un avenir national. Le succès nominal [1] auprès de quelques tribus sau-

1. Nominal, parce que l'objet réel des missions est irréalisable. Toute cette question a été fortement résumée en quelques lignes par Herbert Spencer.

« Partout, en vérité, une tendance particulière, en matière de théologie, s'accompagnant de doctrines particulières, préjuge inévitablement de plusieurs questions sociologiques. Quiconque tient pour absolument vraie une croyance, et qui par conséquent, tient les nombreuses autres croyances pour absolument fausses, en tant qu'elles diffèrent de la sienne, celui-là ne peut envisager l'hypothèse de la relativité de la croyance. Que chaque système religieux, dans ses caractères généraux, puisse être une partie intégrante de la société où elle existe, c'est pour lui une conception inadmissible. Il croit que son système de théologie dogmatique convient à tous les pays et à tous les temps. Il ne doute pas qu'implanté parmi une horde de sauvages, il sera compris et apprécié par eux, et qu'il donnera en eux des résultats pareils à ceux éprouvés par lui-même. Ainsi prévenu, il n'admet pas qu'un peuple est aussi incapable de recevoir une forme plus élevée de religion, qu'il l'est de subir une forme plus haute de gouvernement, et qu'inévitablement, avec une telle religion, comme avec un tel gouvernement, il subira une décadence qui, un jour, le réduira à ne plus se ressembler à lui-même que de nom.

En d'autres mots une tendance théologique particulière rend qui le ressent aveugle à une catégorie importante de vérités sociologiques. »

vages, ou des races Maori à demi éteintes, ne font que confirmer la règle. A moins que nous n'approuvions le cynique propos de Napoléon, qui disait que les missionnaires ont une grande utilité politique, il faut bien avouer que tout le labeur des Missions Etrangères, n'a été, qu'une folle dépense d'énergie, de temps et d'argent, et n'a donné aucun résultat véritable[1].

La raison de cet échec devrait être évidente pour tous à la fin de ce grand XIX° siècle. Une religion est bien autre chose qu'un dogme relatif au surnaturel ; c'est la synthèse de toute l'expérience morale d'une race, c'est souvent le premier fondement de ses lois les plus sages, et le résultat et le terme de son évolution sociale. Une religion fait ainsi essentiellement partie de la vie d'une race, et ne peut être remplacée, sinon artificiellement par la philosophie sociale et morale d'une race absolument étrangère, c'est-à-dire par une religion irréductiblement étrangère. Et nul peuple parfaitement sain ne peut abandonner volontairement la foi si profondément identifiée avec sa vie morale. Une nation peut réformer ses dogmes ; elle peut même accepter de son plein gré une autre foi,

1. A propos de l'opinion que Lafcadio Hearn avait concernant les Missionnaires, voir sa correspondance, tome II, pages 41, 45, 68, 109, 311.

mais elle ne reniera pas son ancienne croyance, même lorsque cette dernière a perdu toute utilité sociale ou morale.

Quand la Chine accepta le Bouddhisme, elle n'abandonna ni les codes moraux de ses anciens sages, ni son culte primitif des ancêtres. Quand le Japon accepta le Bouddhisme, il ne s'éloigna pas du Chemin des Dieux. Des exemples parallèles sont fournis par l'histoire des religions de l'Europe antique. Seules les croyances les plus tolérantes peuvent être accueillies par des races étrangères à celles qui les conçurent, et en ce cas elles s'y ajouteraient, mais ne s'y substitueraient pas. Voilà d'où provient le grand succès des anciennes missions bouddhistes. Le Bouddhisme fut un pouvoir absorbant, il ne chercha jamais à supplanter les religions étrangères, il les incorpora dans son organisation colossale, et leur donna une nouvelle signification. Mais le Mahométisme et le Christianisme, — le Christianisme occidental, — ont toujours été des religions essentiellement intolérantes, n'incorporant rien, et désireuses de tout supplanter. L'introduction du Christianisme, surtout dans un pays oriental, implique non seulement la fin de toutes les croyances indigènes, mais aussi de l'organisation sociale traditionnelle. Or, l'histoire nous apprend qu'une pareille destruction ne peut être l'œuvre que de

la force, et, dans une société très complexe,
que de la force brutale. La violence, qui fut le
principal instrument de la propagande chrétienne dans le passé, est encore celui qui se dis-
simule derrière nos missions. Mais nous avons,
ou du moins nous prétendons avoir substitué
la force de l'argent et de la menace à celle plus
franche des armes. Et parfois, lorsque notre
intérêt commercial nous y pousse, nous accom-
plissons notre menace en bons chrétiens. Nous
forçons la Chine à subir nos missionnaires, en
vertu des clauses de traités extorqués par la
guerre. Nous les soutenons à l'aide de nos cuirassés, et nous exigeons d'énormes indemnités
pour les vies de ceux qui se font tuer. La Chine
paie ainsi un impôt du sang à des périodes régulières, et elle apprend à connaître chaque année
davantage la valeur de ce que nous appelons
Christianisme. La parole d'Emerson, qui dit que
la vérité n'est jamais comprise avant que sa
lumière ne soit tombée sur un fait, a été récemment illustrée par certaines honnêtes protestations qui se sont élevées au sujet de l'immoralité de la campagne des missionnaires en Chine.
Ces protestations n'auraient jamais été écoutées
si l'on n'avait découvert que les troubles causés
par eux pourraient peut-être réagir sur des
intérêts purement commerciaux.

Cependant, en dépit de ces considérations,

il y eut un temps où il existait de bonnes raisons
de croire à la possibilité de la conversion nominale du Japon. Sans doute les Japonais n'ou-
bliaient pas que leur Gouvernement avait été
obligé, par nécessité politique, de chasser les
merveilleuses missions jésuites des xvi° et xvii°
siècles, le mot même de Chrétien étant devenu
un terme de haine et de mépris [1]. Mais le monde

1. La campagne missionnaire fut inaugurée par saint Fran-
çois Xavier, qui débarqua à Kagoshima, en Kyūshū, le 15 août
1549. Le fait suivant est curieux, et mérite d'être noté. Le
mot *Bateren*, corruption de l'espagnol et du portugais *padre*,
adopté dans la langue japonaise il y a deux siècles, demeure
encore parmi les gens communs de certaines provinces, le
synonyme de « mauvais magicien ». Un autre fait bizarre est
qu'une forme spéciale d'écran en bambou, derrière lequel on
peut voir tout ce qui se passe au dehors sans être vu soi-
même, est encore appelée *Kirishitan* (Chrétien).
Griffis explique le succès des Missions jésuites du xvi° siècle
par la ressemblance existant entre le Catholicisme romain, et
les formes extérieures du Bouddhisme. Ce subtil jugement a été
confirmé par les recherches d'Ernest Satow (voir *Transaction
of the Asiatic Society of Japan*, Vol. II, 1re partie), qui a publié
les fac-similés de quelques documents prouvant que les concessions furent données aux missionnaires étrangers par le
Seigneur de Yamaguchi, afin qu'ils pussent prêcher « la loi
de Bouddha », la nouvelle religion étant prise, au début, pour
une forme plus élevée du Bouddhisme. Mais ceux qui ont lu
les vieilles lettres jésuites écrites du Japon, ou même le recueil plus connu de Charlevoix, ont dû reconnaître que le
succès des missions ne pouvait pas être entièrement expliqué
ainsi. Ce succès nous présente des phénomènes psychologiques
d'un ordre très remarquable, — phénomènes qui ne se répéte-
ront peut-être jamais dans l'histoire de la religion, et analo-

avait changé depuis lors ; le Christianisme s'était
modifié ; et plus de trente sectes chrétiennes se
disputaient l'honneur de convertir le Japon.
Certes celui-ci aurait la faculté de choisir une
forme du Christianisme conforme à ses goûts,
parmi cette variété de dogmes, représentant
les principales nuances de l'orthodoxie et de
l'hétérodoxie. Les conditions du pays étaient
plus que jamais propices à l'introduction d'une
religion occidentale. Toute l'organisation sociale
avait été désagrégée : le Bouddhisme avait été
dépossédé et chancelait sous le coup ; le Shintoïsme paraissait incapable de résistance ; la
grande caste militaire avait été abolie. L'organisation gouvernementale changée, et les provinces ébranlées par la guerre. Le Mikado, voilé
depuis des siècles, s'était montré à son peuple
étonné ; le flux tumultueux des idées nouvelles
menaçait d'emporter toutes les coutumes, et de
renverser toutes les croyances ; et la prédication

gues à ces étranges formes d'émotion classées par Hecker
comme contagieuses. (Voir ses *Epidemies of the Middle Ages.*)
Les anciens jésuites comprirent le caractère profondément
sensible des Japonais infiniment mieux que les missionnaires
modernes ; ils étudièrent avec une subtilité merveilleuse tous
les ressorts de la vie sociale, et ils savaient comment les faire
agir. Et là où ils ont échoué, nos évangélistes modernes ne
peuvent espérer réussir. Cependant, même lors de la période
la plus brillante des missions jésuites, elles n'eurent jamais à
s'enorgueillir que de six cent mille conversions.

du Christianisme avait de nouveau été tolérée par la loi. Ce n'était pas tout. Au moment où il faisait des efforts prodigieux pour reconstruire la Société, le Gouvernement avait étudié la question du Christianisme avec la même subtilité et la même impartialité qu'il avait montrées en étudiant les méthodes étrangères relatives à l'éducation, à la marine, et à l'armée. Une commission fut nommée et chargée de rédiger un rapport sur l'influence, en Occident, du Christianisme comme moyen d'enrayer le crime et le vice. Le résultat confirma le verdict impartial de Kœmpffer, au xviiᵉ siècle, sur les morales des Japonais :

« Ils professent un grand respect et une haute vénération pour leurs dieux, et ils les adorent de différentes façons. Et je crois pouvoir affirmer que dans la pratique de la vertu, de la pureté de vie et de la dévotion extérieure, ils dépassent de beaucoup les chrétiens. »

Bref, il fut sagement décidé que la religion occidentale ne convenait point aux conditions de la société orientale, et de plus, qu'elle avait exercé en Occident une influence moralisatrice moindre que le Bouddhisme en Orient. Et certes, dans ce grand Jiujutsu, il n'y aurait eu que peu à gagner, il y aurait eu beaucoup à perdre pour une société patriarcale établie sur le principe de la réciprocité des devoirs à adopter une religion qui enseigne que l'homme doit quitter son père et sa mère pour s'attacher à sa femme[1].

L'espoir de rendre le Japon chrétien grâce à un édit impérial s'est évanoui ; et, avec la réorganisation de la société, les chances pour que le Christianisme devienne la religion nationale du pays se font de moins en moins nombreuses. Les missionnaires devront sans doute être encore tolérés quelque temps, malgré leur intervention en des matières absolument étrangères à leur profession. Mais ils ne font aucun bien moral, et ils sont les dupes de ceux qu'ils prétendent attirer à eux. En 1894, il y avait au Japon quelque 800 missionnaires protestants, 90 catholiques romains, et 3 orthodoxes grecs. Le budget total des missions étrangères installées au Japon n'était pas inférieur à un million de dollars par an. En regard de ces frais énormes, les protestants font figurer la conversion de 50.000 néophytes, et les catholiques presque autant ; ce qui laisse à peu près 39.900.000 âmes non converties. Des conventions fort habiles,

---

1. Un critique français déclarait récemment, que le nombre relativement faible d'œuvres charitables et d'institutions de bienfaisance existant au Japon, prouvait que la race manquait d'humanité. Or, la vérité est que dans l'ancien Japon, les principes d'une bonté mutuelle rendait de tels établissements inutiles : tandis que le grand nombre de ces institutions fonctionnant en Occident, témoigne encore bien plus de l'inhumanité, que de la charité de notre propre civilisation.

interdisent de critiquer défavorablement les
rapports des missionnaires ; cependant malgré
ces interdictions je ne puis m'empêcher d'affirmer en toute sincérité qu'on ne peut se fier
absolument aux chiffres donnés plus haut. En
ce qui concerne les missions catholiques, il faut
noter qu'elles se louent avoir fait autant que
leurs rivales avec des moyens bien plus restreints, et que même leurs ennemis reconnais-
sent que leur œuvre est plus durable, parce
qu'ils se sont attachés d'abord à convertir les
enfants. Mais il est permis de se montrer scep-
tique quant aux comptes rendus des missionnaires : lorsqu'on sait qu'il existe dans les
classes japonaises les plus basses nombre d'in-
dividus prêts à se déclarer convertis afin d'obtenir un emploi ou une aide pécuniaire ; quand
on sait que de pauvres jeunes gens font semblant d'embrasser la foi occidentale, simplement pour acquérir les rudiments d'une langue
étrangère ; quand on entend constamment parler de néophytes qui, après avoir professé le
Christianisme pendant un temps, retournent
ensuite à leurs anciens dieux ; quand on lit
l'annonce de légions de nouvelles conversions
suivant immédiatement les distributions faites
par les missions en temps d'inondations, de famine, ou de tremblements de terre : — on est
bien obligé de douter alors non seulement de

la sincérité des convertis, mais aussi de la moralité des méthodes employées. Néanmoins la
dépense d'un millon de dollars par an, au Japon, depuis environ un siècle, pourrait produire de grands résultats, dont on peut aisément
se représenter la nature, quoiqu'on ne puisse
l'admirer ; et la faiblesse traditionnelle des religions, tant au point de vue des moyens de
défense financiers, qu'au point de vue de l'instruction, est bien faite pour tenter les missionnaires envahisseurs. Heureusement, on peut
espérer que le Gouvernement viendra à l'aide
du Bouddhisme, au moins pour ce qui touche
à l'éducation. Et il est possible aussi, après
tout, qu'à un moment qui n'est pas très éloigné,
la Chrétienté en arrive à admettre que ses missions les plus riches se transforment toutes
en d'énormes sociétés commerciales, pour le
bénéfice mutuel des missionnaires et des néophytes.

VII

L'idée que les Japonais ouvriraient l'intérieur
de leur pays à des entreprises industrielles
étrangères, peu après le commencement du
Meiji, parut vite aussi fallacieuse que le rêve de

leur soudaine conversion au Christianisme. Le pays demeura, et demeure encore, pratiquement fermé à toute colonisation étrangère. Le gouvernement lui-même n'avait jamais paru enclin à poursuivre une politique conservatrice : il avait fait divers efforts pour amener une re- vision des traités, ce qui aurait fait du Japon un champ nouveau pour d'importants place- ments de capital occidental. Mais les événe- ments le prouvèrent : la politique du pays ne dépendait pas uniquement des hommes d'État; elle recevait aussi ses directions de l'instinct de la race, bien moins sujet à erreur.

Le plus grand philosophe du monde, écrivant en 1867, fit cette déclaration :

« Le Japon fournit un bon exemple de la façon dont les désintégrations se déclarent dans une société qui a évolué jusqu'à la limite de son type, et qui est parvenue à un état d'équi- libre instable. La perfection de la méthode avec laquelle ce peuple s'était organisé, main- tint un état de choses presque inébranlable tant qu'il fut protégé de forces externes et nouvelles. Mais, dès qu'il eut subi le contact de la civi- lisation européenne, tant par l'agression armée que par l'échange commercial, et par l'influence des idées, son organisation commença à se désagréger. Une dissolution politique est main- tenant en cours. Il s'ensuivra fort probablement une réorganisation politique ; mais, en tous cas, le changement produit jusqu'ici par l'action extérieure tend vers la dissolution : c'est un passage de mouvements intégrés à des mouvements désintégrés [1]. »

La réorganisation politique prévue par Herbert Spencer, non seulement s'ensuivit rapidement, mais semble bien devoir réaliser tout ce qu'on attendait de lui, à condition que l'on n'intervienne pas soudainement et sérieusement dans ce nouveau *processus* de formation. Tandis que certains politiciens japonais travaillaient avec ardeur à aplanir tout obstacle à la colonisation étrangère dans l'intérieur du pays, d'autres comprenaient que cette colonisation équivaudrait à l'introduction d'éléments de discorde dans un organisme social encore instable, et produirait de nouvelles désintégrations. Les premiers soutenaient que, par la révision demandée des traités existants, le revenu de l'Empire s'augmenterait considérablement tandis que le chiffre probable des établissements étrangers serait relativement petit. Mais les penseurs du parti conservateur considéraient que le véritable danger d'ouvrir le pays aux étrangers ne résidait pas dans l'affluence des nombres ; et, sur ce point, l'instinct de la race fut

1. *First Principles*, 2ᵉ édition. Note 173.

13.

de leur avis. Cet instinct ne devinait le péril que
très vaguement, mais toutefois d'une manière
qui approchait de la vérité.

Un côté de cette vérité, — le côté occidental
— devrait être familier aux Américains. L'Occidental a découvert qu'il ne peut, sous aucune
condition de *fair play*, rivaliser avec l'Oriental
dans le *struggle for life*; il l'a reconnu ouvertement, à la fois en Australie et aux États-Unis,
en promulguant des lois pour se protéger contre
l'immigration asiatique. Et il a donné une foule
de raisons absurdes pour excuser les outrages
commis sur les immigrants chinois et japonais.
La seule véritable raison de son attitude peut
être formulée ainsi : L'Oriental peut vivre à
moins de frais que l'Occidental [1]. Or, au Japon,
le revers de la question était formulé comme
suit : L'Occidental peut *survivre* l'Oriental [2]
dans certaines conditions favorables. Une de
ces conditions serait la douceur du climat,

1. Dans l'original : « The Oriental can underlive the Occidental. »

2. C'est-à-dire que l'Occidental est capable d'une plus grande
intensité et activité que les Japonais. Je ne crois pas qu'en
aucune circonstance les Occidentaux pourraient *survivre* les
Chinois, quelle que puisse être la disproportion numérique.
Les Japonais eux-mêmes avouent leur incapacité de lutter
contre les Chinois : et un des meilleurs arguments opposés à
l'ouverture du Japon est le danger de l'immigration chinoise.

l'autre, et la plus importante, que l'Occidental eût plein accès au Japon, et y jouît sans restriction du droit de concurrence. « Se servirait-il de ce droit? » La question n'a pas le sens commun. Le vrai problème est le suivant : Pourrait-il s'en servir? Si l'on répond affirmativement, il est totalement inutile de discuter le succès éventuel de sa politique d'agrandissement, — qu'elle soit industrielle, financière, politique. Il suffit de savoir que l'Occidental peut éventuellement trouver les moyens et la façon de dominer, sinon de supplanter, la race indigène en écrasant toute opposition, en paralysant la concurrence par d'énormes combinaisons de capitaux, et en élevant le niveau de la vie au-dessus des facultés naturelles des Japonais. En d'autres pays, diverses races plus faibles disparaissaient, ou avaient disparu, sous la domination anglo-saxonne. Et chez une nation aussi pauvre que le Japon, qui aurait pu affirmer que le simple fait d'admettre le capital étranger ne constituait pas un danger national? Sans doute le Japon n'aurait jamais à craindre d'être conquis par une seule puissance occidentale. Il pourrait tenir tête, sur sa terre natale, à toute nation étrangère. Il n'aurait pas non plus à faire face au danger d'invasion par une coalition des puissances militaires; les rivalités mutuelles des pays de l'Occident rendraient

impossible toute attaque faite dans le but de
s'emparer de son territoire. Mais on redoutait,
et avec raison, en ouvrant prématurément le
pays à la colonisation étrangère, de se condam-
ner à subir le sort d'Hawaï : sa terre passe-
rait à des propriétaires étrangers, sa politique serait réglée par l'influence étrangère, son
indépendance ne serait plus que nominale, et
son empire si ancien se verrait transformé en
une sorte de république cosmopolite et industrielle.

Telles furent les idées farouchement discutées
par les deux parties jusqu'à la veille de la
guerre de Chine. Pendant ce temps le Gouvernement s'était occupé de négociations difficiles.
Il semblait au plus haut point dangereux d'ouvrir le pays devant une réaction anti-étrangère;
d'autre part, si on refusait de l'ouvrir, il paraissait impossible que les traités fussent révisés.
Il était évident que l'oppression continue que
les puissances occidentales exerçaient sur le
Japon persisterait, à moins que leur coalition
hostile ne pût être brisée, soit par la diplomatie,
soit par la force. La nouvelle convention avec
l'Angleterre, obtenue par l'habileté de Aoki,
résolut le dilemme. D'après ce traité le pays va
être ouvert, mais les sujets britanniques ne
pourront posséder de la terre. Il ne leur sera
permis de louer des terrains qu'avec des baux

expirant, suivant la loi japonaise, *ipso facto* à la mort du bailleur. Ils ne pourront faire aucun commerce de cabotage, même pas avec certains des vieux ports ouverts, et tout autre commerce sera fortement taxé. Les concessions étrangères doivent revenir au Japon, et les colons britanniques sont passibles de la juridiction japonaise. En fait, par cet arrangement, l'Angleterre ne fait que perdre, tandis que le Japon a tout à y gagner. La publication première de ces clauses stupéfia tout d'abord les négociants anglais, qui protestèrent qu'ils étaient trahis par leur patrie, ligotés légalement et livrés en esclavage aux Orientaux. D'aucuns proclamèrent leur résolution de quitter le Japon avant que ces lois nouvelles ne fussent mises en vigueur. Certes, le Japon peut se féliciter de sa diplomatie. Le pays sera en vérité ouvert, mais les conditions ont été faites de façon non seulement à décourager les placements du capital étranger, mais même à chasser celui qui s'y trouve actuellement. Et, si de pareilles clauses sont obtenues des autres nations, le Japon aura plus que regagné ce qu'il avait perdu par des transactions désavantageuses antérieures. Le traité Aoki représente sûrement le plus merveilleux exploit du Jiujutsu diplomatique.

Personne, cependant, ne saurait prédire ce qui peut arriver avant que ce traité ou tout

autre ne soit mis en pratique. Il n'est pas encore
certain qu'en dernier lieu le Japon parviendra
à ses fins grâce au Jiujutsu, quoique jamais, dans
toute l'histoire, une race n'ait montré tant de
courage et d'énergie pour se relever d'une
énorme infériorité. De mémoire d'hommes encore jeunes, le Japon a grandi sa puissance
militaire à la taille de celle de bien des nations
européennes ; industriellement, il devient rapidement le concurrent de l'Europe dans les mar-
chés de l'Orient ; au point de vue de l'éducation,
il s'est placé aux premiers rangs du progrès,
ayant établi un système scolaire moins coûteux,
mais à peine moins efficace, que celui d'aucun
pays occidental. Et il a accompli tout cela, bien
qu'il ait été volé, chaque année, par des traités
injustes, malgré les pertes considérables occa-
sionnées par des inondations et des tremblements de terre, malgré les efforts des prosé-
lytes étrangers pour saper l'esprit national,
et malgré la pauvreté extraordinaire de son
peuple.

VIII

Si le Japon ne parvient point à son but glo-
rieux, sa faiblesse n'aura pas été le manque

d'esprit national. Le Japon possède cette qualité à un degré inconnu de nos jours, et un mot aussi banal que *patriotisme* est absolument impuissant à l'exprimer. Et, quoique les psychologues puissent discuter sur le peu de personnalité des Nippons, on ne peut nier qu'en tant que nation, le Japon possède une individualité beaucoup plus marquée que la nôtre. On peut même se demander si la civilisation occidentale n'a pas cultivé les qualités de l'individu au point de détruire le sentiment national.

Le peuple japonais n'a qu'une opinion au sujet du devoir. Tout collégien interrogé sur ce point répondra : « Le devoir de tout Japonais envers son Empereur, est d'aider à rendre notre pays fort et riche, et à défendre et à conserver notre indépendance nationale. » Tou, connaissent le danger ; tous sont préparés, moralement et physiquement à lui faire face. Chaque école communale donne à ses élèves un cours préparatoire de discipline militaire ; chaque ville a ses bataillons scolaires. Aux enfants encore trop jeunes pour faire l'exercice régulièrement, on apprend chaque jour à chanter en chœur les anciens chants de loyalisme, et les hymnes guerriers modernes. De nouveaux airs patriotiques sont composés à des intervalles réguliers, et introduits, avec l'approbation du gouvernement, dans les écoles et les camps. C'est une véritable émotion que d'entendre les quatre cents étudiants du Collège où j'enseigne scander un de ces chants. Les jeunes gens sont tous en uniforme pour cette cérémonie, et alignés militairement. L'officier qui commande donne l'ordre de marquer la mesure, et tous les pieds se mettent à frapper ensemble le sol, avec un bruit pareil au roulement du tambour. Puis le chef entonne un couplet, et les étudiants le répètent avec un entrain extraordinaire, en mettant toujours un accent particulier sur la dernière syllabe de chaque vers, de sorte que l'effet vocal produit ainsi ressemble au fracas d'une fusillade. C'est sans doute une façon de chanter très orientale, mais aussi très saisissante : on entend le cœur farouche du vieux Japon qui palpite dans chaque parole. Mais ce même chant, scandé par des soldats, est encore infiniment plus empoignant. Et en ce moment même, tandis que j'écris ces lignes, j'entends de l'ancienne forteresse de Kûmamoto, semblable au grondement du tonnerre, la chanson du soir de la garnison de huit mille hommes, mêlée au long, doux et mélancolique appel de cent clairons [1]...

Le gouvernement ne se relâche jamais dans ses efforts pour entretenir dans leur ardeur l'ancien sentiment de loyauté, et l'amour du

1. Ceci fut écrit en 1893.

pays. De nouvelles solennités ont été inaugurées dans ce noble dessein, et les anciens festivals continuent à être célébrés tous les ans, avec une ferveur croissante. A l'anniversaire de la naissance de l'Empereur, la photographie de Sa Majesté Impériale est saluée dans toutes les écoles et dans tous les bureaux publics de l'Empire, par des chants et des cérémonies appropriées [1]. Parfois quelques étudiants refusent de payer ce simple tribut de loyauté et de reconnaissance, sur l'instigation des missionnaires, sous le prétexte qu'ils sont des Chrétiens. Ils se font ainsi mettre en quarantaine par leurs camarades, et parfois de telle façon qu'il leur est impossible de rester au collège. Alors les missionnaires envoient aux journaux sectaires de l'Occident, quelque histoire sur des Chrétiens persécutés au Japon, « pour avoir refusé d'adorer une image de l'Empereur [2] ». Bien entendu de tels incidents sont rares, et je ne les cite que pour indiquer les méthodes par lesquelles les évangélistes étrangers nuisent au véritable but de leur mission.

1. La cérémonie de saluer le portrait de l'Empereur n'est qu'une répétition de celle exigée à la présentation à la Cour : un salut ; trois pas en avant ; un salut plus profond ; trois autres pas en avant ; un salut très profond. En se retirant de la présence impériale, le visiteur marche à reculons, en saluant encore trois fois, comme auparavant.

2. Texte authentique.

Leurs attaques fanatiques, non seulement contre l'esprit, la religion, et la morale nationaux, mais aussi contre les vêtements et les coutumes, sont en partie responsables de quelques récentes manifestations de sentiment national, de la part des Japonais chrétiens eux-mêmes. Certains de ces derniers ont ouvertement exprimé leur désir de se passer entièrement de la présence des missionnaires étrangers, et de créer un Christianisme nouveau et particulier, d'un caractère essentiellement national. D'autres vont encore plus loin : ils demandent que toutes les écoles, églises, et autres propriétés appartenant aux missionnaires, concédées actuellement au nom de Japonais — pour satisfaire ou pour tourner la loi, — soient remises à des chrétiens indigènes. Et déjà, en certains cas, il a été jugé indispensable de remettre les écoles des missions à une direction japonaise.

J'ai parlé, dans un article précédent, du superbe enthousiasme avec lequel la nation entière a secondé les efforts et les plans du Gouvernement en ce qui concernait l'éducation. Un zèle et un sacrifice personnel non moins grands ont été témoignés pour subvenir aux moyens de défense nationale. L'Empereur ayant lui-même donné l'exemple en dévouant une importante partie de ses revenus privés à l'achat de

navires de guerre, nulle protestation ne fut
provoquée par l'édit réclamant un dixième des
salaires de tous les employés du Gouvernement
dans ce même dessein. Tout officier de terre ou
de mer, tout professeur ou instituteur, et presque tout fonctionnaire civil [1], contribue ainsi,
chaque mois, à la défense nationale. Ministre,
pair, ou membre du Parlement, n'en sont pas
plus exempts que le plus infime des employés
des postes. En plus de ces contributions légales,
qui doivent durer six ans, de généreuses dona-
tions sont souscrites volontairement, dans tout
l'Empire, par de riches propriétaires terriens,
des banquiers et des négociants. Car, pour se
sauver, le Japon doit se hâter de devenir puissant : l'oppression extérieure exercée sur lui
est bien trop sérieuse pour permettre aucun
délai. Ses efforts sont incroyables, et leur succès n'est point douteux. Mais les chances contre
lui sont grandes, et il se peut qu'il tombe en
route. Cela arrivera-t-il ? Il est difficile de le
dire. Mais en tous cas, ce malheur ne serait
pas imputable à une faiblesse quelconque du
caractère national ; il pourrait résulter plus probablement à la suite d'erreurs politiques, ou
d'une excessive confiance en soi.

1. Les facteurs et les agents de police sont exempts de cette
taxe. Mais le salaire d'un agent n'est que six yen par mois, et
celui d'un facteur encore moindre !

IX

Il reste encore à se demander quel sera le sort probable de l'ancienne moralité, au milieu de toute cette absorption, assimilation et réaction ? Et je crois que la conversation suivante, que j'eus récemment avec un étudiant de l'Université en suggère en partie la réponse. Je la transscris de mémoire, non pas mot à mot, et du reste elle est surtout intéressante comme une synthèse de la pensée de la nouvelle génération, témoin de la disparition des dieux.

— Maître, quelle fut votre opinion des Japonais, lors de votre arrivée dans ce pays ? S'il vous plaît, soyez tout à fait franc avec moi.

— Des jeunes Japonais d'aujourd'hui ?

— Non.

— Alors vous voulez connaître mon opinion sur ceux qui suivent encore les anciennes coutumes, et qui maintiennent les anciennes formes de courtoisie : ces délicieux vieillards, comme votre professeur de chinois, qui représentent encore le vieil esprit samuraï ?

— Oui. M. A... est un samuraï idéal. Je parle de Japonais tels que lui.

— Je pensais qu'ils étaient tout ce qui est bon et noble. Ils me paraissaient ressembler à leurs propres dieux.

— Avez-vous toujours aussi bonne idée d'eux ?

— Oui : plus je vois les Japonais de la nouvelle génération, plus j'admire les hommes de l'ancienne.

— Nous aussi, nous les admirons. Mais en votre qualité d'étranger, vous avez dû remarquer aussi leurs défauts.

— Quels défauts ?

— Leur manque d'une connaissance pratique du genre occidental.

— Mais il serait injuste de juger les hommes d'une certaine civilisation, par les nécessités types d'une autre, dont l'organisation est totalement différente. Il me semble que plus un homme représente parfaitement sa propre civilisation, plus nous devons l'estimer, comme citoyen et comme « gentleman ». Et jugés d'après leurs propres principes, qui, moralement étaient très élevés, les anciens Japonais me font l'effet d'hommes presque parfaits.

— Sous quels rapports ?

— Mais à cause de leur bonté, de leur courtoisie, et de leur héroïsme, de leur maîtrise de soi, de leur faculté d'abnégation, et de leur piété filiale, et aussi à cause de leur foi simple, et de leur capacité de se contenter de peu.

— Cependant ces qualités-là suffiraient-elles pour assurer un succès pratique dans la lutte de la vie occidentale ?

— Pas précisément ; néanmoins quelques-unes y aideraient.

— Les qualités vraiment nécessaires pour obtenir un succès pratique dans la vie occidentale sont celles qui manquaient aux anciens Japonais, n'est-ce pas ?

— Je le crois.

— Et notre société d'autrefois cultivait ces qualités de désintéressement, de courtoisie, et de bienveillance que vous admirez, au prix du sacrifice de l'individu. Mais la société occidentale cultive l'individu par une concurrence sans restrictions, — concurrence dans la puissance de penser et d'agir.

— Je crois que cela est vrai.

— Toutefois, afin que le Japon puisse tenir sa place parmi les nations, il doit adopter les méthodes industrielles et commerciales de l'Occident. Son avenir dépend de son développement industriel, et il ne peut y en avoir si nous continuons à suivre notre ancienne morale, et nos coutumes d'autrefois.

— Pourquoi cela ?

— Ne pas pouvoir lutter contre l'Occident signifie la ruine, mais, afin de lutter, il nous faudrait suivre les méthodes de l'Occident. Or celles-ci sont absolument contraires à l'ancienne moralité.

— Peut-être !

— Je ne pense pas qu'on puisse en douter. Pour entreprendre une affaire sur un très grand pied, les hommes ne doivent pas être arrêtés par la pensée qu'ils ne devraient rechercher aucun avantage qui pourrait nuire aux affaires d'autrui. Et, d'un autre côté, là où il n'y a pas de restriction à la concurrence, ceux qui hésitent à lutter par simple bonté de cœur seront forcément battus. La loi de la lutte est que les forts et les actifs seront vainqueurs, tandis que les faibles, les sots, et les indifférents seront vaincus.

— C'est vrai !

— Alors, maître, malgré toute la valeur de l'ancienne moralité, nous ne pouvons faire de grands progrès industriels, ni même conserver notre indépendance nationale en la suivant. Il nous faut abandonner notre Passé, et substituer la Loi à la Moralité.

— Voilà qui n'est guère une bonne substitution !

— Elle s'est cependant montrée satisfaisante en Occident, si nous pouvons en juger par la grandeur matérielle et la puissance de l'Angleterre. Nous autres, Japonais, il nous faudra apprendre à être moraux par raison, au lieu de l'être par émotion. La science de la raison morale de la loi est elle-même une science morale.

— Pour vous, et aussi pour ceux qui étudient la philosophie. Mais que dire des gens communs, du peuple ?

— Le peuple essaiera de suivre l'ancienne religion ; il continuera à se fier aux dieux. Mais peut-être la vie deviendra-t-elle plus difficile pour lui ? Il était heureux dans les jours passés !...

X

J'ai écrit cette étude il y a deux ans. Des incidents politiques récents, et la signature de nouveaux traités, m'ont obligé à la remanier l'année dernière. Et, en ce moment, tandis que je corrige les épreuves, les événements de la guerre sino-japonaise me forcent à l'augmenter d'autres remarques. Ce que nul n'aurait pu prédire en 1893, le monde entier l'apprend avec étonnement et admiration en 1895. Le Japon l'a emporté grâce à son Jiujutsu : son autonomie est pratiquement rétablie, sa place parmi les nations civilisées semble reconnue, et il s'est libéré définitivement de la tutelle de l'Occident. Ce que ni ses arts ni ses vertus ne lui auraient jamais acquis, il l'a conquis dès qu'il s'est servi des forces nouvelles que la science lui a données pour attaquer et détruire.

On a beaucoup parlé de la longue et secrète préparation du Japon à la guerre, et aussi de la futilité des prétextes qu'il choisit pour l'engager. Je crois que l'objet de ses préparatifs militaires ne fut jamais que celui que j'ai indiqué dans le chapitre précédent. Ce fut pour recouvrer son indépendance que le Japon entretint d'une manière constante sa force militaire pendant vingt-cinq années. Mais, durant cette période, les manifestations de plus en plus violentes de la réaction populaire contre l'influence étrangère, avertirent le gouvernement de la conscience sans cesse grandissante que la nation avait de son pouvoir, et de son irritation toujours plus vive contre les traités. La réaction de 1893-1894 prit même une tournure si menaçante en raison de l'influence exercée par la Chambre des Représentants, que la dissolution de la Diète devint une nécessité immédiate. Mais même des dissolutions parlementaires répétées n'auraient servi qu'à retarder l'issue finale. Elle a été évitée, depuis, en partie grâce aux nouvelles conventions, et à cause du déchaînement soudain contre la Chine de la force militaire de l'Empire. Ne devrait-on pas reconnaître que seule la pression politique et industrielle impitoyable exercée par l'Occident sur le Japon, imposa en vérité cette guerre. Il a voulu essayer sa force sur son adversaire le moins capable de résistance. Il a été heureusement victorieux. Et ainsi il s'est reconnu être à même de tenir tête au monde. Il n'a aucun désir de rompre ses relations industrielles avec l'Occident, à moins qu'on ne lui fasse subir de nouvelles tyrannies. Néanmoins avec le rétablissement de son Empire militaire, il est presque certain que l'ère de l'influence occidentale, — qu'elle soit directe ou indirecte, — est définitivement close. Une nouvelle réaction anti-étrangère, encore plus marquée, est à prévoir ; elle est dans l'ordre naturel des choses : elle ne sera pas nécessairement violente ou déraisonnable, mais elle comprendra et réalisera pleinement l'indépendance nationale. Un changement dans la forme du gouvernement n'est point impossible, lorsqu'on réfléchit aux résultats douteux des essais de gouvernements constitutionnels faits par un peuple habitué depuis des siècles incalculables, à une domination autocratique. Toutefois l'erreur de la prédiction faite par Sir Harry Parkes, qui a dit que « le Japon deviendra semblable à une république sud-américaine », nous met en garde contre l'incertitude des « anticipations » que l'on peut construire au sujet de l'avenir de cette race merveilleuse et énigmatique.

Il est vrai que la guerre n'est pas encore ter-
minée ; mais le triomphe final du Japon ne
paraît point douteux, même en faisant la part
des chances formidables d'une révolution en
Chine. Le monde se demande déjà avec quelque angoisse ce qui adviendra ensuite ? Peut-
être, sous la double pression de l'Occident et
du Japon, la plus paisible et la plus conservatrice des nations se verra-t-elle forcée, pour assurer sa défense future, de s'initier sérieusement
à nos arts de la guerre. Ce sera peut-être alors
un grand éveil militaire de la Chine. Sans doute
elle se révélera capable, dans les mêmes circonstances où le fit le Japon, d'étendre sa domination vers le Sud et vers l'Ouest. Sur les conséquences lointaines de ce mouvement, un livre
du D' Pearson, *National Character*, contient
des prévisions bien intéressantes.

Il faut rappeler que l'art de Jiujutsu fut in-
venté en Chine. Et l'Occident a encore à comp-
ter avec la Chine, — la Chine qui fut autrefois
le professeur du Japon, — la Chine sur qui les
ouragans de conquêtes se sont succédé, sans
atteindre vraiment la masse de ses millions d'habitants, comme le vent passe au-dessus des ro-
seaux. En vérité, elle se verra peut-être forcée
à défendre son intégrité comme le fit le Japon,
en pratiquant le Jiujutsu. Mais ce Jiujutsu formidable pourrait avoir des résultats extrême-

ment graves pour le monde entier. Peut-être
est-il réservé à la Chine de venger toutes ces
agressions, extorsions et exterminations, dont
l'Occident colonisateur s'est montré coupable
envers des races plus faibles.

Déjà certains penseurs, français et anglais,
qui ne sont point négligeables, ont prédit, en ré-
sumant l'expérience des deux grandes nations
colonisatrices, que la terre ne sera jamais entièrement dominée par les races de l'Occident, et
que l'Avenir appartient à l'Orient. Telle est aussi
la conviction de bien des personnes qui ont
appris, par un long séjour en Orient, à voir ce
qui se passe au-dessous de la surface de cette
étrange humanité, si radicalement éloignée de
nous par la pensée, — à comprendre la profondeur et la force des marées humaines qui la sou-
lèvent, — à deviner sa puissance incommensurable d'assimilation, — à discerner sa facilité de
s'adapter à presque tous les milieux situés entre
les cercles arctiques et antarctiques. Et, d'après
l'avis de ces observateurs, rien, sinon l'exter-
mination d'une race comprenant plus d'un tiers
de la population du monde, ne saurait nous assurer, désormais, de l'avenir de notre propre
civilisation.

Peut-être, ainsi que l'a récemment affirmé le
Dᵉ Pearson, la longue histoire de l'expansion
et de la pénétration occidentale touche-t-elle à

sa fin ? Peut-être, en faisant faire à notre civilisation le tour du monde, aurions-nous simplement forcé à l'étude de nos arts de destruction
et de nos arts de concurrence industrielle, des
races bien plus enclines à s'en servir contre
nous qu'en notre faveur. Et pour en arriver à
cela, nous avons dû mettre à contribution la
plus grande partie de la terre, tant il était nécessaire de disposer de ressources formidables.
Sans doute, nous n'aurions pu faire autrement
car l'immense mécanisme que nous avons créé,
menace, comme le démon de l'ancienne légende,
de nous dévorer nous-mêmes dès l'instant où
nous ne pourrons plus lui trouver de tâches à
accomplir.

C'est, en vérité, une création merveilleuse que
notre civilisation, — prenant racine dans un
abîme de douleur qui va s'approfondissant au fur
et à mesure qu'elle-même s'épanouit davantage ;
mais, pour beaucoup de personnes, elle ne paraît pas moins monstrueuse que merveilleuse.
La pensée qu'elle pourrait s'écrouler soudain
dans un cataclysme social a été, depuis longtemps, le cauchemar de ceux qui en habitent
les cimes. Et depuis des siècles la sagesse orientale enseigne que l'édifice social de notre civilisation ne peut durer, en raison même de ses
fondations.

Certes, le profit de ses travaux restera acquis

tant que l'homme n'aura pas joué jusqu'au bout
son rôle dans le drame qu'est son existence sur
cette planète. Notre civilisation a ressuscité le
Passé; elle a fait revivre les langues des morts;
elle a arraché à la nature des secrets incompa-
rables et sans prix; elle a contraint l'invisible à
se faire visible ; elle a déchiré tous les voiles,
sauf celui de l'Infini; elle a fondé dix mille méthodes d'enseignement; elle a élargi le cerveau
humain au delà du volume de la boîte cranienne
du moyen âge; il faut reconnaître que, si on
peut lui reprocher d'avoir produit les plus détes-
tables personnalités, on lui doit aussi les plus
nobles ; elle a favorisé les plus exquises sympathies et les émotions les plus subtiles qui
soient connues de l'homme ; il est vrai qu'elle
a également créé ou développé des formes
d'égoïsme et de souffrances inconnues en d'autres temps. Intellectuellement, notre civilisation
s'est élevée au delà de la hauteur des étoiles ; et
il est presque inconcevable qu'elle ne doive pas
laisser à l'Avenir un souvenir incomparablement
plus grand que celui que la civilisation grecque
a laissé dans le Passé.

Chaque année, cependant, elle confirme davantage cette loi, que, plus la complexité d'un
organisme est grande, plus grande aussi est sa
sensibilité à des maux inévitables. A mesure que
ses énergies se développent, elle montre aussi

une sensibilité plus ramifiée, plus profonde, plus aiguë et plus exquise, à tous les heurts, à toutes les atteintes, à tous les changements des forces extérieures. Déjà les simples effets d'une sécheresse ou d'une famine dans les parties du globe les plus éloignées, la destruction du plus petit centre d'approvisionnement, l'épuisement d'une mine, le moindre arrêt temporaire d'une veine ou artère commerciale, la plus faible pression sur un nerf industriel, produisent parfois des désintégrations qui communiquent des chocs douloureux dans toutes les régions de l'organisme. L'admirable faculté que possédait cet organisme de résister à l'action des forces extérieures par des réactions équivalentes semble en ce moment compromise. Elle réagit à faux ; il se produit dans l'organisme social des modifications imprévues. Notre civilisation développe certainement l'individu de plus en plus. Mais ne le fait-elle pas ainsi que la chaleur artificielle, la lumière colorée, et la nutrition chimique pourraient faire éclore une plante sous verre ? Ne développe-t-elle pas des millions d'êtres en vue d'une existence toute spéciale dans des conditions impossibles à conserver, en vue d'un luxe illimité mais accessible à une minorité, tandis qu'elle réserve à la majorité un impitoyable asservissement à l'Acier et à la Vapeur ?

A ces questions on a répondu que les transformations sociales formeraient les moyens de s'assurer contre les périls, et de récupérer toutes les pertes. Et c'est mieux qu'un simple espoir de croire que pour un certain temps, du moins, les réformes sociales accompliront des miracles. Cependant le plus haut problème de l'avenir semble un de ceux que nulle évolution sociale concevable ne pourra heureusement résoudre, même en supposant possible l'établissement d'un communisme absolument parfait : le sort des races les plus élevées paraît dépendre de leur véritable valeur dans l'économie future de la Nature. A la question : « Ne sommes-nous pas la race supérieure ? » on peut répondre catégoriquement : « Oui ! », mais cette affirmation ne satisfait pas à cette préoccupation beaucoup plus importante encore : « Sommes-nous les plus aptes à survivre ? »

En quoi consiste l'aptitude à survivre? Dans la faculté de s'adapter à tous les milieux ; dans la faculté de faire face à l'imprévu; dans la faculté d'affronter et de maîtriser toutes les influences hostiles de la matière. Mais l'aptitude à survivre n'existe sûrement pas dans la seule faculté de nous adapter à des milieux factices de notre propre invention, ni aux influences anormales de notre propre création, — mais seulement dans le pouvoir de vivre. Or, en ce qui concerne ce pouvoir de vivre, nos races soi-disant supérieures sont bien inférieures aux races de l'Extrême-Orient. Quoique les énergies physiques, et les ressources intellectuelles des Occidentaux dépassent celles des Orientaux, elles ne peuvent être maintenues au niveau le plus élevé qu'à un prix de revient disproportionné avec le bénéfice qu'en tire la race, car l'Oriental s'est montré capable d'assimiler notre science et d'en cueillir tous les fruits sans cesser de se nourrir simplement d'un peu de riz. Il lui est possible de reprendre nos inventions, de fabriquer nos instruments et de s'en servir, et tout cela sans se départir de son modeste régime. Au contraire l'Occidental ne parvient même pas à vivre avec ce qui suffirait pour l'entretien de vingt existences orientales. C'est dans notre supériorité même que réside le secret de notre faiblesse. Notre mécanisme physique exige un combustible trop coûteux pour que son fonctionnement puisse être encore facilement rémunéré le jour, facile à prévoir, où se généralisera la conscience des races, le jour où se sera accrue encore la densité de la population terrestre.

Avant, et fort probablement depuis l'apparition de l'homme, plusieurs espèces de créatures merveilleuses et géantes, aujourd'hui disparues, peuplaient cette planète. Elles ne furent pas

toutes exterminées par leurs ennemis naturels ;
beaucoup semblent avoir péri en raison de l'excessive cherté de l'entretien de leur organisme
à un moment où la terre allait se montrer
moins spontanément prodigue de ses dons. Il
est possible que les Races Occidentales péris-
sent ainsi, à cause du taux trop élevé de leur
existence. Ayant accompli leur tâche jusqu'à
la dernière limite de leurs facultés, elles disparaîtront peut-être de la surface du monde, sup-
plantées par d'autres mieux outillées pour leur
survivre.

De même que nous avons exterminé des races
plus faibles que la nôtre, simplement parce que
notre besoin d'une vie plus intense que celle
dont elles étaient capables nous a poussés à
monopoliser, à absorber tout naturellement
tout ce qui était nécessaire à leur bonheur,
nous serons peut-être exterminés à notre tour
par des races capables de vivre à meilleur
compte, et qui accapareront tout ce qui nous
est indispensable; par des races plus patientes,
plus enclines à l'abnégation, plus prolifiques, et
dont l'entretien serait bien moins coûteux pour
la Nature. Elles hériteront sans doute de notre
sagesse; elles adopteront nos inventions les plus
utiles, elles continueront les meilleures de nos
industries, et perpétueront même peut-être ce
qui est de plus digne de durer dans nos scien-

ces et nos arts. Mais notre disparition leur donnera à peine plus de regret que nous n'en
éprouvons de la disparition du dinothérium ou
de l'ichthyosaure.

LES NOCES ROUGES

Le coup de foudre est moins fréquent au Japon qu'en Occident : peut-être à cause de la constitution particulière de la société orientale, et aussi parce que les mariages précoces arrangés par les parents rendent très rares les inclinations contraires. Les suicides causés par l'amour ne sont, au contraire, pas rares ; mais ils sont presque toujours doubles. Il faut, de plus, les considérer dans la plupart des cas, comme la conséquence de liaisons illégitimes. Cependant on voit encore se suicider d'honnêtes et sincères amoureux mais cela chez les campagnards. L'amour qui inspire ces tragédies naît souvent des amitiés les plus innocentes et les plus naturelles entre petits garçons et petites filles. Parfois il remonte à l'enfance même des victimes. Mais, toujours il subsiste une très curieuse différence entre un double suicide d'amour occidental, et un jōshi japonais. Le suicide oriental n'est point l'effet d'un paroxysme de douleur aveugle et rapide. Il n'est non seulement calme et méthodique : il est une sorte de sacrement. Il implique un mariage scellé par la mort. Les deux amoureux se vouent l'un à l'autre en présence des dieux, rédigent des lettres d'adieu, et meurent. Nul serment ne peut être plus profondément sacré que celui-là. Et, s'il arrivait que par quelque intervention imprévue, ou par des soins médicaux, l'une des victimes soit arrachée à la mort, elle est tenue, par la plus solennelle obligation d'honneur et d'amour, à se défaire de la vie dès qu'elle le pourra. Cependant, si les deux amoureux sont sauvés, ils sont considérés comme relevés de leur terrible serment. Mais mieux vaudrait commettre n'importe quel crime de violence, punissable d'un demi-siècle d'emprisonnement, que de passer pour un homme qui, après avoir pris l'engagement de mourir avec une jeune fille, l'a laissée se rendre seule au Meido [1]. La femme qui se parjurerait pourrait à la rigueur être pardonnée; mais l'homme qui aurait survécu à un jōshi, grâce à quelque intervention, et qui se serait permis de continuer à vivre parce qu'il aurait été déçu dans son intention une première fois, serait considéré, jusqu'à la fin de ses jours comme un parjure, un assassin, un lâche bestial, une honte pour l'humanité ! Je

1. Le Meido est le sombre monde souterrain où tous les morts doivent se rendre. (Note du Traducteur.)

connais un de ces cas, mais je préfère tenter de raconter l'histoire d'un humble drame d'amour qui advint dans un hameau d'une des provinces de l'Est.

I

Le village est situé sur les bords d'une rivière large mais fort peu profonde, dont le lit pierreux n'est plein d'eau que pendant la saison des pluies. Cette rivière traverse une immense étendue de rizières, ouverte à l'horizon au nord et au sud, mais murée à l'ouest par une rangée de cimes bleuâtres, et à l'est par une chaîne de collines basses et boisées. Le village lui-même n'est séparé de ces coteaux que par un demi-mille de rizières ; et sur une colline avoisinante se trouve son cimetière principal, adjoint à un temple bouddhiste dédié à Kwannon[1] aux Onze Visages. Il se fait dans ce bourg un trafic assez important. Outre plusieurs centaines de chaumières du style rustique ordinaire, il contient toute une rue de boutiques et d'auberges florissantes, à deux étages, aux beaux toits de tuiles. Il possède également un fort pittoresque *ujigami* ou temple paroissial shintoïste, dédié à la Déesse-Soleil,

1. Déesse de la Miséricorde. (N. du Trad.)

et un joli autel, dans un bosquet de mûriers, consacré à la Déité des Vers à Soie.

En la septième année du Meiji, naquit dans ce village, chez Uchida, le teinturier, un petit garçon nommé Taro. Sa naissance eut lieu un jour de mauvais augure (*aku-nichi*) le sept du huitième mois, suivant l'ancien calendrier lunaire. Ses parents, des gens simples et superstitieux, en éprouvèrent de la crainte et de la peine. Mais des voisins, compatissant à leur douleur, essayèrent de les persuader que tout était pour le mieux : le calendrier avait été changé par ordre de l'Empereur, et suivant le calendrier nouveau, le jour de la naissance au contraire, se trouvait être, un *kitsu-nichi* ou jour de bon augure. Ces affirmations calmèrent un peu leur inquiétude, mais lorsqu'ils conduisirent l'enfant à l'*ujigami*, ils firent don aux dieux d'une très grande lanterne en papier, et ils les implorèrent avec ferveur d'écarter tout malheur de leur fils. Le *kannushi*, ou prêtre, récita les formules archaïques de circonstance, brandit le *gohei* sacré au-dessus de la petite tête rasée du bébé, et prépara une amulette, fort menue, qu'on devait suspendre à son cou. Après quoi les parents se rendirent au temple de Kwannon, sur la colline voisine, y firent aussi des offrandes, et supplièrent tous les Bouddhas de protéger leur premier-né.

II

Lorsque Taro eut six ans, ses parents résolurent de l'envoyer à la nouvelle école élémentaire, qui venait d'être construite à quelque distance du village. Le grand-père du garçonnet lui apporta des pinceaux à écrire, du papier, une ardoise, et un livre. Un matin de bonne heure il le conduisit par la main à l'école. Taro était très heureux, car l'ardoise et les autres objets lui avaient fait plaisir comme autant de jouets nouveaux, et aussi parce que tout le monde lui avait dit que l'école était un endroit agréable, où il aurait beaucoup de temps pour s'amuser. Et puis aussi, sa mère avait promis de lui donner des gâteaux lors de son retour à la maison.

Dès qu'ils parvinrent à l'école, — imposante construction à deux étages avec des fenêtres en verre, — un serviteur les fit entrer dans une grande pièce nue, où un homme d'apparence sérieuse était assis devant un bureau. Le grand-père de Taro se prosterna très bas devant lui, et l'appelant « Sensei »[1], il lui demanda humblement d'instruire avec bonté son petit-fils. Le Sensei se leva, salua à son tour, et parla cour-

1. Maître.

toisement au vieillard. Il posa la main sur la
tête de Taro, et dit des choses aimables. Mais
tout à coup Taro eut peur. Lorsque son grand-
père lui eut dit adieu, sa crainte augmenta encore, et il eût voulu s'enfuir chez lui. Mais le
maître le mena à une grande salle élevée et
blanche, remplie de fillettes et de garçonnets,
qui étaient assis sur des bancs, et, lui désignant
une banquette il lui dit de s'asseoir. Tous les
élèves retournèrent la tête pour regarder Taro,
et ils se mirent à rire. Taro crut qu'ils se mo-
quaient de lui, et il se sentit très malheureux.
Une cloche tinta, et le maître, qui avait pris
place sur une haute estrade à l'autre extrémité
de la pièce, commanda « Silence! » d'une façon formidable qui terrifia Taro. Tous se turent
alors, et le maître se mit à parler. Taro trouva
qu'il parlait d'une manière affreuse. Il ne dit
point aux enfants que l'école était un endroit
agréable : il leur déclara au contraire que ce
n'était pas un lieu de plaisir, mais de travail, et
que l'étude était une chose fort pénible, mais
qu'ils devraient s'instruire malgré la peine et
la difficulté qu'ils en éprouveraient. Il leur apprit les règles auxquelles il leur fallait obéir, et
les punitions qui seraient infligées pour toute
désobéissance, ou tout manque d'application.
Puis, lorsque les élèves effrayés se tinrent cois
de peur, il changea de voix, et leur parla comme

l'aurait fait un père excellent, en leur promet-
tant de les chérir comme ses propres enfants.
Puis il leur dit que l'école avait été construite par
l'ordre auguste de Sa Majesté l'Empereur, afin
que les petits Japonais pussent devenir des
hommes sages, et des femmes tendres et bonnes. Il leur fit comprendre le profond amour
qu'ils devaient avoir pour leur Noble Empereur,
et qu'ils devraient même être fort heureux de
donner leurs vies pour lui, si jamais cela devenait nécessaire. Et enfin il leur montra comment ils devaient chérir leurs parents, et leur fit
apprécier que ceux-ci avaient travaillé pénible-
ment afin d'acquérir les moyens de les envoyer
à l'école et combien ils se montreraient méchants et ingrats s'ils demeuraient oisifs pendant les heures de classe. Ensuite le maître les
appela, chacun par son nom, pour les interroger
sur ce qu'il venait de dire.

Taro n'avait entendu qu'une partie du discours
du professeur. Son petit cerveau était presque
entièrement occupé par le fait qu'à son entrée
dans la salle tous les élèves l'avaient regardé en
riant. Et le mystère de cela lui était si pénible,
qu'il ne songeait à rien d'autre. Il fut donc pris
au dépourvu lorsque le professeur prononça son
nom :

— Uchida Taro, qu'aimez-vous le plus au
monde ?

Taro sursauta ; il se leva et répondit avec franchise :

— Du gâteau.

Tous les enfants le regardèrent et se remirent à rire. Le maître lui demanda sur un ton de reproche :

— Uchida Taro, aimez-vous mieux du gâteau que vos parents ? Uchida Taro, préférez-vous du gâteau à votre devoir envers Sa Majesté Notre Empereur ?

Alors Taro comprit qu'il avait commis quelque grande erreur. Son visage devint tout rouge ; les enfants continuaient à se moquer de lui, et il se mit soudain à pleurer, ce qui fit rire davantage ; mais le maître parvint enfin à imposer le silence, et posa une question similaire à un autre élève. Taro tint sa manche devant ses yeux et sanglota.

La cloche tinta de nouveau. Le maître annonça aux enfants qu'un autre professeur leur donnerait leur première leçon d'écriture, pendant l'heure suivante, mais qu'ils pouvaient auparavent sortir et jouer pour quelques instants. Il quitta alors la salle, et tous les enfants se rendirent en courant à la cour de l'école pour s'y amuser, sans s'occuper aucunement de Taro. En se voyant ignoré ainsi, l'enfant se sentit plus étonné qu'il ne l'avait été en se voyant l'objet de l'attention générale. Personne, sauf le maître ne lui avait encore adressé la parole, et celui-ci paraissait avoir oublié son existence. Il se rassit sur son petit banc, et pleura, pleura, en essayant de ne point faire de bruit, de crainte que les enfants ne revinssent se moquer de lui.

Une main se posa soudain sur son épaule ; une voix douce lui parlait, et, tournant la tête il rencontra les yeux les plus caressants qu'il eût jamais vu, les yeux d'une petite fille âgée d'environ un an de plus que lui.

— Qu'y a-t-il ? demanda-t-elle tendrement.

Taro sanglota et pleurnicha un moment avant de pouvoir répondre :

— Je suis très malheureux ici. Je voudrais retourner chez moi.

— Et pourquoi cela ? fit la fillette en glissant son bras autour du cou de son petit compagnon.

— Ils me détestent tous ; ils ne veulent pas me parler, ni jouer avec moi.

— Oh ! non ! dit-elle. Personne ne vous déteste. C'est seulement parce que vous êtes un nouveau venu, un étranger. Quand je suis arrivée tout d'abord à l'école, l'année dernière, j'ai éprouvé la même chose. Il ne faut pas vous chagriner.

— Mais tous les autres s'amusent, et moi je reste seul ici, protesta Taro.

— Mais non ! Il faut venir vous amuser avec moi. Je serai votre compagne. Venez.

Taro se mit à pleurer tout haut. Il ne peut s'en empêcher. La pitié qu'il ressentait pour lui-même la reconnaissance, la joie d'une sympathie nouvelle, emplirent son petit cœur. C'était si bon d'être consolé quand on avait du chagrin !

Mais la fillette ne fit que rire, et elle l'entraîna vivement hors de la salle, parce que la petite âme maternelle qui dormait en elle avait tout compris.

— Naturellement vous pouvez pleurer si cela vous amuse, déclara-t-elle. Mais il vaudrait mieux jouer !

Quelle partie magnifique ils firent ensemble !

Mais quand les heures de classe furent terminées, et que son grand-père vint le chercher, Taro se remit à pleurer parce qu'il devait se séparer de sa gentille compagne.

Alors le vieillard s'écria :

— Mais c'est la petite Yoshi Miyahara. — O-Yoshi[1]. Elle peut revenir avec nous et s'arrêter un instant à la maison. C'est sur son chemin.

Et, à la demeure de Taro les deux amis man-

1. O-Yoshi signifie : la Bonne, la Respectueuse, et appartient à la classe de noms de femmes qui désignent des vertus et des qualités.

15.

gèrent ensemble le gâteau promis, et O-Yoshi demanda malicieusement, en imitant le ton sévère du professeur :

— Uchida Taro, aimez-vous mieux le gâteau que vous ne m'aimez, moi ?

III

Le père d'O-Yoshi possédait des rizières avoisinantes, et tenait aussi une boutique dans le village. Sa mère, une Samuraï, adoptée par la famille Miyahara au moment de l'abolition de la classe militaire, avait eu plusieurs enfants dont O-Yoshi était la seule survivante. Encore toute petite, O-Yoshi perdit sa mère. Miyahara avait passé l'âge mûr, mais néanmoins il prit une autre épouse, la fille d'un de ses fermiers, nommée Ito O-Tama [1]. Quoique brune comme une pièce de cuivre neuve, O-Tama était une paysanne remarquablement belle, grande, forte et active. Le choix de Miyahara causa bien quelque surprise, car O-Tama ne savait ni lire ni écrire. Pourtant cet étonnement se transforma bientôt en amusement, lorsqu'on découvrit que

1. Ito signifie Fil, et O-Tama, Joyau. Voir l'article de L. Hearn : *Japanese Female names*, dans *Shadowings*. (Notes du Traducteur.)

dès l'instant de son arrivée dans sa nouvelle demeure, O-Tama y avait exercé et y maintenait un contrôle absolu. Les voisins cessèrent de rire de la docilité de Miyahara quand ils apprirent à mieux connaître O-Tama. Elle prit à cœur les intérêts de son mari plus que lui-même, elle s'occupa de tout, et administra ses affaires avec tant de tact qu'en moins de deux ans elle doubla son revenu. Miyahara avait évidemment trouvé une femme qui allait le rendre riche. Comme belle-mère elle se montra assez bonne, même après la naissance de son premier fils. O-Yoshi fut bien traitée et envoyée régulièrement en classe.

Tandis que les deux enfants fréquentaient encore l'école il se produisit un événement extraordinaire, depuis longtemps attendu. Des hommes grands et étranges, aux cheveux roux et aux longues barbes, — des étrangers venant de l'Occident, — arrivèrent dans la vallée accompagnés d'un grand nombre d'ouvriers indigènes. Et ils construisirent une voie ferrée à la base des collines, au delà des rizières et des bosquets de mûriers, à l'arrière du village. Une petite station fut élevée à l'angle que les rails formèrent avec l'ancienne route qui conduisait au temple de Kwannon ; le nom du village fut peint en caractères chinois sur un écriteau blanc. Une rangée de poteaux télégraphiques fut ensuite plantée parallèlement à la voie ferrée ; plus tard des trains arrivèrent en sifflant, s'arrêtèrent, et repartirent. Et leurs trépidations faisaient presque tomber les Bouddhas du vieux cimetière du haut de leur lotus de pierre.

Les enfants s'émerveillèrent de cette route étrange, tout unie et parsemée de cendres, avec ses doubles rangées de rails qui s'étendaient, brillants, au sud et au nord, vers le mystère. Et ils connurent une crainte respectueuse pour les trains qui arrivaient en rugissant, sifflant et fumant comme des dragons au souffle de tempête, en faisant trembler la terre sur leur passage. Mais cette crainte fit bientôt place à un intérêt plein de curiosité, a un intérêt qu'accrurent encore les explications que leur donna un de leurs professeurs. Il leur montra, en dessinant sur le tableau noir, comment on construisait une locomotive. Il leur apprit aussi l'opération merveilleuse du télégraphe, et il leur dit que la nouvelle capitale de l'ouest du Japon, et Kyoto, la Ville Sainte, allaient être reliées l'une à l'autre par le rail et par le fil, de façon qu'on pourrait franchir la distance qui les séparait en moins de deux jours, et que l'on enverrait des messages d'une ville à l'autre en quelques secondes.

Taro et O-Yoshi devinrent de très chers amis. Ils étudiaient et jouaient ensemble, et se

voyaient aussi à leurs demeures respectives.
Mais à l'âge de onze ans O-Yoshi fut retirée de
l'école pour aider sa belle-mère dans les soins
du ménage ; et dès lors Taro ne la vit plus que
rarement. Il termina ses propres études à quatorze ans, et se mit à apprendre le métier de
son père. Les chagrins vinrent. Après lui avoir
donné un petit frère, sa mère mourut, et la
même année son bon grand-père qui l'avait
conduit pour la première fois à l'école, mourut
à son tour.

Après ces événements, le monde parut à
Taro beaucoup moins joyeux qu'auparavant.
Rien d'autre ne troubla sa vie jusqu'à sa dix-
septième année. Parfois il se rendait à la demeure
de Miyahara, pour causer avec O-Yoshi. Elle
était devenue une femme frêle et jolie, mais
pour lui, elle était toujours la compagne de
jeu, gaie et joyeuse des heureux jours d'an-
tan.

IV

Une douce journée de printemps, Taro se sentit si solitaire, qu'il lui vint tout à coup l'idée
qu'il serait bien agréable de voir O-Yoshi. Il
existait sans doute en lui une association étroite

et secrète entre le sentiment de la solitude en
général, et le souvenir de son premier jour à
l'école en particulier. En tous cas, quelque
chose en lui, — peut-être ce qu'avait laissé
en son âme l'amour de sa mère morte, ou bien
quelque chose qui appartenait à d'autres disparus, — sollicitait un peu de tendresse, et il
était certain d'en trouver auprès d'O-Yoshi. Il
se dirigea donc vers la petite boutique. En
approchant, il entendit le rire de la jeune fille
et cela lui parut infiniment doux. Puis il la vit
servant un vieux paysan qui paraissait fort content, et qui bavardait avec loquacité. Taro dut
attendre, et il fut vexé de ne pouvoir immédiatement occuper à lui seul la conversation d'O-
Yoshi ; mais déjà il était un peu plus heureux,
rien qu'à se sentir près d'elle. Il la regarda,
et il se demanda soudain pourquoi il n'avait
pas encore remarqué combien elle était jolie.
Oui, elle était vraiment charmante, plus même
qu'aucune autre jeune fille du village. Il la
contemplait toujours, s'émerveillant, et il lui
semblait qu'elle devenait de plus en plus sédui-
sante. C'était très étrange : il ne pouvait le comprendre. Mais O-Yoshi parut pour la première
fois troublée par ses regards, et elle se mit à
rougir jusqu'à ses petites oreilles. Alors Taro
fut convaincu qu'elle était plus exquise qu'aucune femme au monde, et aussi plus douce et

meilleure. Il désirait le lui dire, et tout à coup il se sentit furieux contre le vieux paysan qui parlait si longtemps à O-Yoshi, comme si elle était une personne ordinaire. En quelques instants l'univers s'était transformé pour Taro, et il l'ignorait. Il savait seulement que depuis qu'il l'avait vue pour la dernière fois, O-Yoshi était devenue divine; dès que l'occasion se présenta, il lui ouvrit tout son cœur, et elle lui avoua ce que contenait le sien. Et ils s'émerveillèrent fort que leurs deux pensées se ressemblassent autant. Ce fut là le commencement de tous leurs malheurs.

V

Le vieux paysan que Taro avait vu s'entretenant avec O-Yoshi ne s'était pas rendu à la boutique simplement comme client : car, en plus de son véritable métier c'était un *nakodo* ou marieur professionnel, et, pour le moment il opérait pour le compte de Okazaki Yaïchiro, riche négociant en riz. Okazaki avait aperçu O-Yoshi : elle lui avait plu, et il avait chargé le *nakodo* de se renseigner sur la jeune fille et sur la situation de sa famille.

Okazaki Yaïchiro était haï par les paysans, et même par ses voisins de village. C'était un homme d'un certain âge, grossier, aux traits durs et aux manières insolentes, qui passait pour méchant. Il était connu pour avoir spéculé sur le riz avec succès, pendant une période de famine, et c'est là une chose que le paysan considère comme criminelle, et ne pardonne point. Il n'était pas né dans le pays, et il n'était apparenté à aucun des habitants. Il s'y était installé dix-huit ans auparavant, avec sa femme et son enfant, venant de quelque région de l'Ouest. Sa femme était morte depuis deux ans, et son fils unique, qu'il avait, disait-on, traité avec cruauté, l'avait subitement quitté et s'était enfui, nul ne savait où. D'autres vilaines histoires couraient sur son compte. On se chuchotait qu'une foule en furie avec pillé sa demeure et ses magasins, dans sa province natale, l'obligeant à prendre la fuite pour sauver sa vie. D'autres racontaient qu'il avait été forcé, la nuit de ses noces, à donner un banquet à Jizö.

Lors du mariage d'un fermier très impopulaire, la coutume existe encore, en certaines provinces, de l'obliger à régaler Jizö. Une bande de jeunes gens vigoureux pénètre de force dans la maison, portant une statue en pierre du dieu, qu'ils ont empruntée à quelque grande route ou à un cimetière avoisinant. Une foule considérable les suit. Ils déposent la statue dans « la salle des hôtes », et ils exigent qu'on fasse immédiatement à la déité d'amples offrandes de nourriture et de saké. Cela signifie, bien entendu, qu'ils réclament un grand festin pour eux, et il est plus que dangereux de leur refuser. Il faut servir ces convives importuns jusqu'à ce qu'ils ne puissent plus ni manger ni boire. L'obligation de donner un repas de ce genre n'est pas seulement un blâme public : c'est aussi un éternel déshonneur.

Okazaki voulait s'offrir une jeune et jolie femme, dans sa vieillesse ; mais malgré ses richesses, il trouva son désir moins facile à satisfaire qu'il ne l'avait d'abord pensé. Plusieurs familles avaient promptement répondu à ses propositions en exigeant des conditions inacceptables. Le chef du village avait répondu moins poliment, qu'il préférerait donner sa fille à un *oni* (démon). Et le spéculateur en riz se serait sans doute vu contraint à chercher une femme en quelque autre région, s'il ne lui était pas arrivé, après ces défaites, de remarquer O-Yoshi. La jeune fille lui plut beaucoup, et il crut qu'il pourrait l'obtenir en faisant certaines offres à ses parents, qu'il présumait être pauvres. Il essaya donc, par l'intermédiaire du *nakodo*, d'entrer en négociations avec la famille Miyahara.

La belle-mère paysanne d'O-Yoshi, quoique n'ayant aucune éducation, était le contraire d'une femme simple. Elle n'avait jamais aimé sa belle-fille, mais elle était trop intelligente pour se montrer cruelle envers elle sans raison. De plus O-Yoshi ne la gênait nullement : au contraire. C'était une travailleuse fidèle, obéissante, d'un caractère doux, et qui se rendait très utile dans la maison. Mais le même discernement calme qui reconnaissait les qualités de O-Yoshi, estimait aussi ses mérites au point de vue matrimonial.

Okazaki ne se douta point qu'il allait se trouver en face d'une femme qui lui était supérieure par sa finesse. O-Tama était au courant du passé du prétendant. Elle n'ignorait point ses essais infructueux pour trouver une épouse, dans de nombreuses familles du village et des alentours. Elle soupçonna que la beauté d'O-Yoshi avait peut-être provoqué une réelle passion, et elle savait qu'on pourrait profiter de l'infatuation du vieillard. O-Yoshi n'était pas merveilleusement belle, mais elle était jolie et gracieuse, et de manières fort attrayantes. Pour trouver une jeune fille l'égalant, Okazaki pourrait chercher longtemps. S'il refusait de payer largement l'avantage de posséder une épouse pareille, O-Tama connaissait plusieurs jeunes gens qui n'hésiteraient point à se montrer généreux. Okazaki pourrait obtenir O-Yoshi, mais ce ne serait qu'à de bonnes conditions. On verrait bien comment il se comporterait, quand on repousserait ses premières avances. S'il était

vraiment amoureux, on le forcerait à donner
plus que ne pourrait le faire aucun autre habitant de la région. Il était donc fort important de
découvrir la véritable nature de ses sentiments,
et de ne rien dire de tout cela à O-Yoshi pour
l'instant. Comme la réputation du *nakodo* dépendait du silence professionnel, il n'y avait pas
à craindre qu'il ne trahisse le secret.

La politique de la famille Miyahara fut arrêtée
dans un entretien qui eut lieu entre le père et
la belle-mère d'O-Yoshi. Le vieux Miyahara
n'aurait jamais osé s'opposer aux plans de sa
femme ; pourtant celle-ci prit d'abord la pré-
caution de le persuader qu'un tel mariage était
de l'intérêt de sa fille, à bien des points de vue.
Elle discuta avec lui les avantages financiers que
présenterait cette union. Elle lui représenta que
s'il y avait, en effet, des risques désagréables,
on s'en défendait en obtenant qu'Okazaki con-
sente certaines garanties préalables. Puis elle
dicta son rôle à son mari. Tant que dureraient
les négociations, les visites de Taro devaient
être encouragées. La sympathie que les deux
jeunes gens éprouvaient l'un pour l'autre n'était
qu'un sentiment léger comme une toile d'araignée, que l'on détruirait aisément le moment
venu; en attendant il fallait l'utiliser. Si Okazaki
entendait parler d'un jeune rival possible, cela
hâterait peut-être la conclusion souhaitée.

Ce fut pour ces raisons que lorsque le père de
Taro demanda O-Yoshi en mariage pour son
fils, sa demande ne fut ni acceptée ni repoussée.
On objecta seulement que O-Yoshi était d'une
année plus âgée que Taro, et qu'un tel mariage
serait contraire à la coutume, — ce qui était parfaitement vrai. Mais l'objection était faible ; elle
avait été choisie précisément à cause de son peu
d'importance apparente.

Les premières démarches d'Okazaki furent
accueillies, à ce même moment, de façon à lui
donner l'impression que l'on doutait de sa sincérité. Les Miyahara firent semblant de ne pas
comprendre le *nakodo*. Ils demeurèrent fermés,
même devant les assurances les plus directes,
jusqu'à ce que Okazaki crut politique de faire
ce qu'il croyait être une offre alléchante. Alors le
vieux Miyahara déclara qu'il remettait l'affaire
aux mains de sa femme, et qu'il se conformerait
à sa décision.

O-Tama repoussa incontinent la proposition,
en simulant un étonnement méprisant. Elle dit
aussi des choses peu agréables comme celle-ci : il
y avait une fois un homme qui voulait se procurer une très belle femme à bon marché. Enfin
il en trouva une qui déclara qu'elle ne mangeait
que deux grains de riz par jour. Il l'épousa, et,
en effet, chaque jour elle ne mettait dans sa
bouche que deux grains de riz, et il en fut très

heureux. Mais un soir, revenant de voyage, il
la surveilla en secret par une ouverture dans le
toit, et il la vit qui mangeait d'une façon monstrueuse, dévorant des monceaux de riz et de
poissons, et mettant toute la nourriture dans
un trou percé dans le haut de sa tête, sous ses
cheveux. Alors il comprit qu'il avait épousé la
Yamba-Omba.

O-Tama attendit un mois les effets de son
refus ; elle attendit avec confiance sachant que
la valeur que l'on prête à ce que l'on désire,
s'accroît à mesure qu'augmente la difficulté de
l'atteindre. Et, ainsi qu'elle l'avait prévu, le
nakado revint enfin. Cette fois Okazaki éle-
vait ses premières offres, et faisait des promesses
séduisantes. Alors O-Tama comprit qu'elle allait
le tenir en son pouvoir. Son plan de campagne
ne fut pas compliqué, mais il était fondé sur une
connaissance profonde et instinctive du vilain
côté de la nature humaine ; et elle était assurée
du succès. Les promesses n'étaient bonnes que
pour les insensés, et les contrats légaux compor-
tant des conditions n'étaient que des pièges
pour les simples d'esprit ! Non : Avant d'obtenir O-Yoshi il faudrait que Okazaki cédât une
bonne portion de son avoir.

VII

Le père de Taro désirait sincèrement que son fils épousât O-Yoshi, et il avait essayé de conclure cette union suivant la coutume habituelle. Il avait été surpris de ne pouvoir obtenir de réponse définitive des Miyahara. C'était un homme fort simple ; mais il possédait l'intuition des natures sympathiques, et les manières extraordinairement gracieuses d'O-Tama, qui lui avait toujours déplu, lui firent soupçonner qu'il n'avait rien à espérer. Il crut plus sage de faire part de son impression à Taro, ce qui eut pour résultat que le jeune homme se fit tant de chagrin qu'il tomba gravement malade d'une fièvre. Mais O-Tama n'avait point l'intention de réduire Taro au désespoir dès le début de son intrigue. Elle lui fit parvenir durant sa maladie des messages bienveillants, et même une missive d'O-Yoshi, qui eut l'effet souhaité de rallumer son espoir. Pendant sa convalescence il fut aimablement accueilli par les Miyahara, et on lui permit même de s'entretenir avec la jeune fille dans la boutique. Cependant aucune allusion ne fut faite à la visite de son père.

Les amoureux avaient aussi de fréquentes occasions de se rencontrer dans la cour de l'*uji-gami*, où O-Yoshi se rendait avec le plus jeune enfant de sa belle-mère. Mais, même parmi la foule de bonnes d'enfants et de jeunes mères qui s'y trouvaient, ils ne pouvaient échanger que quelques paroles, par crainte des commérages. Leurs espoirs n'avaient plus été traversés depuis un mois, lorsque O-Tama proposa aimablement au père de Taro un arrangement pécuniaire impossible. Elle avait levé un côté de son masque, car Okazaki se débattait violemment dans le filet qu'elle lui avait tendu, et à la violence des efforts du vieillard elle devinait que la fin était proche. O-Yoshi ignorait toujours ce qui se passait, mais elle avait de bonnes raisons pour redouter de n'être jamais unie à Taro. Chaque jour la voyait devenir plus maigre et plus pâle.

Un matin Taro emmena son petit frère à la cour du temple, dans l'espoir d'échanger quelques mots avec O-Yoshi. Ils se rencontrèrent, et il lui avoua qu'il avait peur. Il avait découvert que la petite amulette en bois que sa mère lui avait suspendue au cou quand il était tout enfant, s'était brisée dans son enveloppe en soie.

— Ce n'est pas un signe de mauvaise fortune, fit O-Yoshi. Cela prouve au contraire que les dieux vous ont protégé. Une maladie a sévi dans le village ; vous avez pris la fièvre, mais vous vous en êtes guéri. Le talisman sacré vous a préservé. Racontez cela au prêtre, et il vous en donnera un autre.

Parce qu'ils étaient très malheureux, et qu'ils n'avaient jamais fait de mal à personne, ils se mirent à raisonner sur la justice de l'univers.

Taro dit :

— Peut-être nous sommes-nous haïs dans quelque vie précédente ? Peut-être ai-je été méchant envers vous, ou avez-vous été mauvaise pour moi ? Et tout ceci est notre punition. Les prêtres l'affirment.

O-Yoshi lui répondit avec un peu de son enjouement de naguère :

— Dans ce temps-là j'étais un homme, et vous étiez une femme. Je vous aimais beaucoup. Mais vous avez été cruel pour moi. Je m'en souviens fort bien.

— Vous n'êtes point un Bosatsu, répliqua Taro, en souriant malgré son chagrin, et vous ne pouvez donc vous rappeler de quoi que ce soit. C'est seulement dans le premier des dix états d'un Bosatsu que nous commençons à nous souvenir du passé.

— Comment savez-vous que je ne suis pas un Bosatsu ?

— Vous êtes une femme. Et une femme ne peut être un Bosatsu.

— Mais est-ce que Kwan-ze-on-Bosatsu ne fut pas une femme ?

— Cela est vrai. Mais un Bosatsu ne peut rien aimer sauf le *kyo*.

— Shaka[1] n'eut-il pas une épouse et un fils ? Et ne les chérissait-il point ?

— Oui, mais vous savez qu'il dut les quitter.

— Cela est très vilain, même de la part de Shaka. Mais je ne crois pas à toutes ces légendes. Me quitteriez-vous si vous pouviez m'avoir ?

Ils raisonnèrent et discutèrent ainsi, et ils rirent même parfois. C'était si agréable d'être ensemble ! Mais soudain la jeune fille redevint sérieuse et dit :

— Écoutez-moi. La nuit dernière j'ai fait un rêve. J'ai vu une rivière étrange et sinueuse, et plus loin la mer. Il me semblait que je me tenais à côté de la rivière, près de l'endroit où elle se jetait dans la mer. Et j'avais peur, très peur ; je ne savais pourquoi. Puis je regardai, et je vis qu'il n'y avait pas d'eau dans la rivière, ni dans la mer, mais seulement les ossements des Bouddhas. Et ils remuaient tous, comme font les ondoiements de l'eau.

Il me sembla ensuite que j'étais chez moi. Et je crus que vous m'aviez donné une belle étoffe de soie pour qu'on m'en fît un kimono. Je le vis terminé, et je m'émerveillais parce qu'au début il m'avait paru être de diverses cou-

1. Nom japonais de Çakyamouni.

leurs, et que maintenant il était tout blanc. Je l'avais sottement croisé autour de moi, sur la gauche, ainsi que l'on croise les robes des morts. Puis je me rendis aux demeures de tous mes parents pour leur dire adieu ; et je leur déclarai que je me rendais au Meido. Ils m'en demandèrent la raison ; mais je ne pouvais leur répondre...

— Cela est un présage fort heureux, affirma Taro. C'est très bon de rêver des morts. Peut-être cela veut-il dire que nous serons bientôt mari et femme ?

Cette fois la jeune fille ne répondit rien ; et elle ne sourit pas.

Taro demeura silencieux un instant, puis il murmura :

— Si vous croyez, Yoshi, que ce n'était pas un bon rêve, racontez-le tout bas à la plante du nanten, dans votre jardin : et alors il ne se réalisera point.

Mais le même soir, le père de Taro reçut l'annonce que Miyahara O-Yoshi allait devenir l'épouse de Okazaki Yaïchiro.

VII

O-Tama était vraiment une femme fort intelligente. Elle n'avait jamais commis d'erreurs sérieuses. C'était un de ces êtres merveilleusement organisés, qui réussissent dans la vie grâce à l'aisance parfaite avec laquelle ils exploitent les natures inférieures. L'expérience de ses ancêtres paysans en fait de patience, de ruse, d'intelligence, de prévoyance et d'économie, aboutissait dans son esprit peu instruit à former un mécanisme parfait. Ce mécanisme fonctionnait sans la moindre erreur, tant qu'il restait dans le milieu pour lequel il avait été fait, et tant qu'il agissait sur une espèce particulière d'humanité : le paysan. Mais il existait une autre nature que O-Tama comprenait moins bien, parce que rien dans son expérience ancestrale ne pouvait l'aider à la comprendre. Elle ne croyait aucunement à toutes ces anciennes idées sur les dissemblances de caractère existant entre les *Samuraïs* et les *Heimin*. Elle pensait qu'il n'y avait jamais eu de différences entre les classes militaires et agricoles, sauf celles du rang établies par les lois et les coutumes : et celles-là avaient été mauvaises. Les lois et les coutumes, pensait-elle, avaient eu comme effet de rendre les gens de la classe des Samuraïs obtus et incapables, et elle méprisait secrètement tous les *shizoku*. O-Tama les avait vus réduits à la misère par leur inaptitude aux rudes travaux, et par leur ignorance absolue des méthodes des affaires, et elle avait vu les bons que le gouvernement leur avait délivrés, passer de leurs mains dans les griffes des spéculateurs de la classe la plus vulgaire. O-Tama méprisait la faiblesse et l'incapacité : elle considérait le vendeur de légumes le plus commun comme bien supérieur à l'ancien Karo, obligé dans son vieil âge à mendier auprès de ceux qui naguère se déchaussaient et courbaient la tête jusque dans la boue, sur son passage.

O-Tama ne pensait pas que ce fût un avantage pour O-Yoshi d'avoir eu une mère Samuraï. Elle attribuait à cette origine la délicatesse de la jeune fille, et elle considérait son ascendance comme un véritable malheur. Tout ce qui dans le caractère d'O-Yoshi pouvait être compris par quelqu'un qui n'était pas d'une classe supérieure avait été clairement déchiffré par O-Tama ; et, entre autres choses elle avait vu parfaitement qu'elle ne gagnerait rien à se montrer d'une dureté injustifiée envers cette enfant : ce n'était point du reste pour ménager ainsi une des qualités qu'elle détestait. Mais il existait d'autres qualités d'O-Yoshi que O-Toma ne perçut jamais nettement : une sensibilité profonde, quoique bien dissimulée, à toute faute morale, un respect de soi inébranlable, et une réserve de volonté latente qui saurait triompher de toute douleur physique. Il advint donc que l'attitude d'O-Yoshi en apprenant qu'elle allait devenir l'épouse d'Okazaki surprit sa belle-mère. Celle-ci s'était attendue à de la révolte. Elle s'était trompée.

Tout d'abord la jeune fille devint blanche comme la mort. Mais l'instant d'après elle rougit, sourit, se prosterna, et étonna agréablement les Miyahara en déclarant, dans le langage formel de la piété filiale, qu'elle était prête à obéir en toutes choses à la volonté de ses parents. Il ne perça même pas dans ses manières le moindre ennui dissimulé, et O-Tama en fut si heureuse qu'elle la mit dans la confidence, et lui raconta en partie la comédie des négociations, et toute l'étendue des sacrifices que Okazaki avait été forcé de faire. Et après les consolations qui sont généralement données à une jeune fille fiancée sans son consentement à un vieillard, O-Tama offrit aussi à O-Yoshi quelques conseils fort précieux sur la manière de gouverner Okazaki. Le nom de Taro ne fut même pas prononcé. O-Yoshi remercia sa belle-mère avec reconnaissance pour ses bons conseils, en faisant de gracieux saluts. C'étaient du reste des avis admirables, et une paysanne intelligente, instruite par une femme telle que O-Tama, aurait pu supporter de vivre avec Okazaki. Mais O-Yoshi n'était qu'une demi-paysanne. Sa soudaine pâleur suivie de rougeur à l'annonce du sort qui lui était réservé, furent causées par deux émotions dont O-Tama était loin de soupçonner la nature. Elles représentaient toutes deux un phénomène de pensée bien plus complexe, et plus rapide, qu'O-Tama n'en avait jamais ressenti dans toute son expérience de femme cupide et calculatrice.

La première de ces impressions fut un choc d'horreur, accompagnant la pleine divination de l'absolue insensibilité morale de sa belle-mère, de l'inutilité de toute protestation, de la cruauté et de la honte de la vente de sa personne à ce hideux vieillard, dans le seul désir d'un gain superflu. Mais, presque simultanément elle eut conscience de la nécessité d'avoir du courage et de la force, pour faire face au danger, et d'avoir aussi de la subtilité pour déjouer la ruse de O-Tama. Ce fut alors qu'elle sourit. Et, comme elle souriait, sa jeune volonté s'affermit comme l'acier, de cette qualité d'acier qui coupe même le fer sans ébrécher son tranchant. Elle sut immédiatement ce qu'il fallait faire : son sang samuraï le lui dit, et elle ne simula le consentement que pour gagner du temps et guetter l'occasion. Elle se sentait déjà si certaine du triomphe qu'elle dut se retenir pour ne pas rire tout haut. La lueur de ses yeux déçut complètement O-Tama, qui n'y discerna qu'une manifestation de satisfaction, qu'elle attribua à une soudaine compréhension des avantages d'une si belle union.

On était au treizième jour du neuvième mois ; le mariage devait être célébré le six du mois suivant. Mais trois jours plus tard, O-Tama, se levant à l'aube, s'aperçut que sa belle-fille avait disparu pendant la nuit. Taro Uchida avait quitté la maison de son père depuis l'après-midi précédent. Quelques heures plus tard, on reçut des lettres de tous les deux.

VIII

Le train du matin venant de Kyôto était arrivé, et la petite gare était pleine de bruit et de bousculade, — claquement de *getas*, bourdonnements de conversations, auxquels se mêlaient les cris des garçons du village qui vendaient des gâteaux et des déjeuners : *Kwashi yoros!* — *Sushi yoros !* — *Bento Yoros !* Cinq minutes s'écoulèrent, puis les bruits des getas, des portes qu'on refermait, et les cris des vendeurs se turent : un sifflet retentit ; le train s'ébranla et partit. Il s'éloigna en trépidant, se dirigeant, haletant, vers le Nord, et la petite gare se vida peu à peu. L'agent de police de service à la grille la referma, et se mit à arpenter la plate-forme sablée, en contemplant les rizières silencieuses.

L'automne était venu, la Période de la Grande Lumière. Le flamboiement du soleil était soudain devenu plus blanc, les ombres étaient plus définies, et tous les contours étaient aussi nets que ceux d'éclats de verre. Les mousses que la chaleur estivale avait depuis longtemps desséchées se ravivaient en de merveilleuses taches, ou en bandes d'un vert brillant et doux, dans les espaces ombragés mais dénudés du noir terrain volcanique. Dans chaque groupe de pins vibrait le sifflement aigu des *tsuku-tsuku-bôshi*, et au-dessus de tous les petits fossés et canaux, passait comme un zigzag silencieux de minuscules éclairs, — comme des scintillements d'émeraude et de rose, et de bleu d'acier, — les vols des libellules.

Or, ce fut peut-être grâce à l'extraordinaire transparence de l'air matinal, que l'agent de police put apercevoir, dans le lointain, vers le nord, quelque chose sur la voie qui le fit tressaillir, — et aussitôt, protégeant ses yeux avec ses mains, il regarda l'horloge. En général l'œil noir d'un agent japonais, pareil à celui du milan planant dans les airs, ne manque jamais de discerner le moindre fait inusité qui se produit dans le rayon de sa vision. Je me souviens qu'une fois, dans la lointaine Oki, désirant contempler, sans être vu moi-même, une danse masquée qui avait lieu dans la rue devant mon auberge, je fis un petit

trou dans la fenêtre en papier du deuxième
étage, par lequel je regardai la cérémonie. Un
agent en costume blanc, la casquette à couvre-
nuque, car c'était la mi-été, descendit la rue. Il
ne parut même pas voir les danseurs, ou la foule
au milieu de laquelle il passait sans même tourner la tête. Il s'arrêta soudain, et fixa son regard
exactement sur le trou dans mon shŏji : car à
ce trou il avait aperçu un œil qu'il avait immédiatement reconnu appartenir à un étranger, à
cause de sa forme ! Il entra dans l'auberge, et
me posa des questions au sujet de mon passe-
port qui avait déjà été examiné.

Voici ce que l'agent de police du village observa et rapporta ensuite : à plus d'un demi-mille
au nord de la station, deux personnes étaient
parvenues à la voie ferrée, en traversant les rizières, après avoir vraisemblablement quitté une
ferme située bien au nord-ouest du village. L'une
d'elles était une femme, qu'il jugea devoir être
fort jeune d'après la couleur de sa robe et de sa
ceinture. L'express de Tokyo allait arriver quelques minutes plus tard, et déjà l'on pouvait apercevoir de la plate-forme de la station la fumée qui
s'avançait. Les deux personnes se mirent alors
à courir très vite, le long de la voie sur laquelle
arrivait le train. Elles disparurent à un tournant.

C'étaient Taro et O-Yoshi. Ils coururent rapidement pour échapper à l'observation de cet

agent, et aussi afin de rencontrer l'express aussi loin de la gare que possible. Après avoir dépassé le tournant, ils ralentirent leur allure, et se mirent à marcher, car ils apercevaient la fumée du train. Dès qu'ils virent le train lui-même, ils quittèrent la voie pour ne pas alarmer le mécanicien, et ils attendirent, la main dans la main. Une minute plus tard le sourd grondement parvint à leurs oreilles, et ils comprirent que le moment était venu. Ils redescendirent sur la voie, se tournèrent, s'enlacèrent l'un à l'autre, et s'étendirent, joue contre joue, très vite et très doucement, sur le rail intérieur qui résonnait déjà comme une enclume.

L'adolescent sourit ; la jeune fille resserrant ses bras autour du cou de son bien-aimé, lui murmura tout bas :

— Pour l'espace de deux, et même de trois vies, je suis votre femme. Et vous êtes mon époux, Taro-Sama (1).

Taro ne répondit rien, car presque au même moment, malgré les efforts frénétiques du mécanicien pour arrêter l'express grâce aux freins à air sur une distance de moins de cent mètres, les roues passèrent sur les deux amoureux. Elles coupèrent les deux corps bien régulièrement, comme eussent fait des ciseaux énormes.

1. Taro. Mon Seigneur.

IX

Les villageois placent maintenant des coupes de bambous remplies de fleurs sur l'unique pierre tombale du couple enfin uni ; ils y brûlent des bâtonnets d'encens, et répètent des prières. Cela n'est pas du tout orthodoxe, car le Bouddhisme prohibe le jóshi, et le champ où reposent Taro et O-Yoshi est un cimetière bouddhiste. Pourtant cette piété s'inspire de la religion — d'une religion digne d'un profond respect.

Vous vous demandez comment et pourquoi il se fait que des gens adressent des prières à ces morts. Tous ne le font pas, mais les amoureux, — et surtout les amoureux malheureux, — le font. Les autres personnes se contentent de décorer la tombe, et de réciter des textes pieux. Mais les amants y viennent chercher une sympathie et une aide spirituelle. Je dus moi-même en demander la raison, et on me répondit :

— *Parce que ces morts ont tant souffert !*

Donc, la pensée qui inspire ces prières, semblerait être à la fois plus ancienne et plus moderne que le Bouddhisme : c'est l'Idée de la Religion Eternelle de la Souffrance !

UN VŒU EXAUCÉ

Puis, quand ton âme quittera ton corps et que tu parviendras au libre éther, tu seras pareil à un Dieu éternel et immortel ; et la mort n'aura plus de pouvoir sur toi.

Les Versets d'Or.

Les rues étaient pleines de blancs uniformes, d'appels de clairons, et du sourd roulement de l'artillerie. Pour la troisième fois dans l'histoire, les armées du Japon avaient conquis la Corée ; et la déclaration impériale de guerre contre la Chine avait été publiée dans les journaux imprimés sur papier cramoisi. Toutes les forces militaires de l'empire étaient en marche. Les premières lignes de la réserve avaient été mobilisées et les troupes se déversaient dans Kumamoto. Les habitants durent loger des milliers d'hommes ; car les casernes, les auberges et les temples ne suffisaient pas à abriter les bataillons de passage. Même ainsi la place manquait. Pourtant des trains spéciaux emportaient aussi rapidement que possible des régiments entiers vers le nord, jusqu'aux navires qui les attendaient à Shimonoseki.

Cependant, malgré ce formidable mouvement d'hommes, la ville était étonnamment tranquille. Les soldats étaient silencieux et doux comme le sont les petits garçons japonais pendant les heures de classe ; ils ne montraient ni forfanterie ni gaîté insouciante. Les prêtres bouddhistes haranguaient les troupes dans les cours des temples ; et une grande cérémonie avait déjà été célébrée sur le terrain de manœuvres par l'archiprêtre de la secte de Shinshu [1] venu tout exprès de Kyôto. Des milliers de troupiers avaient été placés par lui sous la protection d'Amida [2] : une lame nue de rasoir, posée un instant sur chacune de ces jeunes têtes, symbolisait la renonciation volontaire aux vanités de cette vie, et la consécration du soldat. Dans tous les édifices sacrés de la religion ancienne [3] des prières étaient adressées par les prêtres et le peu-

1. Shinshu : Vraie secte fondée sur le « vœu originel » de Amitâbha. Comte Otani en est le chef ; elle fut fondée au XIIIᵉ siècle.

2. Amitâbha, nom d'un Bouddha idéal, qui est le Bouddha de la Lumière Incommensurable, et dont l'image que l'on trouve dans les temples, est généralement dorée de la tête aux pieds.

3. Le Shintoïsme, adoration des ancêtres et de la nature, formant la religion primitive du pays. (Notes du Traducteur.)

17

ple aux dieux des armées, et aux ombres des
héros qui combattirent et moururent pour leur
Empereur aux temps passés. Dans le temple
Shinto de Fujisaki, des talismans sacrés étaient
distribués aux hommes. Mais les cérémonies les
plus importantes étaient celles de Honmyōji, le
monastère renommé de la secte de Nichiren, où
les cendres de Kato Kyomasa, conquérant de
la Corée, ennemi des Jésuites et protecteur des
Bouddhistes, reposent depuis trois cents ans ; —
Honmyōji, où le chant des pèlerins scandant l'in-
vocation sacrée *Namu-myō-hō-renge-kyō*, résonne comme le tonnerre des brisants, — Honmyōji, où on peut acheter de merveilleux petits
mamori ayant la forme de menues châsses
bouddhistes, et contenant chacun de minuscules images du guerrier déifié. Dans le grand
temple central, et dans tous les temples plus
petits qui bordent la longue avenue, des services étaient célébrés, et des prières spéciales
sollicitant une aide spirituelle étaient adressées
à l'âme du héros. L'armure, le casque, et le
sabre de Kyomasa, conservés dans la châsse
principale depuis plus de trois siècles, n'étaient
plus visibles. Certains prétendaient qu'ils avaient
été envoyés en Corée pour stimuler l'héroïsme
de l'armée. Mais d'autres racontaient qu'on avait
entendu les échos du trot d'un cheval réson-
nant, la nuit, dans la cour du temple, et qu'on

avait vu passer une Ombre puissante, ressuscitée du sommeil de sa poussière pour conduire
une fois de plus les armées du Fils du Ciel à la
Victoire. Sans doute même parmi les soldats,
braves et naïfs jeunes gens venus de la campagne, beaucoup ajoutèrent foi à ce récit, comme
les habitants d'Athènes crurent à la présence de
Thésée à Marathon ; et peut-être plus encore,
parce que pour un assez grand nombre de re-
crues, la ville de Kumamoto elle-même paraissait
un lieu miraculeux, sanctifié par la tradition du
grand guerrier : le château construit par Kyomasa, d'après le plan d'une forteresse de Chö-
sen [1], prise par l'assaut, leur semblait aussi une
des merveilles du monde.

Au milieu de tous ces préparatifs, les gens
demeurèrent singulièrement tranquilles. D'après
les seuls signes extérieurs, nul n'aurait pu
deviner le sentiment général [2]. Le calme du

---

1. Ville de Chine.
2. Ceci fut écrit à Kumamoto, pendant l'automne de 1894.
L'enthousiasme de la nation était concentré et silencieux, mais
sous ce calme extrême couvait toute la férocité des vieux
temps féodaux. Le gouvernement se vit obligé de décliner les
offres de service de myriades de volontaires, surtout d'hommes d'épée. Si on avait fait appel aux volontaires, je suis certain que 100.000 hommes auraient répondu en une semaine.
Mais l'esprit guerrier se manifesta en d'autres façons non moins
pénibles qu'extraordinaires. Beaucoup se tuèrent en se voyant
refuser l'admission au service militaire ; et je cite au hasard
certains faits curieux tirés de la presse locale :

public était essentiellement japonais, la race comme l'individu, devenant, à ce qu'il semble pourtant, plus renfermée et contenue, que ses émotions sont mises profondément en jeu.

Un gendarme se tua de chagrin pour avoir été chargé d'escorter de Sôul au Japon le ministre Otori, au lieu de se rendre au champ de bataille. Un officier, nommé Ishiyama, que la maladie empêcha de rejoindre son régiment le jour où celui-ci partit pour la Corée, se leva de son lit de douleur et, après avoir salué le portrait de l'Empereur, se suicida avec son épée. Un soldat d'Osaka appelé Ikéda, ayant appris que, à la suite de quelques manquements à la discipline il ne serait pas autorisé à se rendre aux postes avancés, se brûla la cervelle de désespoir. Le capitaine Kani, de la Brigade Mixte, fut terrassé par la maladie tandis que son régiment donnait l'assaut à un fort près de Chinchow, et fut porté sans connaissance à l'ambulance. Étant rétabli, il alla une semaine plus tard (le 28 novembre) à l'endroit où il était tombé, et se tua, laissant cette lettre traduite par le *Japan Daily Mail* : « Ce fut ici que la maladie m'obligea à m'arrêter, et à laisser mes hommes donner l'assaut de la forteresse sans moi. Je ne pourrai jamais, dans cette vie, me laver d'un tel déshonneur. Je meurs donc pour sauvegarder ma réputation, laissant cette lettre parler pour moi. »

Un lieutenant à Tokyö, qui était veuf et qui ne pouvait trouver personne pour prendre soin de sa petite fille, la tua et rejoignit son régiment avant que les faits ne fussent connus. Il chercha et trouva la mort sur le champ de bataille, afin de pouvoir accompagner son enfant jusqu'au Meido.

Cela rappelle le terrible esprit des temps féodaux. Avant de se rendre à un combat sans espoir, le Samuraï tuait parfois sa femme et ses enfants, afin de mieux oublier ces trois choses dont nul guerrier ne doit se souvenir sur le champ de bataille: son foyer, les êtres qui lui sont chers, et son propre corps. Après cet acte d'héroïsme farouche, le Samuraï était prêt pour le « Shini-Mono-gurui », « l'heure de la furie de la mort », ne donnant et n'acceptant pas de quartier.

L'Empereur avait envoyé des présents à ses
troupes en Corée, ainsi que des paroles d'affection paternelle, et les citoyens, suivant cet auguste
exemple, expédiaient par chaque navire des provisions de vin, de riz, de fruits, de douceurs, de
tabac et des cadeaux de tous genres. Ceux qui
ne pouvaient donner des choses coûteuses, en-
voyaient des sandales en paille. La nation entière
souscrivait aux fonds de guerre, et la ville de
Kumamoto, quoique elle ne fût point opulente,
faisait, aidée par ses riches et par ses pauvres,
tout ce qu'elle pouvait pour prouver sa loyauté.
Le chèque du négociant, le dollar de papier de
l'artisan, la dîme du laboureur, et les pièces de
cuivre du kurumaya se confondaient dans la
grande fraternité d'abnégation spontanée. Les
enfants même donnaient ; et leurs petites et
pathétiques contributions n'étaient point refu-
sées, dans la crainte de décourager l'universel
élan de patriotisme.

Dans toutes les rues des souscriptions étaient
recueillies, pour secourir les familles des réser-
vistes, — hommes mariés, ayant pour la plupart
d'humbles occupations, et qui s'étaient vus
obligés de laisser soudainement leurs femmes
et leurs enfants sans moyen d'existence. Les
citoyens prirent volontairement et solennelle-
ment le serment de fournir ces moyens. On
ne pouvait douter qu'avec tout l'amour désin-

téressé qu'ils laissaient derrière eux, les soldats accompliraient plus que leur devoir.

C'est ce qu'ils firent.

II

Manyemon[1] me dit qu'un soldat désirait me parler.

— Oh Manyemon ! j'espère qu'on ne va pas exiger que nous logions des troupiers ici ! La maison est trop petite. Demandez-lui, s'il vous plaît, ce qu'il désire.

— Je l'ai fait, répondit Manyemon. Il dit qu'il vous connaît !

J'allai à l'entrée de ma demeure, et je vis un beau jeune homme en uniforme qui me sourit et enleva sa casquette comme j'avançais vers lui. Je ne le reconnaissais point. Cependant son sourire m'était familier. Où l'avais-je vu auparavant ?

— Maître, m'avez-vous vraiment oublié ?

Je le contemplai encore un instant, étonné. Alors il se mit à rire doucement, et murmura son nom :

— Kosuga Asakichi !

1. Le vieil interprète de Lafcadio Hearn.

Comme mon cœur bondit vers lui, tandis que je lui tendais les mains!

— Entrez! Entrez! criai-je. Mais que vous êtes devenu grand et beau! Il n'est pas surprenant que je ne vous aie point reconnu tout d'abord.

Il rougit comme une jeune fille, pendant qu'il enlevait ses chaussures, et défaisait son ceinturon. Je me souviens qu'il rougissait ainsi, jadis, en classe, quand il commettait une erreur, et aussi quand on le félicitait. Son cœur conservait évidemment sa fraîcheur d'autrefois, du temps où il était un timide adolescent de seize ans, au collège de Matsue. Il avait obtenu la permission de venir me dire adieu : son régiment partait le lendemain matin pour la Corée.

Nous dînâmes ensemble, et parlâmes des jours passés, d'Izumo, de Kitzuki, de bien des choses agréables. J'essayai vainement au début de lui faire prendre un peu de vin, ignorant qu'il avait promis à sa mère de ne jamais en boire, tant qu'il serait à l'armée. Alors je substituai du café au vin, et le persuadai de me raconter tout ce qu'il avait fait.

Après avoir pris ses grades, il était retourné à son village natal, pour aider les siens qui étaient de riches fermiers. Il s'était aperçu que les études agricoles qu'il avait faites au collège, lui étaient fort utiles. Un an plus tard, tous les

jeunes gens du village parvenus à l'âge de dix-
neuf ans, et lui parmi eux, furent conviés au
temple bouddhiste pour passer un double con-
seil de revision physique et intellectuel. Il fut
admis comme *ichiban* (première classe) par le
chirurgien-examinateur, et le major-recruteur
(*shosa*), et il fut appelé à la prochaine conscrip-
tion. Après treize mois de service il se vit promu
au rang de sergent. Il aimait l'armée. Au début
il fut caserné à Nagoya, puis à Tokyo ; mais apprenant que son régiment ne devait pas être
envoyé en Corée, il demanda et obtint d'être
transféré à la division de Kumamoto.

— Et maintenant je suis si heureux ! s'écriat-
t-il, le visage rayonnant de la joie d'un soldat.
Nous partons demain !

Et il rougit de nouveau, comme honteux
d'avoir avoué son franc contentement. Je songeai à la profonde réflexion de Carlyle, qui a
dit que les leurres qui attirent les nobles cœurs
ne sont jamais les p'aisi ., mais seulement la
souffrance et la mort. J' pensais aussi, ce que je
ne pouvais dire à aucun Japonais — que la joie
contenue dans les yeux de ce jeune homme ne
ressemblait à rien que j'eusse vu auparavant,
sauf à la caresse du regard d'un amoureux le
matin de ses noces !

— Vous souvenez-vous, dis-je, lorsque vous
avez déclaré dans la salle de classe, que

vous désiriez mourir pour Sa Majesté l'Empereur ?

— Oui, répondit-il en riant. Et l'occasion est venue, non seulement pour moi, mais aussi pour plusieurs de mes anciens camarades.

— Où sont-ils ? demandai-je. Avec vous ?

— Non ! Ils étaient tous dans la division de Hiroshima, et ils sont déjà en Corée. Imaoka (vous vous souvenez de lui, maître : il était très grand), et Nagasaki et Ishihara, ont tous trois pris part au combat de Söng-Hwan. Et vous souvenez-vous de notre lieutenant instructeur ?

— Le lieutenant Fuji ? Oui. Il s'était retiré de l'armée.

— Mais il faisait partie de la réserve. Il s'est également rendu en Corée. Il a eu un autre fils depuis votre départ d'Izumo.

— Lorsque j'étais à Matsue, remarquai-je, il avait deux petites filles, et un garçon.

— Oui : maintenant il a deux fils.

— Alors sa famille doit être bien inquiète à son sujet ?

— Mais *il* n'est pas inquiet, répliqua le jeune homme. C'est très honorable de mourir pendant la bataille ; et le Gouvernement subviendra aux besoins des familles de ceux qui seront tués. Nos officiers n'ont donc pas de crainte. Seulement, c'est bien triste de mourir lorsqu'on n'a pas de fils !

17.

— Vraiment ?

— N'est-ce pas ainsi, dans l'Occident ?

— Au contraire : nous trouvons qu'il est bien triste de mourir quand on a des enfants.

— Mais pourquoi ?

— Tout bon père doit être inquiet de l'avenir de ses enfants. S'il venait à leur être soudainement enlevé, ceux-ci auraient peut-être à souffrir bien des peines.

— Il n'en est pas de même pour les familles de nos officiers. Les parents prennent soin de l'enfant, et le Gouvernement donne une pension. Le père n'a donc aucun sujet de crainte. Mais c'est bien affligeant de mourir pour celui qui n'a pas d'enfant !

— Entendez-vous, par là, que c'est affligeant pour la femme et les autres membres de la famille ?

— Non. Je veux dire que c'est douloureux pour l'homme lui-même, pour le mari.

— Et comment cela ? A quoi un fils peut-il servir à un mort ?

— Le fils hérite; le fils maintient le nom de la famille ; le fils fait les offrandes.

— Les offrandes aux morts? demandai-je.

— Oui. Comprenez-vous, à présent ?

— Je comprends le fait, mais pas le sentiment. Les militaires ont-ils encore ces croyances ?

— Certainement. N'en existe-t-il pas de pareilles dans l'Occident ?

— Pas de nos jours. Les anciens Grecs et les Romains avaient des croyances semblables. Ils pensaient que les esprits ancestraux demeuraient au foyer, recevaient les offrandes, et protégeaient la famille. Nous savons en partie pourquoi ils avaient ces idées ; mais nous ignorons ce qu'ils ressentaient exactement, parce que nous ne pouvons comprendre les sentiments que nous n'avons jamais ressentis. Pour la même raison, je ne puis me rendre compte du véritable sentiment d'un Japonais envers les morts.

— Alors vous pensez que la Mort est la fin de tout ?

— Ce n'est pas là l'explication de mon embarras. Certains sentiments sont hérités, et peut-être aussi certaines idées. Vos sentiments et vos pensées relatifs aux morts, et aux devoirs des vivants envers les morts, diffèrent radicalement de ceux d'un Occidental. Pour nous, l'idée de la mort est celle d'une séparation totale, non seulement des vivants, mais aussi du monde entier. Le Bouddhisme ne parle-t-il pas aussi d'un long et sombre voyage que les morts doivent entreprendre ?

— Oui, le voyage vers le Meido. Tous doivent le faire. Mais nous ne songeons pas à la

Mort comme à une séparation complète. Nous pensons aux disparus comme s'ils étaient encore avec nous. Nous leur parlons chaque jour.

— Je le sais. Mais j'ignore les idées qui se dissimulent derrière les faits. Si les morts se rendent au Meido, pourquoi fait-on des offrandes aux ancêtres sur les autels de chaque famille ? Pourquoi leur adresse-t-on des prières comme s'ils étaient vraiment présents ? Les gens communs ne confondent-ils pas ainsi les enseignements bouddhistes, et la croyance du Shintoïsme ?

— Quelques-uns le font peut-être. Mais les offrandes adressées aux morts sont faites simultanément en différents endroits, même par des personnes qui sont seulement bouddhistes, dans les temples paroissiaux, et devant le *butsudan* de la famille.

— Mais comment peut-on songer aux âmes comme étant à la fois au Meido, et en divers autres lieux ? Et même si le peuple croit que l'âme est multiple, cela ne résout pas la contradiction, car, suivant l'enseignement bouddhiste, les morts sont jugés.

— Nous concevons l'âme comme étant à la fois une et plusieurs. Nous y songeons comme à une personne, mais non comme à une substance. Nous y pensons comme à quelque chose

qui peut être en plusieurs endroits à la fois,
comme, par exemple, un mouvement de l'air.

— Ou d'électricité ? suggérai-je.

— Oui.

Évidemment l'idée du Meido et celle de l'adoration des morts au foyer n'avaient jamais
paru inconciliables à mon jeune ami : peut-être
pour celui qui a étudié la philosophie bouddhiste,
les deux croyances ne paraissent pas en désaccord. Le Sûtra du Lotus de la Bonne Loi enseigne que l'état de Bouddha « *est sans fin et sans
limite, immense comme l'élément de l'éther* ».
Et il dit d'un Bouddha qui avait depuis longtemps pénétré au Nirvâna : « *Même après son
extinction complète, il erra à travers le monde
entier, dans les dix points de l'espace* ». Et le
même Sûtra, après avoir narré l'apparition si-
multanée de tous les Bouddhas qui ont jamais
existé, déclare que le Maître proclama : « *Tous
ceux que vous voyez sont mes propres corps, par
milliers de kotis[1], pareils aux sables du Gange.
Ils ont apparu, afin que la loi puisse être accom-
plie.* »

Mais il me sembla évident que dans l'imagination naïve des gens du peuple, aucun accord
réel n'avait jamais pu être établi entre les conceptions primitives du Shintoïsme, et la doctrine

1. Koti : dix millions.

bouddhiste, beaucoup plus définie, sur le jugement des âmes.

— Pouvez-vous vraiment songer à la mort
comme à la vie, comme à une lumière? dis-je.

— Ah oui ! répondit-il en souriant. Nous
croyons qu'après la mort nous serons encore
avec nos familles. Nous verrons encore nos parents et nos amis. Nous demeurerons dans le
monde, contemplant la lumière comme à présent.

Il me vint soudain à la mémoire quelques
paroles contenues dans le devoir d'un étudiant,
se rapportant à l'avenir d'un homme vertueux,
et qui se parèrent pour moi d'une signification
nouvelle : « *Son âme planera éternellement dans
l'Univers.* »

— Donc, reprit Asakichi, celui qui a un fils
peut mourir tranquille.

— Est-ce parce que le fils fera les offrandes
de nourriture et de vin sans lesquelles l'âme
du mort souffrirait ?

— Pas seulement à cause de cela. Il y a des
devoirs bien plus importants que celui de faire
des offrandes. C'est parce que tout homme,
après sa mort, a besoin de quelqu'un pour l'aimer. Vous me comprenez maintenant ?

— Je comprends vos paroles, dis-je et les articles de la foi. Mais je ne saisis pas le sentiment. Je ne puis croire que l'amour des vivants

me rendrait heureux, après ma mort ! Je ne puis même pas m'imaginer conscient d'un amour, après la mort. Et vous qui partez au loin pour combattre, n'êtes-vous pas malheureux de n'avoir pas de fils ?

— Moi ? Oh non ! Je suis moi-même un fils cadet. Mes parents vivent encore ; ils sont forts, et mon frère s'occupe d'eux. Si je suis tué il y aura beaucoup de monde, dans mon foyer, pour m'aimer : mes frères, mes sœurs, et de petits enfants. C'est différent pour nous autres soldats : nous sommes presque tous très jeunes.

— Pendant combien de temps les offrandes sont-elles faites aux morts ? demandai-je.

— Pendant un siècle.

— Seulement pendant cent ans ?

— Oui. Même dans les temples bouddhistes les prières et les offrandes ne sont faites que durant cent ans.

— Les morts n'éprouvent-ils plus le désir que l'on se souvienne d'eux après ce laps de temps ? Où disparaissent-ils enfin ? Y a-t-il une mort des âmes ?

— Non. Mais après un siècle ils ne sont plus avec nous. D'aucuns disent qu'ils renaissent. D'autres déclarent qu'ils deviennent des *kamis*[1],

---

1. Terme japonais signifiant Seigneur, ou un des dieux nationaux, demi-dieux, héros déifiés, ou leurs descendants, tel le Mikado.

et les adorent comme tels, leur faisant des offrandes dans le toko [1], à certains jours.

Je savais que telles étaient les explications acceptées communément, mais j'avais entendu parler de croyances qui différaient étrangement de celles-ci. Il existe des traditions d'après lesquelles dans les familles d'une grande vertu, les âmes des ancêtres prennent une forme matérielle, et demeurent quelquefois visibles pendant des centaines d'années. Un pèlerin sengaji [2], des jours passés, nous a laissé un récit sur deux fantômes qu'il prétendait avoir vus, dans une région fort éloignée dans l'intérieur du pays. « C'étaient des formes petites et vagues, sombres comme des vieux bronzes. » Ils ne pouvaient parler, mais ils émettaient des sons gémissants ; ils ne mangeaient pas, mais respiraient seulement la vapeur chaude des mets qui leur étaient destinés. Leurs descendants affirmaient qu'ils devenaient chaque année plus petits et plus indistincts.

— Trouvez-vous que ce soit étrange que nous aimions les morts ? me demanda Asakichi.

1. Toko, alcôve où l'on exposait autrefois des objets sacrés, et où l'on expose aujourd'hui les trésors d'art de la famille.
2. Un pèlerin sengaji est celui qui fait un pèlerinage à mille temples célèbres de la secte de Nicheren entreprise qui demande plusieurs années.

— Non, répondis-je. Il me semble au contraire que c'est fort beau. Mais pour moi, en ma qualité d'étranger venu de l'Occident, la coutume ne me paraît pas appartenir aux temps modernes, mais à un monde plus ancien. Les pensées des anciens Grecs se rapportant aux morts, devaient ressembler beaucoup à celles des Japonais contemporains. Les sentiments d'un soldat athénien de l'époque de Périclès, étaient peut-être les mêmes que les vôtres dans cette ère du Meiji. Vous avez appris au collège comment les Grecs sacrifiaient aux morts, et comment ils honoraient les esprits des hommes braves, et des patriotes.

— Oui, quelques-unes de leurs coutumes étaient pareilles aux nôtres. Ceux parmi nous qui tomberont en combattant contre la Chine seront honorés ainsi. Ils seront révérés comme des *kamis*. Notre Empereur lui-même les vénérera.

— Mais, remarquai-je, même pour un occidental, cela semblerait une chose bien triste que de mourir si loin des tombes de ses pères, dans un pays étranger !

— Oh non ! Des monuments seront érigés pour honorer nos morts, dans nos villes et nos villages natals. Les corps de nos soldats seront brûlés, et leurs cendres ramenées au Japon. Du moins on le fera chaque fois que ce sera pos-

sible; car ce sera difficile après une très grande
bataille.

Un souvenir d'Homère me revint soudain à
la mémoire, avec une vision de cette plaine antique, où les « bûchers funèbres des morts,
brûlaient continuellement en multitude ».

— Et, dis-je, les esprits des soldats tués pendant cette guerre, ne seront-ils pas toujours in-
voqués pour secourir le pays en temps de danger?

— Oui, toujours. Nous serons aimés et ado-
rés par tout le peuple.

Il disait *nous* tout naturellement, comme s'il
était déjà désigné par le sort pour mourir.
Après une courte pause il reprit.

— La dernière année que je passai au collège,
nous fîmes une excursion militaire. Nous allâ-
mes à un lieu sacré, situé dans la région de Iu,
où l'on adore les esprits des héros. C'est un
endroit fort solitaire, parmi les collines; le
temple est ombragé par de très grands arbres.
La pénombre y règne toujours; il y fait frais
et silencieux. Nous nous alignâmes devant
l'autel; personne ne parla. Puis le clairon
résonna à travers le bosquet sacré, comme un
appel à la bataille. Nous présentâmes les armes!
Et les larmes me vinrent aux yeux, je ne sais
pourquoi. Je regardai mes compagnons, et je
vis qu'ils ressentaient la même émotion. Peut-

être ne comprendrez-vous pas, parce que vous êtes un étranger. Mais il y a un petit poème que tout Japonais connaît, qui exprime fort bien ce sentiment. Il fut écrit il y a très longtemps par le grand-prêtre Saigyô Hoshi, qui avait été dans sa jeunesse un guerrier renommé, et dont le vrai nom est Sato Norikyo :

« *Nani-go to no,*
Owashimasu ka wa.
Shirane domo.
Arigata sa ni zo.
Namida kobururu [1]. »

Ce n'était pas la première fois que j'entendais pareille confession. Plusieurs de mes étudiants n'avaient pas hésité à me parler des sentiments évoqués par les traditions sacrées, et par les mystérieuses solennités pratiquées aux antiques autels. En fait, l'expérience d'Asakichi n'était pas plus personnelle que ne peut l'être un seul des flots d'une mer insondable. Il n'avait exprimé que le sentiment ancestral d'une race, — l'émotion vague mais incommensurable du Shintoïsme.

Nous continuâmes à parler jusqu'à la tombée

---

1. Quelle est la cause de cela ? Je ne puis ni le deviner, ni l'expliquer. Je sais seulement que mes larmes reconnaissantes jaillissent chaque fois que je me tiens devant l'autel.

de la douce obscurité estivale. Les étoiles et les
lumières électriques de la citadelle scintillaient ;
soudain les clairons sonnèrent, et, de la forteresse de Kyomasa, monta dans la nuit, profond
comme le grondement du tonnerre, — le chant
de dix mille hommes.

> *Nishi mo higashi mo*
> *Mina teki zo*
> *Minomi mo kita mo*
> *Mina teki zo :*
> *Yose-kura teki wa*
> *Shiranuhi no*
> *Tsukushi no hate no*
> *Satsuma gata* [1].

— Vous avez appris cette chanson, n'est-ce
pas ? demandai-je.

— Oh oui ! répondit-il. Tout soldat la connaît !
C'était le Kumamoto Rôjô, le Chant du Siège.
Nous écoutâmes, et nous pûmes même distinguer quelques mots dans cette puissante vague
sonore :

[1].   Version Française

> Oh ! le Pays du Sud au Nord
> Tout est plein d'ennemis,
> Que l'on regarde à l'est ou à l'ouest,
> Tout est plein d'ennemis.
> Personne ne saurait au juste dire le nombre,
> Des légions qui se déversent
> De la grève de Satsuma,
> Du rivage de Tsukushi.

Tenchi mo kuzuru
Bakari nari
Tenchi wa kuzure
Yama kama wa,
Sakuru tameshi no
Araba tote,
Ugokanu mono wa
Kimi ga mi yo [1].

Asakichi demeura un temps à écouter, balançant ses épaules au rythme vigoureux du chant. Puis, tel un dormeur s'éveillant soudain, il se mit à rire et dit :

— Maître, il faut partir. Je ne sais comment vous remercier, ni vous dire combien ce jour a été heureux pour moi. Mais, ajouta-t-il, en tirant de sa veste une petite enveloppe, veuillez accepter ceci ? Vous m'aviez demandé ma photographie, il y a bien longtemps. Je vous l'ai apportée en souvenir.

Il se leva et boucla son ceinturon en le reconduisant jusqu'à la porte, je pressais sa main.

[1].
    Qu'importe que tout le globe s'entr'ouvre
        Que le ciel tombe ?
    Que la montagne se mêle à la mer ?
    Les cœurs hardis, tous et chacun,
    Savent une chose qui durera,
    Que la Ruine ne peut renverser,
    Éternelle, Sainte et Pure : —
        Notre immortel Empire.

— Et que vous enverrai-je de Corée, maître? demanda-t-il.

— Seulement une lettre, dis-je, après la prochaine grande victoire.

— Certes, si je puis encore tenir une plume, répondit-il.

Puis, se redressant, et m'apparaissant tel une statue de bronze, il me fit le salut militaire, et s'éloigna dans les ténèbres.

Je retournai à la « chambre des hôtes » qui soudain m'apparut désolée, et je me mis à rêver. Je percevais toujours le chant des soldats. Et j'écoutais le grondement des trains qui emportaient tant de jeunes cœurs, tant d'inestimable loyauté, tant de foi, d'amour et de valeur vers les fièvres des rizières de Chine, vers les lieux où se rassemblaient les Cyclones de la Mort.

III

Le soir du jour où je lus le nom de Kosuga Asakichi sur la longue liste des morts, publiée par le journal local, Manyemon décora et illumina l'alcôve dans la pièce de réception, comme pour un festival sacré. Il remplit les vases de fleurs ; il alluma plusieurs petites lampes ; il enflamma des bâtonnets d'encens dans une petite coupe de bronze. Quand tout fut prêt il m'appela. Je m'approchai de l'alcôve ; j'y vis le portrait du jeune homme, placé sur un petit *dai*. Un repas en miniature composé de riz, de fruits et de gâteaux était servi, — c'était l'offrande du vieillard.

— Peut-être, fit Manyemon, cela ferait-il plaisir à son esprit, si le maître consentait honorablement à lui parler ? Il comprendrait l'anglais du maître.

Je lui parlai, en effet, et le portrait sembla me sourire à travers les lentes volutes de l'encens. Mais ce que je lui dis, n'était que pour lui seul, et pour les Dieux.

A YOKAHAMA

Le Jizö-Dö [1] ne fut pas facile à trouver.
Il est caché dans une courette derrière une rue
de petites boutiques ; l'entrée de la courette,
un étroit boyau s'ouvrant entre deux maisons,
se voile à chaque bouffée de vent, de la draperie
flottante qui sert d'enseigne à un marchand
d'habits.

Le *sho-ji* du petit temple avait été enlevé à cause
de la chaleur, laissant le sanctuaire ouvert aux
regards sur trois de ses faces. Je reconnus les
objets habituels au culte bouddhiste : une son-
nette pour les services, un lutrin, le *mokugyô* [2]
en laque cramoisie disposé sur les nattes jaunes.
L'autel supportait un Jizö en pierre, portant
une bavette, par égard pour les fantômes des
enfants ; et, au-dessus de la statue, sur une
longue planche, il y avait des idoles plus petites,
toutes peintes et dorées : un autre Jizö, dans

1. Petit temple de Yokohama, consacré à Jizo, protecteur
des enfants.
2. Voir note page 140.

une auréole de rayons, un Amida radieux, une
Kwannon au doux visage, et une effrayante re-
présentation du Jugement des Ames. Plus haut
encore étaient suspendus une multitude con-
fuse d'ex-voto, qui comprenaient deux gravures
encadrées, tirées de quotidiens américains, une
vue de l'Exposition de Philadelphie, et un portrait d'Adelaïde Nielson dans le rôle de Juliette.
Devant le *honzon*, au lieu des vases à fleurs
habituels, il y avait des bocaux en verre portant cette inscription : « *Reines-Claudes au jus*;
*conservation garantie. Toussaint Cosnard, Bor-
deaux.* » Et, sur la boîte remplie des bâtons d'encens on lisait: « *Rich in flavour : Pinhead Cigarettes.* » Pour les petites gens naïves qui avaient
apporté ces dons, et à qui des offrandes plus
coûteuses étaient pour toujours interdites, ces
ex-voto semblaient magnifiques à cause de leur
étrangeté ; et malgré toutes ces incongruités je
trouvai que le petit temple était vraiment joli.

De bizarres silhouettes d'Arhats créant des
dragons ornaient un paravent qui masquait
la pièce voisine, et la chanson d'un uguisiu [1]
invisible rendait encore plus profond le silence
du lieu. Un chat rouge surgit du paravent pour

1. Petit oiseau sacré, qui répète comme une litanie le saint
nom des Sûtras : « Ho-ke-kyô », et que l'on considère, pour
cette raison, comme professant le Bouddhisme. (Note du Traducteur.)

nous voir, puis il se retira comme s'il allait
rapporter un message. Une nonne très âgée
apparut alors ; elle nous souhaita la bienvenue
et nous pria d'entrer ; et, à chacune de ses révé-
rences sa tête rasée luisait comme une lune.
Après avoir enlevé nos chaussures, nous la sui-
vîmes au delà du paravent, dans une petite
pièce qui s'ouvrait sur le jardin. Là, un vieux
prêtre écrivait, assis sur un coussin, en face
d'une table très basse. Il posa son pinceau pour
nous recevoir, et nous prîmes place, sur des
coussins posés devant lui. Son visage était très
agréable, et toutes les rides qu'y avait creusées
le reflux de la vie lui composaient une grande
expression de bonté. La religieuse nous apporta
du thé et des sucreries qui étaient toutes mar-
quées de la Roue de la Loi [1]. Le chat rouge
s'installa en rond à côté de moi, et le prêtre se
mit à nous parler. Sa voix était douce, profonde,
elle résonnait comme le bronze, de ces riches
harmonies qui prolongent chaque tintement de
la cloche des temples. Nous le persuadâmes de
nous parler de lui. Il avait quatre-vingt-huit ans,
et sa vue et son ouïe étaient encore celles d'un
jeune homme, mais il ne pouvait marcher à

---

1. Pour dire que le Bouddha a « prêché sa doctrine » les
textes sacrés emploient cette métaphore : Il a fait tourner la
Roue de la Loi. (Note du Traducteur.)

cause d'un rhumatisme chronique. Il était occupé
à écrire, depuis plus de vingt ans, une histoire
religieuse du Japon, qui serait complète en trois
cents volumes ; il en avait déjà achevé deux
cent trente. Il espérait terminer le reste au
cours de l'année qui venait. Et je vis derrière
lui, sur une petite bibliothèque, une rangée imposante de manuscrits joliment reliés.

— Son plan de travail est absolument erroné,
me dit l'étudiant qui me servait d'interprète. Son
histoire ne sera jamais publiée, elle est pleine
de légendes invraisemblables, de miracles et de
contes de fées.

Je songeai que j'aimerais beaucoup lire ces
légendes.

— Pour un homme parvenu à votre grand
âge, dis-je au prêtre, vous paraissez très vigoureux.

— Les présages disent que je vivrai encore
quelques années, me répondit-il. Pourtant je ne
désire vivre qu'autant qu'il sera nécessaire pour
compléter mon travail. Et, ensuite, comme je suis
infirme et que je ne puis bouger, je souhaite
mourir afin que Bouddha m'accorde un corps
nouveau. Je présume que pour être infirme
comme je le suis, j'ai dû commettre quelque
péché dans une existence antérieure. Mais je
suis heureux de sentir que j'approche de la
Côte.

— Il veut dire la Côte qui borne la Mer de la Naissance et de la Mort [1], m'expliqua mon interprète. La Barque dans laquelle nous faisons la traversée est, vous le savez, la Barque de la Bonne Loi [2], et la rive opposée est Néhan, — Nirvana.

— Tous nos malheurs et toutes nos faiblesses physiques sont-ils les résultats d'erreurs commises dans nos existences antérieures? demandai-je.

— Ce que nous sommes, répondit le vieillard, est la conséquence de ce que nous avons été. Ici au Japon, nous disons la conséquence de *mangö* et de *ingö*, — les deux espèces d'actions.

— Le Bien et le Mal ? interrogeai-je.

— Le supérieur et l'inférieur. Il n'y a pas d'actions parfaites. Chaque acte renferme à la fois du mérite et du démérite, de même que le meilleur tableau contient des beautés et des défauts. Mais quand la somme du bien dans chaque action dépasse la somme du mal, ainsi que dans un bon tableau les mérites surpassent les défauts, alors le résultat est un progrès. Et, peu à peu, par de pareils progrès, tout le mal sera éliminé.

—Mais, dis-je, comment nos actions peuvent-

1. L'Océan du Monde.
2. La barque idéale qui permet de traverser la Mer de la Naissance et de la Mort, et d'aborder de l'autre rive celle du salut. (Notes du Traducteur.)

elles influencer nos états physiques ? L'enfant
suit la voie de ses pères, et hérite de leur force
ou de leur faiblesse ; et cependant ce n'est point
d'eux qu'il tient son âme.

— Il n'est guère facile d'expliquer, en peu de
mots, la chaîne des causes et des effets. Pour
tout comprendre vous devriez étudier le Dai-jô[1],
ou «Le plus Sublime Véhicule », et le Sho-jö[2], ou
« Le Moindre Véhicule ». Vous y apprendrez
ceci : le monde lui-même n'existe qu'en vertu
d'une série d'actes humains. De même que celui
qui apprend à écrire n'écrit d'abord qu'avec une
grande difficulté, mais devenant ensuite plus
habile il arrive à écrire sans efforts, — de même
la tendance des actions continuellement répétées, est de former l'habitude. Et de pareilles
tendances persistent bien au delà de cette vie.

— L'homme peut-il s'élever jusqu'à posséder
la faculté de se souvenir de ses naissances antérieures ?

— Cela est très rare, me répondit le vieillard,
en hochant la tête. Pour cela il faut d'abord
devenir un Bosatsu (Bodhisattva)[3].

1 et 2. Il s'agit du grand schisme du Bouddhisme désigné
par les noms de Mahâyana et hinayâna (sanscrit) qu'on traduit
ordinairement par les termes de « grand» et «petit » véhicule.
et qui seraient plus exactement traduits par : « Voie Supérieure », et « Voie Inférieure ».

3. Nom d'un être prédestiné à l'illumination. (Notes du Traducteur.)

— Et n'est-il point possible de devenir un Bosatsu ?

— Pas dans l'Ère où nous vivons. C'est une Période de Corruption. Il y eut d'abord la Période de la Vraie Doctrine : alors la vie était beaucoup plus longue. Puis vint la Période des Idoles, pendant laquelle les hommes délaissèrent la vérité la plus élevée. Maintenant le monde est dégénéré. Il n'est plus possible de devenir un Bouddha par de bonnes actions. Le monde est trop corrompu, et la vie est trop courte. Mais des personnes pieuses peuvent atteindre au Gokuraku (Paradis), par les mérites de leur vertu, et en répétant constamment le Nembutsu [1], — et dans le Gokuraku elles pourront pratiquer la vraie doctrine. Car les jours y sont plus longs, et la vie y est aussi très longue.

— J'ai lu, dis-je, dans nos traductions des Sûtras, que grâce à de bonnes actions, les hommes peuvent renaître dans des conditions de plus en plus heureuses, obtenant chaque fois des facultés plus parfaites, et entourés chaque fois aussi de joies plus sublimes. On y parle de richesse, de puissance, de beauté, de femmes gracieuses, de tout ce que les hommes désirent dans ce monde temporaire. C'est pourquoi je

---

1. Nembutsu : prière consistant à réciter la phrase : Je t'adore, ô éternel Bouddha! (N. du Trad.)

ne puis m'empêcher de penser que le chemin du progrès doit devenir de plus en plus difficile et de plus en plus ardu, à mesure qu'on y avance. Car, si ces textes sont exacts, plus on réussit à se détacher des choses des sens, plus puissantes deviennent les tentations qui vous y rappellent. De telle sorte que la récompense de la Vertu semble être elle-même un obstacle au triomphe de celle-ci.

— Non pas, répondit le vieillard. Ceux qui, grâce à la maîtrise de soi, parviennent à de telles conditions de bonheur temporaire, ont acquis également une grande force spirituelle, et quelque connaissance de la Vérité. Leur faculté de se dominer soi-même augmente avec chaque triomphe, jusqu'à ce qu'ils atteignent enfin au monde de la Naissance Apparitionnelle [1] où les formes les plus inférieures de la tentation n'existent point.

Le chat rouge remua, inquiet pour un bruit de *geta*, puis il glissa vers la porte suivi de la vieille nonne. Plusieurs visiteurs attendaient, et le prêtre nous pria de l'excuser un instant afin qu'il pût s'occuper de leurs besoins spirituels. Nous leur fîmes immédiatement place et ils entrèrent. C'étaient de pauvres gens qui nous saluè-

1. Il s'agit probablement de la naissance miraculeuse qui se produit sans l'intermédiaire de parents et de façon toute spontanée dans le monde des dieux. (N. du Trad).

rent avec bonhomie : une mère qui désirait que
des prières fussent dites pour le bonheur du petit
garçon qu'elle avait perdu ; une jeune femme
qui sollicitait la pitié de Bouddha pour son mari
malade : un père et sa fille qui venaient implorer l'aide divine pour un être cher qui était
parti au loin. Le prêtre leur parla à tous d'une
façon caressante ; il donna à la mère quelques
petites images représentant Jizö, — un papier
fait de riz béni à l'épouse, — et prépara quelques
textes sacrés pour le père et sa fille. Et involon-
tairement je pensai aux innombrables et naïves
prières qui montent ainsi, chaque jour, de temples innombrables, et je rêvai aux craintes, aux
espoirs, aux peines de l'amour simple, à tous
les humbles chagrins que nul ne connaît, sauf
les dieux. L'étudiant se mit à examiner les livres
du vieillard, et mes pensées allaient vers cet
Inconnu qui est incompréhensible pour la pensée humaine.

La Vie, — la vie en tant qu'Unité non créée,
— dont nous ne connaissons que les ombres
lumineuses ; — la vie, luttant toujours contre la
mort, toujours vaincue, et qui cependant se re-
dresse toujours, — qu'est-ce ? Pourquoi est-ce ?
L'Univers se dissipe des myriades de fois : des
myriades de fois il se développe de nouveau, et
la même vie s'efface à chaque disparition, pour
reparaître dans un autre cycle. Le Cosmos

devient une nébuleuse, une nébuleuse le Cosmos; éternellement les essaims des soleils et
des mondes naissent; éternellement ils meurent. Mais après chaque immense intégration,
les sphères flamboyantes se refroidissent et mû-
rissent à la vie; et la vie mûrit à la pensée. L'âme
qui est en chacun de nous a dû passer par l'em-
brasement d'un million de soleils, et survivra
à l'effrayant évanouissement d'innombrables
univers futurs. Le souvenir ne peut-il aussi
survivre en quelque lieu, et en quelque façon?
Sommes-nous bien certains que d'une façon et
sous des formes inconnues il ne survit pas, —
comme une vision infinie, — mémoire de l'Avenir dans le Passé? Peut-être dans la nuit sans fin,
comme dans les profondeurs du Nirvana, des
rêves de tout ce qui a jamais été, et de tout ce qui
peut jamais être sont perpétuellement rêvés?...

Les paroissiens murmurèrent leurs remerciements, firent leurs petites offrandes à Jizö, et se
retirèrent en nous saluant. Nous reprîmes nos
places à côté du petit écritoire, et le vieillard
nous dit :

— C'est peut-être le prêtre qui, de tous les
hommes, connaît le mieux l'immense somme de
douleur qui existe par le monde. J'ai ouï dire
que dans les pays de l'Occident il y a aussi
beaucoup de souffrance, bien que les nations
occidentales soient très riches.

— Oui, fis-je, et je crois que dans les contrées occidentales il y a encore plus de souffrance
qu'au Japon. Pour les riches il y a de plus
nombreux plaisirs ; pour les pauvres de plus
profondes douleurs. Notre vie est bien plus difficile à vivre, et peut-être est-ce pour cette raison que nos pensées sont plus troublées par le
mystère de l'Univers.

Le prêtre parut intéressé, mais il ne dit rien.
Je repris, avec l'aide de mon interprète :

— Il y a trois grandes questions qui tour-
mentent perpétuellement les hommes de l'Occident. Les voici : D'où vient la vie ? Où va-
t-elle ? Pourquoi existe-t-elle et souffre-t-elle ?...
Notre science occidentale la plus élevée déclare
que ces questions sont des énigmes insolubles,
mais confesse, en même temps, que le cœur de
l'homme ne trouvera nulle paix tant qu'elles
ne seront pas résolues. Toutes les religions ont
tenté des explications ; chacune de leurs explications est différente. J'ai fouillé les livres
bouddhistes afin de trouver des réponses à ces
questions, et ces réponses me parurent plus profondes qu'aucune des autres. Cependant elles
ne me satisfirent pas, étant incomplètes. J'espère obtenir de vos lèvres quelques réponses
au moins à la première et à la dernière question.
Je ne demande point des preuves ni des arguments d'aucune sorte ; je désire seulement con-

naître la Doctrine. Le commencement de toutes choses était-il l'Esprit Universel ?

Je ne m'attendais pas à recevoir de réponse définie à cette question, ayant lu, dans le Sûtra appelé Sabbâsava, des passages concernant « ces choses qui ne devraient pas être considérées », et les Six Notions Absurdes, et aussi les paroles de réprimande adressées à ceux qui se demandent en eux-mêmes : « *Ceci est un être : d'où est-il venu? vers où ira-t-il?* »

Mais la réponse m'arriva, musicale et rythmée comme un chant :

— Toutes choses considérées comme individuelles sont venues à l'existence à travers d'innombrables formes de développement et de reproduction, en partant de l'Esprit Universel. Elles avaient existé virtuellement dans cet esprit depuis l'Éternité. Mais, entre ce que nous appelons Esprit, et ce que nous dénommons Substance, il n'y a pas de différence d'Essence. Ce que nous nommons Substance est seulement la somme de nos propres sensations et perceptions, et celles-ci ne sont que des phénomènes de l'Esprit. De la Substance en elle-même nous n'avons aucune connaissance. Nous ne savons rien en dehors des phases de notre esprit, et ces phases sont déterminées par des influences et des forces extérieures, auxquels nous donnons le nom de Substance. Mais la Substance et l'Esprit ne sont en eux-mêmes que deux phases d'une entité infinie.

— Certains maîtres de l'Occident, dis-je, enseignent aussi cette doctrine ; et les recherches les plus profondes de notre science moderne, semblent démontrer que ce que nous dénommons Matière n'a pas d'existence absolue. Mais, au sujet de cette entité infinie dont vous parlez, y a-t-il aucune doctrine bouddhiste expliquant quand, et comment, elle produisit pour la première fois les deux formes que nous distinguons encore comme Esprit et Substance?

— Le Bouddhisme, répondit le vieux prêtre, n'enseigne pas, ainsi que le font les autres religions, que toutes choses ont été produites par la création. La seule et unique Réalité est l'Esprit Universel, appelé en japonais Shinnyo [1], — la Réalité en soi-même, — infinie et éternelle. Or, cet Esprit Infini en soi-même découvrit ses propres facultés de sentir et de pouvoir. Et, ainsi que celui qui, dans une hallucination, prend des apparitions pour des réalités, ainsi l'Entité Universelle prit pour des existences externes ce qu'elle ne contemplait qu'en Elle-même. Nous appelons cette illusion Mu-myo [2], ce qui

1. Sanscrit : *Bhûtâ-Tathâta* : la nature au sens absolu.
2. Sanscrit : *Avidya* : Ignorance, nescience. (Notes du Traducteur.)

signifie « sans éclat » ou « dénuée d'illumination ».

— Les savants d'Occident, dis-je, ont traduit ce mot par : Ignorance.

— On me l'a dit. Mais l'idée exprimée par le mot que nous employons n'est pas celle que contient le mot «Ignorance». C'est plutôt l'idée de l'illumination mal dirigée, ou de l'illusion.

— Et, demandai-je, qu'est-ce qui a été enseigné au sujet de l'époque où existait cette illusion ?

— Le temps de l'illusion primitive est dit : Mu-shi, « au delà du commencement », dans le passé incalculable. De Shinnyo émana la première distinction du Moi et du Non-Moi, d'où sont venues toutes les existences individuelles, — que ce soit de l'Esprit, où de la Substance, — et, pareillement tous ces désirs et ces passions qui influencent les conditions de l'existence à travers d'innombrables naissances. Ainsi l'Univers est l'émanation de l'Entité Infinie ; et cependant on ne peut pas dire que nous sommes les créations de cette Entité. Le Moi originel de chacun de nous est l'Esprit Universel, et dans chacun de nous existe le Moi universel, en même temps que les effets de l'illusion primitive. Et nous appelons cet état du Moi originel enveloppé dans les résultats de l'illusion, le Nyörai-

19

zö [1] — ou la Matrice de Bouddha. Le but vers lequel nous devons diriger tous nos efforts est simplement notre retour vers le Moi originel et infini, — qui est l'essence du Bouddha.

— Il est un autre sujet de doutes à propos duquel je voudrais bien connaître l'enseignement du Bouddhisme. Notre science occidentale affirme que l'Univers visible a été dissous et développé une suite de fois innombrables, pendant un passé infini ; et qu'il devra disparaître et reparaître ainsi durant des cycles incalculables en l'avenir infini. Cette affirmation est produite ainsi dans toutes nos traductions de l'ancienne philosophie hindoue, et des textes sacrés des Bouddhistes. Mais n'enseigne-t-on pas également qu'il viendra enfin pour toutes choses le moment de la disparition dernière et du repos éternel ?

Il répondit :

— Le Sho-jö, enseigne en vérité que l'Univers est apparu et disparu de nombreuses fois, dans le passé, et qu'il continuera à se dissoudre et se reformer pendant d'inimaginables éternités à venir. Mais on nous apprend aussi que toutes choses entreront finalement et pour toujours dans l'état de Néhan [2].

1. Sanscrit : *Tathâgata-garbha*. Le terme Tathâgata (Japonais *Nyörai* est le titre le plus élevé d'un Bouddha. Cela signifie « Un dont la venue est pareille à la venue de ses prédécesseurs ».

2. Nirvana.

Il me vint soudain une idée impertinente, mais que je ne réussis pas à écarter. Je ne pus m'empêcher de me figurer ce Repos Absolu comme exprimé par la formule scientifique de 274 degrés au-dessous de zéro. Mais je dis seulement :

— Pour l'esprit occidental il est difficile de concevoir le repos absolu comme une condition de félicité. L'idée bouddhiste de Néhan comprend-elle l'idée de la tranquillité infinie, de l'immobilité universelle ?

— Non, fit le prêtre. Néhan est la condition d'Absolue Suffisance de Soi ; l'état de pleine science, de pleine puissance. Nous ne le concevons pas comme un état d'inaction totale, mais comme la condition suprême de la liberté sans restriction. Il est vrai que nous ne pouvons imaginer une perception ou une conscience incorporelle, car toutes nos idées et nos sensations dépendent de la condition du corps. Mais nous croyons que le Néhan est l'état de vision infinie, de sagesse infinie, et de paix spirituelle infinie.

Le chat rouge sauta sur les genoux du prêtre et s'y roula en boule, — en une posture de confort paresseux. Le vieillard le caressa, et mon compagnon remarqua avec un petit rire :

— Voyez comme il est gras ! Peut-être a-t-il accompli de bonnes actions dans une vie antérieure !

— Quant aux animaux, demandai-je, leurs conditions dépendent-elles aussi du mérite et du démérite de leurs existences antérieures ?

Le prêtre me répondit sérieusement :

— Toutes les conditions d'existence dépendent de conditions préexistantes : la Vie est Une. Il est heureux de naître dans le monde des hommes, car on y trouve un peu de clarté, et des chances de gagner en vertu. L'état d'un animal est un état d'obscurité d'esprit, qui est digne de notre pitié, et de notre sympathique bienveillance. Aucun animal ne peut être tenu comme absolument heureux ; cependant même dans les vies des animaux il y a d'innombrables degrés de conditions.

Un petit silence suivit, rompu par le doux ronronnement du chat. Je regardai le portrait d'Adelaïde Nielson au-dessus de l'écran ; je songeai à Juliette, et je me demandai ce que le prêtre penserait de la merveilleuse histoire de passion et de douleur contée par Shakespeare, si j'étais capable de la relater convenablement en japonais. Alors tout à coup, comme en réponse à mes pensées, il me vint le souvenir du deux-cent-quinzième verset du Dhammapada [1] : « *De l'amour vient la crainte ; celui qui*

---

1. Célèbre recueil bouddhique de stances morales. (N. du Trad.)

est libre de l'amour, ne connaît ni le chagrin ni la crainte. »

— Le Bouddhisme enseigne-t-il que tout amour sexuel devrait être supprimé ? demandai-je. Un tel amour est-il nécessairement un empêchement à l'illumination ? Je sais qu'il est défendu aux prêtres bouddhistes, — sauf à ceux du Shin-Shu, — de se marier ; mais je ne connais point l'enseignement concernant le célibat et le mariage des laïques.

— Le mariage peut être un obstacle ou une aide sur le Chemin, dit le vieillard. Tout dépend des conditions. Si l'amour de l'épouse et de l'enfant fait que l'homme s'attache trop aux avantages temporaires de ce bas monde, alors un tel amour sera un obstacle. Mais si, au contraire, l'amour de l'épouse et de l'enfant aide l'homme à vivre d'une façon plus pure, et moins égoïste qu'il ne l'aurait fait dans le célibat, alors le mariage lui serait d'une très grande utilité dans la recherche du Chemin Parfait [1]. Les dangers du mariage sont nombreux pour les sages, mais pour ceux qui sont doués de peu de compréhension, les dangers du célibat sont encore

---

1. Il s'agit sans doute du noble « chemin à huit embranchements » que recommande le Bouddha : doctrine droite, parole droite, action droite, profession droite, tendance droite, attention droite, méditation droite et intention droite. (Note du Traducteur).

bien plus grands. Parfois même, l'illusion de la passion peut mener de nobles natures vers la plus sublime science. Une légende illustre ceci. Dai Mokukenren [1], que les gens appellent Mo-Kuren, était un disciple de Sakya [2]. C'était un homme fort beau, et une jeune fille l'aima. Comme il faisait déjà partie de l'Ordre, elle désespéra de jamais l'avoir pour mari, et elle se tourmenta en secret. Mais enfin elle eut le courage d'aller trouver le Seigneur Bouddha, et de lui confier tout ce que contenait son cœur. Et tandis qu'elle parlait, il la fit tomber en un profond sommeil, et elle rêva qu'elle était l'heureuse épouse de Mo-Kuren. Des années de contentement semblèrent s'écouler dans son rêve, et puis vinrent des années où se mêlèrent la joie et la peine. Et soudain son mari lui fut ravi par la mort. Alors elle ressentit une telle douleur qu'elle s'émerveilla de pouvoir continuer à vivre ; et elle s'éveilla. Elle vit le Bouddha qui souriait. Et il lui dit : « Petite Sœur, tu as vu. Choisis maintenant à ton gré : soit d'être la femme de Mo-Kuren, soit de rechercher la Voie Sublime dans laquelle il s'est engagé ». Alors elle coupa ses cheveux, et se fit religieuse. Plus

---

1. Sanscrit : *Mahâmaudgalyâyana*, qui est avec Çariputra l'un des deux grands disciples du Bouddha.

2. Terme japonais pour Çakyamouni. (N. du Trad.).

tard elle parvint à la condition des êtres qui ne sont plus soumis à la réincarnation.

Il me sembla un instant que cette histoire ne démontrait point que l'illusion de l'amour pût conduire à la conquête de soi, que la conversion de la jeune fille n'était que le résultat direct de la douloureuse vérité que Bouddha l'avait forcée à connaître, et non une conséquence de son amour. Puis je réfléchis que la vision qui lui fut accordée n'aurait eu aucune influence sur une âme égoïste et indigne. Je pensais aux inconvénients inimaginables que la prescience pourrait entraîner dans l'ordre actuel de la vie ; et je compris qu'il est bien heureux pour la majorité d'entre nous que l'Avenir ne se dessine que derrière un voile. Je rêvai ensuite que le pouvoir de soulever ce voile pourrait être un jour acquis ou augmenté, mais pas avant qu'une telle faculté puisse apporter un réel bénéfice aux hommes. Et je dis :

— Est-ce que la faculté de voir l'avenir est donnée par l'illumination ?

Le prêtre répondit :

— Oui, lorsque nous serons parvenus à l'état d'illumination dans lequel nous obtenons les Roku-Jindzü, ou Six Facultés Mystérieuses [1] :

1. Six *abhijñâ*, ou six facultés surnaturelles : pouvoir magique de se transformer à volonté, vue à n'importe quelle distance, ouïe à n'importe quelle distance, pénétration de la Pen-

alors nous pourrons distinguer l'Avenir, comme nous voyons maintenant le Passé. Mais il est fort difficile d'atteindre à ce degré de science dans l'âge actuel du monde.

Mon compagnon me fit comprendre, d'un geste furtif, que l'heure était venue de prendre congé. Nous étions restés un peu longtemps — même au gré de l'étiquette japonaise, qui est cependant très large en ces matières. Je remerciai le maître du temple de l'amabilité qu'il avait eue de répondre à mes questions fantastiques, et j'osai même ajouter :

— Il y a cent autres questions dont je voudrais vous entretenir. Mais aujourd'hui j'ai déjà pris trop de votre temps. Puis-je revenir ?

— J'en serais très heureux, répondit-il. Soyez content de revenir quand vous le désirerez. J'espère que vous ne manquerez pas de m'interroger sur tous les points qui sont encore obscurs pour vous. C'est par la recherche fervente et diligente, que la vérité peut être connue, et que les illusions peuvent être dissipées. Venez souvent, que je puisse vous parler du Sho-jo. Et acceptez ceci je vous prie.

Il me remit deux petits paquets ; l'un contenait du sable blanc, du sable provenant du saint

sée d'autrui, souvenir de ses existences antérieures et de celles des autres, pouvoir de détruire les passions. (Note du Traducteur).

temple de Zenkoji, où toutes les âmes pieuses
vont en pèlerinage après la mort ; l'autre renfermait une minuscule pierre blanche, réputée
pour être un *shari,* une relique du corps de
quelque Bouddha.

J'espérais rendre visite souvent à l'aimable
vieillard. Mais je fus appelé loin de la cité et au
delà des montagnes. Je ne le revis point.

II

Cinq ans passés loin des Ports ouverts s'en-
fuirent lentement avant que je revisse le Jizo-
Dö. Et pendant ce temps bien des changements
s'étaient accomplis en moi et hors de moi. La
belle illusion du Japon, le charme presque surnaturel qui vous enveloppe lorsqu'on pénètre
pour la première fois dans son atmosphère
magique, m'avaient longtemps enchanté ; mais
ils s'étaient enfin usés et dissipés. J'avais appris
à voir l'Extrême-Orient avec des yeux dessillés.
Et j'avais pleuré mes sensations du passé...

Un jour cependant, elles me revinrent toutes, pour un instant. J'étais à Yokohama, contemplant une fois de plus, du haut des falaises,
le divin fantôme du Fuji qui hantait la matinée d'avril. Dans cet immense flamboiement

printanier de lumière bleue, l'émotion de mon
premier jour au Japon me revint, je retrouvai
mon premier et joyeux émerveillement devant
la splendeur d'un monde féerique, inconnu, tout
rempli de belles énigmes, — un pays d'Elfes
qui semble avoir un soleil spécial et des nuances
de ciels bien à lui. Je me sentis baigné dans un
rêve de paix lumineuse ; toutes les choses visibles se parèrent de nouveau pour moi d'une
immatérialité délicieuse. Le ciel d'Orient, ta-
cheté seulement de légers nuages-fantômes, —
tous sans ombres, purs comme des âmes péné-
trant dans le Nivarna, — devint pour moi le
ciel même du Bouddha. Les couleurs du matin
parurent gagner en profondeur, et ressembler
à celles de l'heure traditionnelle de sa naissance,
où les arbres longtemps morts refleurirent soudain, où les brises se parfumèrent, où tous les
êtres vivants reçurent des cœurs capables d'aimer. L'air était imprégné d'une vague douceur,
comme si le Maître allait revenir, et les visages
des passants souriaient comme à l'avertissement
de l'apparition céleste.

Puis la spiritualité de l'heure se dissipa, et les
choses redevinrent terrestres ; et je songeais à
toutes les illusions que j'avais connues, et aux
illusions du monde en tant que vie, et puis à
l'univers lui-même comme n'étant qu'une illusion. Sur quoi, le nom Mu-Myo me revint à la

mémoire, et je m'en fus immédiatement à la
recherche de l'ancien sage du Jizo-Dō.

Le quartier avait beaucoup changé ; de vieilles maisons avaient disparu, et les nouvelles s'ali-
gnaient merveilleusement. Je découvris cependant la courette, et je revis le petit temple tel
que je me le rappelais. Des femmes se tenaient
devant la porte ; un jeune prêtre que je n'avais
jamais vu jouait avec un bébé, et les petites
mains brunes de l'enfant caressaient son visage
rasé, bienveillant et intelligent, aux très longs
yeux.

— Il y a cinq ans, lui dis-je en mon japonais
hésitant, j'ai visité ce temple. Dans ce temps-là
il y avait ici un bonsan fort âgé.

Le jeune bonsan remit l'enfant dans les bras
d'une femme qui semblait être la mère, et me
répondit :

— Oui, il est mort, ce vieux prêtre. J'occupe
maintenant sa place. Daignez honorablement
entrer.

J'entrai. Le petit sanctuaire ne paraissait plus
intéressant ; toute sa naïve joliesse s'était envo-
lée. Jizo souriait toujours au-dessus de sa bavette, mais les autres déités avaient disparu,
ainsi que bien des offrandes votives, y compris
le portrait d'Adelaïde Nielson. Le prêtre essaya de m'installer à mon aise dans la cham-
brette où le vieillard avait coutume d'écrire, et

il plaça devant moi un nécessaire de fumeurs.
Je cherchai du regard les livres, dans un coin:
ils n'y étaient plus. Tout semblait changé.

Je demandai :

— Quand est-il mort ?

— Seulement l'hiver dernier, répondit le des-
servant, pendant la Période du Plus Grand
Froid. Comme il ne pouvait plus marcher il souf-
frait beaucoup du froid. Voici son *ichai*.

Il alla à une alcôve garnie de planches en-
combrées d'un fouillis d'objets hétéroclites, —
vieux débris sans doute de choses sacrées, —
et il ouvrit les battants d'un très petit *butsudan*, placé entre des vases de verre pleins de
fleurs. Je vis à l'intérieur la tablette mortuaire
d'or et de laque noire toute fraîche. Le prêtre
alluma une petite lampe, y enflamma un bâton
d'encens, et dit :

— Excusez mon absence impolie pendant
quelques instants : des paroissiens m'attendent.

Laissé seul je contemplai le *ichai* et la flamme
droite de la lampe immobile, et les lentes volutes bleues de l'encens, — me demandant si l'esprit du vieil homme se trouvait là. Après un
moment il me sembla qu'il y était en vérité, et
je m'adressai à lui sans paroles. Puis je remar-
quai que les pots à fleurs de chaque côté du
butsudan portaient toujours le nom de Toussaint Cosnard, de Bordeaux, et que la boîte

d'encens avait toujours comme légende une
marque de cigarettes. J'aperçus aussi le chat
rouge profondément endormi dans un coin en-
soleillé. J'allai à lui et je le caressai ; mais il ne me
reconnut point et entr'ouvrit à peine ses yeux
las. Il était encore plus gras qu'auparavant et
semblait heureux. Près de l'entrée j'entendis un
murmure plaintif, puis la voix du prêtre qui
répétait complaisamment quelque réponse mal
comprise à ses questions :

« *Une femme de dix-neuf ans, — oui. Un
homme de vingt-sept ans, — est-ce cela ?* »

Je m'apprêtais à partir :

— Pardon, fit le prêtre, en levant sa tête pen-
chée sur ses écritures, tandis que les pauvres
femmes me saluaient, encore un petit instant.

— Non pas, dis-je. Je ne veux point vous in-
terrompre. J'étais seulement venu pour voir le
vieillard, et j'ai vu son *ichai*. Ceci, ma petite
offrande, était pour lui ; daignez l'accepter.

— Ne voulez-vous pas attendre un moment,
afin que je puisse savoir votre nom ?

— Peut-être reviendrai-je, dis je évasivement.
La vieille religieuse est-elle morte aussi ?

— Oh non ! Elle vaque toujours aux soins du
temple. Elle est sortie, mais elle va rentrer. Ne
voulez-vous pas l'attendre ? Ne désirez-vous
rien ?

— Rien, sauf une prière, répondis-je. Mon

nom importe peu. Une prière pour un homme
de quarante-quatre ans. Demandez qu'il puisse
obtenir ce qui est le meilleur pour lui.

Le prêtre inscrivit quelques mots. Certes ce
pourquoi je lui avais demandé de prier n'était
point le « désir de mon âme ». Mais je savais
que le Seigneur Bouddha n'exaucerait jamais une
prière insensée implorant le retour des illusions
perdues.

YUKO : UN SOUVENIR

Meiji, XXIV, 5 Mai 1891 [1].

Tenshi-Sama-go-shimpai. Le Fils du Ciel se lamente augustement.

Dans la cité règne une tranquillité étrange, pareille à celle d'un deuil public. Les vendeurs ambulants eux-mêmes poussent leurs cris d'une

---

1. Hearn écrivit ces pages à la suite de l'attentat contre le Tzarévich, lors de sa visite au Japon en 1891.

Dans une lettre adressée à Sentaro Nishida, professeur au collège de Matsue, Hearn dit : « J'essaie de réunir des faits relatifs à cette pauvre enfant qui se suicida à Kyôtô, parce que « l'Empereur se lamentait augustement », après la folle action de Tsuda Sanzô ; mais je n'ai pas encore pu m'en procurer. A propos, je crois que Tsuda Sanzô sera jugé avec plus de bienveillance par les générations futures : Son crime ne fut qu'un acte de loyauté déraisonné. Il fut, sur le moment, atteint d'une folie qui eût été de la plus grande valeur, employée pour une bonne cause, et au temps voulu. Il voyait devant lui un représentant vivant de la terrible Puissance qui fait trembler même l'Angleterre. Il vit, ou il crut voir, — et peut-être le vit-il véritablement ? le temps seul pourra le dire, — l'Ennemi du Japon ». (Note du Traducteur. —)

voix plus basse. Les théâtres, en général com-
bles depuis le matin jusqu'au soir très tard, sont
fermés. Fermés aussi tous les endroits de plaisir, et les expositions, même celle des fleurs ;
fermées toutes les salles de festins. Dans les
quartiers silencieux des Geisha, on n'entend
même pas le tintement d'un samisen. Les auberges sont vides de leur clientèle joyeuse ; c'est à
voix basse que les hôtes parlent entre eux.
Même les visages des passants ont perdu leur
sourire coutumier, et des affiches annoncent
l'ajournement indéfini des fêtes et des banquets.

Une pareille tristesse publique résulte sans
doute de l'annonce de quelque grand péril national, ou de quelque effroyable catastrophe : un
tremblement de terre, la destruction de la capitale, une déclaration de guerre ? Il ne s'agit
de rien de tout cela. Simplement l'Empereur
pleure ; dans chacune des mille cités du pays
les signes et les marques du deuil public sont
les mêmes, et ils expriment tous le grand amour
de la nation entière pour son souverain.

Et, de cette immense sympathie, procède le
désir universel et spontané de réparer le mal,
— de fournir toutes les compensations imaginables pour le préjudice causé. Et les manifestations de ce désir sont innombrables. Toutes
viennent directement du cœur, et la plupart sont
infiniment touchantes précisément à cause de

leur simplicité. De presque partout, et de tout le monde, des lettres, des télégrammes de condoléance et des présents étranges sont envoyés à l'hôte impérial. Les riches et les pauvres se défont de leurs trésors de famille les plus précieux pour les offrir au Prince blessé. D'innombrables messages sont également préparés pour être expédiés au Tzar, — et cela spontanément, par l'initiative privée. Un vieux négociant vient me trouver pour me demander de lui rédiger un télégramme en français, exprimant le profond chagrin de tous les citoyens japonais pour l'attentat contre le Tzarevich, — un télégramme adressé à l'Empereur de toutes les Russies. Je fais de mon mieux, quoique je proteste de ma totale inexpérience en fait de missives destinées à d'aussi illustres personnages. « Oh ! cela ne fera rien, me répondit-il. Nous l'enverrons à l'Ambassadeur du Japon à Saint-Pétersbourg, et il corrigera les fautes de forme ». Je lui demande s'il se rend compte du coût de ce message ; il l'a estimé exactement à un peu plus de cent yen, ce qui, pour un petit négociant de Matsue, est une somme importante.

Quelques farouches vieux samuraï manifestent leur opinion sur l'événement d'une façon moins douce. Le haut fonctionnaire à qui avait été confiée la garde du Tzarevich à Otsu, reçoit, par express, un beau sabre et une lettre sévère lui enjoignant de prouver sa virilité et ses regrets à la façon d'un samuraï, en accomplissant sans plus de retard le *harakiri*.

Car ce peuple, comme ses propres dieux Shinto, a diverses âmes ; il possède son *Nigi-mi-tama*, et son *Ara-mi-tama* : son Esprit Doux et son Esprit Austère. L'Esprit Doux cherche seulement les réparations ; mais l'Esprit Austère exige l'expiation. Et, en ce jour, à travers l'amosphère obscurcie de la vie populaire, partout on ressent l'étrange vibration de ces deux influences opposées, pareille à celle de deux électricités.

Loin, bien loin, à Kanagawa, dans la demeure d'une riche famille, vit une jeune fille, une servante appelée Yuko, nom samuraï des jours passés qui signifie « vaillante ».

Quarante millions de personnes s'affligent, mais elle plus que tout autre. Un esprit occidental ne comprendrait pas pourquoi et comment. Son être est dominé par des émotions et des inclinations dont nous ne pouvons deviner que très vaguement la nature. Cependant, il nous est possible de connaître un peu de l'âme d'une jeune fille japonaise sage et bonne. Il s'y trouve un Amour en puissance, très profond et très tranquille. Il s'y trouve aussi cette innocence, inaccessible à toute souillure, dont le symbole bouddhiste est la fleur de lotus. Il y a aussi une sensibilité, délicate comme la première neige des fleurs de prunier ; et un beau mépris de la mort, son héritage samuraï caché sous une douceur exquise. Il y a également une religion, — très vraie et très simple, — une foi venant du cœur, tenant les Bouddhas et les dieux pour des amis, et ne craignant point de leur demander tout ce que la courtoisie japonaise permet de demander. Mais ces sentiments, et bien d'autres, sont dominés par une émotion inexprimable en une langue occidentale, par quelque chose dont le mot « loyauté » ne donnerait qu'une idée morte, par quelque chose qui ressemblerait plutôt à ce que nous nommons exaltation mystique : le sentiment du plus profond dévouement et du respect le plus absolu pour le Tenshi-Sama. Et ce sentiment n'est pas isolé. C'est la force morale et la volonté immortelle d'une multitude spirituelle, dont les légions se déroulent en arrière, bien loin de la vie de Yuko, en une procession sans fin, dans les ténèbres des temps oubliés. Elle n'est elle-même, pour ainsi dire, qu'un réceptacle contenant les innombrables esprits de ses ancêtres ; elle est hantée par un passé dans lequel, à travers les siècles incalculés, tous vécurent, sentirent, et pensèrent comme un seul Être, d'une façon qui ne fut jamais la nôtre.

« *Tenshi-Sama-go-shimpai !* »

Le Fils du Ciel se lamente augustement !

A cette nouvelle le brusque et brûlant désir de donner une réparation surgit dans le cœur de la jeune fille, un désir tout puissant et cependant sans espoir, puisqu'elle ne possède rien, rien qu'une somme insignifiante épargnée sur ses gages. Mais le désir persiste et ne lui laisse point de repos. Elle y pense la nuit ; elle se pose des questions auxquelles les morts répondent pour elle.

— Que puis-je offrir, afin que cesse le chagrin du Très Auguste ?

— Tu peux te donner toi-même ! murmurent les Voix des Morts.

— Mais cela m'est-il permis ? interroge-t-elle étonnée.

— Tu n'as point de parent vivant, répond le Chœur Mystique, et tu n'as pas la possibilité de faire des offrandes. Sois notre sacrifice. Donner sa vie pour l'Être Auguste est le devoir le plus sublime, et la plus sublime des joies !

— Et dans quel lieu ? demande-t-elle.

— A Sakyô, répondent les voix, sous le porche de la demeure de ceux qui, suivant l'ancienne coutume, auraient dû mourir.

L'aube paraît ; et Yuko se lève pour se prosterner devant le soleil. Elle accomplit ses premiers devoirs matinaux ; elle demande et obtient permission de s'absenter. Puis elle revêt ses plus beaux habits, sa ceinture la plus claire, ses *tabis* les plus blancs, afin de paraître digne de sacrifier sa vie pour le Tenshi-Sama. Une heure plus tard elle est dans le train, en route pour Kyôto. Par la fenêtre de son compartiment elle contemple les paysages qui fuient. La journée est douce ; les lointains teintés de bleu par les brumes printanières sont charmants à regarder. Elle voit la beauté du pays comme l'ont vue ses aïeux, comme un occidental ne pourrait la deviner qu'à travers le charme surnaturel et étrange des vieux livres japonais illustrés. Elle éprouve la joie de vivre, mais elle ne rêve point à tout ce que l'avenir aurait pu contenir de précieux pour elle. Aucun chagrin ne lui vient de cette pensée qu'après sa mort le monde demeurera aussi beau qu'auparavant. Nulle mélancolie bouddhiste ne pèse sur elle ; elle se fie entièrement aux anciens dieux. Ils lui sourient du crépuscule de leurs bosquets sacrés, de leurs autels immémoriaux parmi les collines qui fuient au loin. Et peut-être l'un d'eux l'accompagne-t-il : celui qui fait paraître la tombe plus belle que le palais aux yeux de ceux qui n'ont pas de peur ; celui que les gens appellent Shinigami, le Seigneur du Désir de la Mort. Pour Yuko l'avenir est sans obscurité. Elle verra toujours le soleil sacré se lever au-dessus des cimes, le sourire de Dame-Lune sur les eaux, la magie éternelle des saisons. Elle hantera les lieux de beauté, au delà des nuées, dans le sommeil des cèdres ombreux pendant le cycle d'innombrables années. Elle connaîtra une vie plus subtile, dans les faibles brises qui agitent la neige des fleurs des cerisiers, dans le rire des eaux qui se jouent, dans le murmure heureux des vastes silences verts. Mais elle saluera d'abord ses ancêtres, qui, dans les palais pleins d'ombres, attendent sa venue pour lui dire : « *Tu as bien agi, ainsi que le devait une fille de samuraï. Entre, ô enfant ! Car, ce soir nous dinons, à cause de toi, avec les dieux !* »

Il fait jour lorsque la jeune fille parvient à Kyôto. Elle y trouve un logement, et s'enquiert d'une habile coiffeuse.

— Daignez le rendre très tranchant, dit Yuko en tendant à la kamiyui un très petit rasoir [1], j'attendrai ici qu'il soit aiguisé.

Elle déplie un journal qu'elle vient d'acheter, et y lit les dernières nouvelles de la capitale, tandis que les boutiquiers la regardent avec curiosité et s'étonnent de ses manières, jolies et sérieuses, qui écartent toute familiarité. Son

1. Article indispensable de la toilette féminine.

visage est aussi placide que celui d'un enfant, mais, pendant qu'elle lit le récit du chagrin impérial, les vieux fantômes s'agitent dans son cœur.

— Moi aussi, je souhaiterais que ce fût l'heure ! pense-t-elle, comme en réponse. Mais il faut attendre.

On lui rend enfin la petite lame remise en un parfait état, elle paye la somme insignifiante qu'on lui demande, et elle retourne à son auberge.

Là elle écrit deux lettres : une disant adieu à son frère, et l'autre contenant une supplique irréprochable adressée aux hauts fonctionnaires de la Cité des Empereurs, implorant que l'on demande au Tenshi-Sama de cesser de se lamenter, étant donné qu'une jeune vie, quoique très indigne, a été offerte en expiation volontaire pour le mal accompli.

Lorsqu'elle sort de nouveau, c'est l'heure de l'obscurité la plus profonde, l'heure qui précède l'aube. Il règne un silence pareil à celui des cimetières. Les lanternes aux faibles lumières sont peu nombreuses, et le bruit de ses petits *geta* résonne étrangement. Seules les étoiles la voient.

Bientôt le profond portique du Palais du Gouvernement apparaît devant elle. Yuko se glisse dans l'ombre creuse, murmure une prière et s'agenouille. Puis, suivant l'ancienne règle, elle défait sa longue ceinture de dessous en soie forte et douce, et s'en sert pour lier adroitement ses robes, en faisant le nœud un peu au-dessus des genoux. Quoiqu'il puisse arriver pendant les premiers instants de l'agonie, une fille samuraï doit être trouvée, dans la mort, les membres décemment composés. Puis d'un geste précis elle se fait dans la gorge une profonde blessure, d'où le sang jaillit en pulsations régulières. Une jeune samuraï n'hésite point en de pareilles circonstances : elle sait où se trouvent les artères et les veines.

A l'aurore la police la trouva ainsi, toute froide ; près d'elle étaient posées les deux lettres et une pauvre petite bourse contenant cinq yen et quelques sen, assez, espérait-elle, pour payer son enterrement. Et on l'emporta avec tous ses menus biens [1].

L'histoire se répandit comme un éclair dans cent villes.

---

1. Dans une lettre adressée au professeur Basil Hall Chamberlain, datée de Kobe, 1893, Hearn dit : « J'ai visité la tombe de Yuko Hakakeyama, la semaine dernière, et je vis toutes les touchantes reliques d'elle et de son suicide. Je me suis procuré des copies de ses lettres. Un beau monument a été érigé sur sa tombe, grâce à une souscription publique et, quand j'arrivai, il y avait une petite tasse de thé, placée devant le *sikito*. » (Note du Traducteur).

Les grands journaux de la capitale l'apprirent, et des journalistes cyniques imaginèrent des choses vaines. Ils essayèrent de donner des motifs ordinaires à ce sacrifice : une honte secrète, une brouille de famille, un chagrin d'amour. Mais non ! Dans toute la vie simple et innocente de Yuko il n'y avait rien eu de fautif, de caché, ou d'indigne : la fleur de lotus non éclose était moins vierge que cette enfant. Et bientôt, les cyniques eux-mêmes n'écrivirent plus sur elle que des choses nobles, ainsi qu'il convient pour la fille d'un samuraï.

Le Fils du Ciel apprit la nouvelle : il comprit comment son peuple l'aimait, et il cessa augustement de se lamenter.

Les Ministres apprirent aussi la nouvelle, et ils se murmurèrent à l'ombre du Trône : « Tout changera : mais le cœur de la nation ne changera point. »

Et cependant, pour les hautes raisons d'État, l'État prétend ne rien savoir.

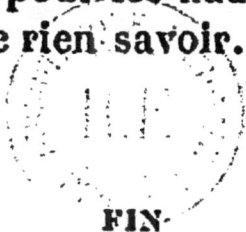

FIN

LEXIQUE DES TERMES JAPONAIS
EMPLOYÉS DANS CE VOLUME

Ama-terasu-oho-mi-kami. — Divinité du Soleil.

Amida. — Nom d'un Bouddha idéal, très aimé dans tous les pays professant le Bouddhisme.

Bento. — Provisions.

Bonsan. — Monsieur le prêtre.

Bosatsu. — Équivalent japonais du terme Bodhisattva « être prédestiné à l'illumination ».

Butsudan. — Niche à volets bouddhiste, contenant les tablettes mortuaires. L'esprit qu'on y adore incarne la bonté, et quand il est apaisé, tous les aïeux de la famille le sont également.

Cashi. — Gâteau.

Dhammapada. — Célèbre recueil bouddhique de stances morales.

Fusuma. — Écrans à coulisses en papier opaque, qui forment les cloisons intérieures des maisons japonaises.

Geisha. — *Gei* : art, et *sha* : personne ; donc artiste, en général chanteuse et danseuse.

Geta. — Sandale à double talon de bois.

Haka. — Tombeau.

Hakama. — Jupe d'homme à nombreux plis permettant de marcher facilement, et se rapprochant de la « jupe culotte ».

Haori. — Pardessus d'homme pour cérémonies.

Heimin. — Les gens du peuple.

Honmyoji. — Temple japonais très célèbre.

Ihai. — Tablettes mortuaires bouddhistes, sur lesquelles sont inscrits les noms religieux et posthumes des morts.

Iki-ryô. — Extériorisation de l'esprit d'un vivant.

Jingasa. — Couvre-chef de bois.

Jiujutsu. — Art de défense japonais. Le mot signifie littéralement « conquérir en cédant ».

Jizô. — Dieu protecteur et compagnon des enfants morts.

Jizô-Dô. — Temple de Yokohama consacré à Jizô.

Jin-haori. — Un *haori* que l'on revêt dans les camps; il laisse une grande liberté à tous les mouvements.

Jôshi. — Double suicide par amour.

Kamiyui. — Lié par les dieux.

Kannushi. — Prêtre bouddhiste.

Kano. — Célèbre école de peinture, formée des membres de la même famille ou de ses membres adoptifs, selon la règle des anciennes corporations japonaises.

Karo. — Le premier ministre d'un clan, littéralement, « le vieillard de la maison »

Kazari. — Objet décoratif.

Kimono. — Sorte de tunique en soie.

Koban. — Pièce de monnaie en or.

Kamishimo. — *Haori* ou *hakama* de cérémonie que l'on revêt pour les mariages, les enterrements, etc.

Kaburi. — Chapeau, littéralement couvre-chef.

Kunisada. — Peintre célèbre.

Kwannon. — Divinité de la Pitié.

Kwan-ze-on. — Amplification chinoise de Kwannon.

Kwashi. — Gâteaux ?

Kyô. — Évangile bouddhiste.

Mamori. — Talisman.

Mayôi. — Fureur passionnée.

Meido. — Le Hadès japonais où toutes les âmes doivent se rendre après la mort.

Meiji. — L'ère du Gouvernement éclairé, datant de 1867.

Mon. — Les chiffres figurés sur les vêtements.

Mushi. — Insecte.

Nagabakama. — Robe longue et étroite. Elle était imposée aux dignitaires de la cour, afin de gêner les mouvements trop vifs, et de contraindre à des manières plus douces ces anciens guerriers volontiers querelleurs.

Nanten. — Plante à fleurs rouges.

Nakodo. — Intermédiaire d'un mariage.

Obi. — Large ceinture qui sert à fixer le kimono.

Oni. — Démon cornu.

Rippana ! — Superbe ! Magnifique !

Saki. — Liqueur japonaise fermentée, extraite du riz.

Sama. — Monsieur : abréviation *san*

Samuraï. — Membre de la classe militaire au temps de la féodalité japonaise.

Shinju. — Double suicide par amour, synonyme populaire de
jôshi.

Shinigami. — Dieu de la Mort.

Shinnyô. — Inscription qui se trouve toujours sur les pierres
tombales de femmes. Elle signifie : *femme pieuse.*

Shi-ryô. — Revenant.

Shizoku. — Classe de samuraïs.

Shôji. — Sorte d'écran à coulisses, et servant de portes et de
fenêtres dans une maison japonaise.

Shosa. — Commandant d'armée.

Sushi. — Gâteaux au riz vinaigrés.

Sûtras. — Les apophtegmes et sermons du Bouddha.

Tabis. — Bas, gantant les orteils.

Taro. — Nom propre, signifiant « fils aîné ». Ce nom est souvent adjoint à un prénom.

Tenchyô. — La Cour Impériale.

Tenshi. — Fils du Ciel.

Tenjin. — Dieu du Ciel.

Tsuku-tsuku-boshi. — Insecte.

Ujigami. — Temple paroissial shintoïste.

Waraji. — Sandales en paille de riz.

Yamba-Omba. — Revenant féminin de la Montagne. C'est aussi
la nourrice de Momotaro (littéralement le premier-né de la
pêche), héros-enfant, symbolisant la hardiesse et l'esprit
d'aventure. cher à tous les enfants japonais.

Yoros. — Voulez-vous ?

Yukata. — Sorte de peignoir japonais.

Zashiki. — Salle de réception d'une maison japonaise.

M. L.

TABLE

ACHEVÉ D'IMPRIMER

le six novembre mil neuf cent onze

PAR

Cʜ. COLIN

A MAYENNE

pour le

MERCVRE

DE

FRANCE

MERCVRE DE FRANCE

XXVI, RVE DE CONDÉ — PARIS-VI

Paraît le 1er et le 15 de chaque mois, et forme dans l'année six volumes.

Littérature, Poésie, Théâtre. Musique, Peinture. Sculpture
Philosophie, Histoire. Sociologie, Sciences, Voyages
Bibliophilie, Sciences occultes
Critique, Littératures étrangères, Revue de la Quinzaine

La **Revue de la Quinzaine** s'alimente à l'étranger autant qu'en France: elle offre un nombre considérable de documents, et constitue une sorte d' « encyclopédie au jour le jour » du mouvement universel des idées. Elle se compose des rubriques suivantes :

Epiloques (actualité) : Remy de Gourmont.
Les Poèmes : Pierre Quillard.
Les Romans : Rachilde.
Littérature : Jean de Gourmont.
Histoire : Edmond Barthélemy.
Philosophie : Georges Palante.
Psychologie : Gaston Danville.
Le Mouvement scientifique : Georges Bohn.
Psychiatrie et Sciences médicales : Docteur Albert Prieur.
Science sociale : Henri Mazel.
Ethnographie, Folklore : A. van Gennep.
Archéologie, Voyages : Ch. Merki.
Questions juridiques : José Théry.
Questions militaires et maritimes : Jean Norel.
Questions coloniales : Carl Siger.
Questions morales et religieuses : Louis Le Cardonnel.
Esotérisme et Sciences Psychiques : Jacques Brieu.
Les Revues : Charles-Henry Hirsch.
Les Journaux : R. de Bury.
Les Théâtres : André Fontainas.
Musique : Jean Marnold.
Art moderne : Charles Morice.
Art ancien : Tristan Leclère.
Musées et Collections : Auguste Marguillier.
Chronique du Midi : Paul Souchon.

Chronique de Bruxelles : G. Eekhoud.
Lettres allemandes : Henri Albert.
Lettres anglaises : Henry-D. Davray.
Lettres italiennes : Ricciotto Canudo.
Lettres espagnoles : Marcel Robin.
Lettres portugaises : Ph. Lebesgue.
Lettres américaines : Théodore Stanton.
Lettres hispano-américaines : Francisco Contreras.
Lettres brésiliennes : Tristao da Cunha.
Lettres néo-grecques : Démétrius Asteriotis.
Lettres roumaines : Marcel Montandon.
Lettres russes : E. Séménoff.
Lettres polonaises : Michel Mutermilch.
Lettres néerlandaises : H. Messet.
Lettres scandinaves : P.-G. La Chesnais ; Fritiof Palm.
Lettres hongroises : F. de Gérando.
Lettres tchèques : William Ritter.
La France jugée à l'Etranger : Lucile Dubois.
Variétés : X.
La Vie anecdotique : Guillaume Apollinaire.
La Curiosité : Jacques Daurelle.
Publications récentes : Mercure.
Echos : Mercure.

Les abonnements partent du premier des mois de janvier, avril, juillet et octobre.

	France			Étranger	
UN NUMÉRO	1fr.25		UN NUMÉRO		1fr.50
UN AN	25 »		UN AN		30 »
SIX MOIS	14 »		SIX MOIS		17 »
TROIS MOIS	8 »		TROIS MOIS		10 »

MAYENNE. IMPRIMERIE CHARLES COLIN.